Martin Eichhorn
Konflikt- und Gefahrensituationen in Bibliotheken

Martin Eichhorn

Konflikt- und Gefahrensituationen in Bibliotheken

Ein Leitfaden für die Praxis

3., überarbeitete und erweiterte Auflage

DE GRUYTER
SAUR

ISBN 978-3-11-055931-6
e-ISBN (PDF) 978-3-11-037769-9
e-ISBN (EPUB) 978-3-11-039637-9

Library of Congress Cataloging-in-Publication Data
A CIP catalog record for this book has been applied for at the Library of Congress.

Bibliografische Information der Deutschen Nationalbibliothek
Die Deutsche Nationalbibliothek verzeichnet diese Publikation in der Deutschen Nationalbibliografie; detaillierte bibliografische Daten sind im Internet über http://dnb.dnb.de abrufbar.

© 2017 Walter de Gruyter GmbH, Berlin/Boston
Dieser Band ist text- und seitenidentisch mit der 2015 erschienenen gebundenen Ausgabe.
Einbandabbildung: defun/iStock/thinkstock
Satz: Michael Peschke, Berlin
Druck und Bindung: CPI books GmbH, Leck
♾ Gedruckt auf säurefreiem Papier
Printed in Germany

www.degruyter.com

Geleitwort von Kriminalhauptkommissar Georg von Strünck, *Landeskriminalamt Berlin*

Bibliotheken und Gewalt? Selbst für mich als Kriminalpolizisten, der sich seit Jahren beim *Anti-Gewalt-Projekt* der Berliner Polizei mit der Prävention von Aggression und Gewalt beschäftigt, war dies eine neue Verbindung.

Mir wurde erst bei der Vorbereitung zu meinem ersten Seminar für Bibliotheksmitarbeiterinnen und -mitarbeiter klar, in welchem Umfang Aggression und Gewalt auch in Bibliotheken Einzug gehalten haben.

Von den Teilnehmern an den von mir durchgeführten Weiterbildungen wurden einige Problemfelder immer wieder genannt: Verhalten bei Diebstahlsverdacht, Umgang mit aggressiven Jugendlichen, besonders in Gruppen und während der Winterzeit, Schwierigkeiten mit Müttern, deren Kindern bibliothekskonforme Grenzen gesetzt werden mussten, und Unsicherheiten im Umgang mit psychisch auffälligen Menschen.

Das von Dr. Martin Eichhorn vorgelegte Buch gibt für diese und auch für andere sicherheitsrelevante Fälle wertvolle Hinweise zur Vorbeugung und Bewältigung. Nutzen Sie diese Handreichung für Ihre berufliche Praxis!

Mit einem eigenen Sicherheitskonzept und kommunikativ gut geschulten Mitarbeitern lassen sich viele Konflikte umgehen oder zumindest abmildern.

Angriffe auf Menschen erfolgen nur in seltenen Fällen „wie aus dem Nichts". Häufig sind sie Folge von eskalierenden Konflikten. Zur besseren Vorbereitung vermittelt das Buch viele wichtige Grundlagen zum Bereich Kommunikation in Konfliktsituationen.

Nicht alle Konflikte lassen sich aus eigener Kraft lösen. Scheuen Sie sich nicht, zur Beratung oder im Ernstfall auf die Polizei zuzugehen.

Möge dieses Buch dazu beitragen, das Leben in Bibliotheken friedlicher und sicherer zu gestalten.

Georg von Strünck, Kriminalhauptkommissar
Landeskriminalamt Berlin,
Anti-Gewalt-Projekt,
November 2005

Vorwort und Dank (2006)

Der vorliegende Leitfaden basiert auf den Erfahrungen, die in überwiegend öffentlichen, aber auch in wissenschaftlichen Bibliotheken mit Konflikt- und Gefahrensituationen gesammelt wurden. Er hat die Prävention im Blick und zeigt Lösungswege auf, die in in- und ausländischen Bibliotheken gefunden wurden, um schwierigere Situationen zu bewältigen.

Um die Problemlage zu erforschen, suchte ich den direkten Kontakt zu Kolleginnen und Kollegen und führte diverse Interviews.

Eine unerwartet große Zahl an *E-Mails* erhielt ich, nachdem ich mein Thema mit einigen Fragen auf nationale und internationale bibliothekarische *Mailing-Listen* gesetzt hatte (namentlich: FORUMOEB-L,[1] Stumpers,[2] LIS-LINK[3] und BibMail[4], weitergeleitet an REF-CAN[5] und INTLIB[6]). Repräsentativ kann das Ergebnis mit diesem Vorgehen selbstredend nicht sein: Denn für gewöhnlich erhielt ich Antworten aus Bibliotheken, die von Erfahrungen mit Konflikt- und Gefahrensituationen zu berichten haben.

Ferner wandte ich mich mit meinem Anliegen direkt an eine Auswahl mittelgroßer und großer öffentlicher und wissenschaftlicher Bibliotheken in der Bundesrepublik.

Wertvolle Hinweise gab mir außerdem Kriminalhauptkommissar Georg von Strünck (*Landeskriminalamt Berlin*), den ich beim 1. Präventionskongress der Berliner Polizei traf. Er lud mich zu einer seiner Veranstaltungen des *Anti-Gewalt-Projektes* ein. Später sichtete er das gesamte Manuskript. Vielen Dank!

Für Übersetzungsarbeiten aus dem Niederländischen danke ich Gerjan Kothman.

Ich bedanke mich ferner herzlich bei: Herrn van As (*National Library of South Africa*), Frau Baird (*Grand Canyon University*), Frau Braun (*Wilhelm-Liebknecht-Bibliothek*, Berlin), Frau Burhop (*edding Vertrieb GmbH*), Frau Davanos (*Bibliothek Am Luisenbad*, Berlin), Frau Glase (*Hugo-Heimann-Bibliothek*, Berlin), Herrn Harnack (*Gloria GmbH*, Wadersloh), Frau Hartwig (Landesvorsitzende des *WEISSEN RINGS* Berlin), Herrn Haub (*Schulz Speyer Bibliothekstechnik*), Herrn Heptaygun (*Berliner Feuerwehr*), Frau Karlinsky (*Toronto Public Library*), Herrn Lajcher (*Jerusalem College of Technology*), Frau Liebertz (*Hugo-Heimann-Biblio-*

---

[1] http://www.hbz-nrw.de/produkte_dienstl/mlist/forumoeb/forumoeb.html (7.10.2004).
[2] http://domin.dom.edu/depts/gslis/stumpers/ (7.10.2004).
[3] http://www.jiscmail.ac.uk/lists/LIS-LINK.html (7.10.2004).
[4] http://www.bvoe.at/form_sub.php (7.10.2004).
[5] *Reference Librarians in Canada*.
[6] *E-List* der *Metropolitan Libraries Section of IFLA*.

thek, Berlin), Herrn Mansfield (*University Library of Lincoln*), Frau Caroline Meinke, Frau Mendes (*Somerset Public Library*) Herrn Randecker (*ekz,bibliotheksservice*), Herrn Winfried Richter (*Landeskriminalamt Berlin*), Herrn Schimmelpfennig (*Berliner Verkehrsbetriebe*), Frau Steinwerth (*Heinrich-Schulz-Bibliothek*, Berlin), Frau Winkler (*Bruno-Lösche-Bibliothek*, Berlin) sowie bei vielen Kolleginnen und Kollegen der *Zentral- und Landesbibliothek Berlin* und der *Stadtbibliothek Berlin-Neukölln*. Außerdem konnte ich großen Nutzen ziehen aus den teilweise sehr umfassenden Auskünften der Mitarbeiterinnen und Mitarbeiter weiterer öffentlicher und wissenschaftlicher, deutscher und internationaler Bibliotheken, die ich hier nicht einzeln nennen kann oder möchte.

Keines der von mir durchgeführten Seminare verlasse ich ohne neue Anregungen und Schilderungen zum Thema. Ich danke besonders den Teilnehmerinnen und Teilnehmern meiner Seminare.

Ich danke Frau Professorin Dr. Gabriele Beger und Frau Dr. Annette Gerlach, beide Lehrbeauftragte am *Institut für Bibliotheks- und Informationswissenschaft* der *Humboldt-Universität zu Berlin*, für die Betreuung meiner Master-Arbeit, welche diesem Leitfaden zugrunde liegt.

Für rechtliche Beratung danke ich Frau Professorin Dr. Beger sowie Frau RA Dina Westphal.

Eine letzte Durchsicht des Manuskripts besorgte mein Vater, Polizeihauptkommissar Detlef Eichhorn, Beratergruppe des *Landeskriminalamts Berlin*. Danke!

Viele Informationen, die in diese Arbeit eingeflossen sind, sind vertraulich. Im Text habe ich einiges anonymisiert und nicht immer eine genaue Quelle angegeben. Nur im Hinblick auf diese Zusage konnte ich so manches Mal eine offene Gesprächsatmosphäre herstellen bzw. an ausführliche *E-Mail*-Auskünfte gelangen.

Auf den durchgängigen Gebrauch der männlichen *und* der weiblichen Form wurde verzichtet, um den Lesefluss nicht zu erschweren.

Vorwort zur zweiten Auflage (2007)

Ein gutes Jahr ist vergangen, und schon bedarf es einer zweiten Auflage des *Leitfadens*. Mit diesem Erfolg war nicht zu rechnen. Der Erfolg des Buches spiegelt jedoch ein Bild der Wirklichkeit, die in vielen Bibliotheken herrscht.

Ein Blick in den *Karlsruher Virtuellen Katalog* offenbart, welche Bibliotheken das vorliegende Handbuch bislang eingearbeitet haben: Darunter befindet sich beispielsweise auch die Bibliothek eines Priesterseminars, die als eine der größten theologischen Spezialbibliotheken der Bundesrepublik gilt.

Bibliothekare neigen „zu einer völligen Überbewertung von negativen Erlebnissen im Berufsalltag", heißt es in einer wohlwollenden Buchbesprechung zu diesem Leitfaden, und weiter schreibt der Rezensent: „Man möge mir die Nestbeschmutzung nachsehen, wenn ich sogar so weit gehe, hier einen leichten Hang zur Hysterie und zur insgeheim angestrebten Viktimisierung im Sinne einer ‚selffulfilling prophecy' zu diagnostizieren."[7]

Die Fälle, die mir während meiner Seminartätigkeit im gesamten deutschsprachigen Raum vorgetragen werden, sprechen eine deutlich andere Sprache.

Hinweis: Der Inhalt dieses Leitfadens ist nicht als Rechtsrat zu verstehen. Eine Haftung für den Inhalt kann trotz gewissenhafter Bearbeitung und fachkundiger Beratung nicht übernommen werden.

Vorwort und Dank zur dritten Auflage (2015)

„Jetzt mit noch mehr Konflikten!", so würde ein Marktschreier vielleicht für diesen Leitfaden werben. Tatsächlich haben einige neue Kapitel Eingang gefunden, allesamt angeregt von Kolleginnen und Kollegen. Der Bedarf in der Praxis nach Informationen zu den Themen Amok, (vermeintlicher) Bombenfund, Feuerwehreinsatz, Einbruch, Evakuierung und *Shitstorm* lag vor.

Glücklich bin ich, dass ich ausgewiesene Fachleute fand, die den Leitfaden mit drei Beiträgen ergänzen. Ein großer Dank geht somit an Niels Peters, Milena Pfafferott, Anna-Julia und Oke Simons.

Meiner Schwester, Katja Eichhorn, danke ich herzlich für ein weiteres Korrekturlesen.

Ich danke De Gruyter für die unkomplizierte Übernahme der Publikation in sein Programm.

Erneut und mit großer Dankbarkeit erwähne ich hier die Tausenden Seminarteilnehmerinnen und -teilnehmer, welche ich in den letzten neun Jahren im gesamten deutschsprachigen Raum habe schulen dürfen.

---

7 Tom Becker in *BuB* 10 (2006).

Inhalt

Einleitung —— 1

Andere Institutionen mit Publikumsverkehr —— 11

Kommunikation in Konfliktsituationen —— 14

Verhalten bei Betriebsstörungen – verhalten bei Betriebsstörungen? —— 40
Schlafende Nutzerinnen und Nutzer —— 40
Übel riechende Nutzerinnen und Nutzer —— 42
Auffällige Jugendgruppen, auffällige Kinder —— 45
Interkulturelle Kontakte und Nutzer mit Migrationshintergrund —— 57
Alkohol- und Drogenkonsum —— 63
Psychisch auffällige Nutzerinnen und Nutzer —— 65
„Übermäßig geschwätzige" Nutzerinnen und Nutzer —— 70
Mobiltelefone —— 72
Sachbeschädigungen —— 75
Diebstahl —— 81
Einbruch —— 91
(Vermeintlicher) Bombenfund —— 92
Beleidigungen —— 94
Bedrohungen —— 98
Amok —— 99
Bewaffneter Raubüberfall —— 102
„Bibliotheksverfolger", Stalker und sexuelle Belästigung —— 103
Nutzer mit offenbar pädophiler Neigung —— 108
Kindesmisshandlung und -vernachlässigung —— 110
Hausverweis und Hausverbot —— 111
Kollegiale Unterstützung —— 115
Dokumentation der Vorfälle —— 116
Ernst erfordert Ernst – Eigensicherung vor Schadenseintritt —— 117
Konflikte und Handgreiflichkeiten unter Nutzerinnen und Nutzern —— 132
Hilfe übers Telefon —— 133
Lautsprecherdurchsagen —— 135
Private Sicherheitsdienste —— 136
Die Polizei als Partnerin —— 137
Niels Peters: Handlungsempfehlungen für Feuerwehreinsätze —— 140
Milena Pfafferott: Notfall- und Evakuierungskonzept —— 146

Oke und Anna-Julia Simon: Shitstorm – Der Sturm der Entrüstung aus dem Internet —— 157

Innenarchitektur und Infrastruktur —— 166

Fazit —— 174

Literaturverzeichnis —— 176

Sachregister —— 187

Über die Autorinnen und Autoren —— 190

Einleitung

"Strange things can happen in libraries."[1]

In aller Regel herrscht in Bibliotheken eine entspannte bis lebendige Atmosphäre. Einer der Vorzüge, in einer Bibliothek zu arbeiten, ist der, dass man auf eine Vielzahl interessanter Menschen trifft. Manche kommen hastig und für Minuten in die Bibliothek, manche für Stunden oder Tage, einige das Semester oder den Winter über. „Neben der großen Menge der freundlichen und höflichen Besucher gibt es die kleine, aber aufreibende Minderheit, die den Alltag am Auskunftsplatz zur Tortur machen kann"[2], und jede Bibliothek hat hier ihre eigenen Probleme, ihre eigenen „schwierigen" Nutzergruppen. Manche Bibliotheken haben gehörige Probleme, andere geringere. In Universitätsbibliotheken etwa trifft man Nutzer an, die sich eher mit der Institution identifizieren, deshalb zwar trotzdem stehlen, sich aber nicht so stark der Sachbeschädigung widmen wie Nutzer öffentlicher Bibliotheken. Einige der im Folgenden behandelten Probleme stellen sich in wissenschaftlichen Bibliotheken gar nicht erst. Es lässt sich nicht leugnen, dass auch inhärente Eigenschaften der Nutzergruppen eine Rolle spielen. Wer im wissenschaftlichen Bibliothekswesen arbeitet und im Laufe seines Berufslebens zwischen verschiedenen Instituts- oder Fachbibliotheken wechselt, berichtet unisono, dass z. B. (angehende) Sozialpädagogen anders „ticken" als (angehende) Ingenieure, diese wiederum anders als (angehende) Juristen oder bildende Künstler.

Bibliotheksmitarbeiter wissenschaftlicher Bibliotheken bemerkten eine veränderte Erwartungshaltung, die mit Einführung der Studiengebühren einherging und mit der umgegangen werden musste. An Universitätsbibliotheken entzünden sich Konflikte auch gerne daran, dass das wissenschaftliche Personal anders behandelt werden möchte als die Studierenden, dass ihm mehr Freiheiten eingeräumt werden sollen.

In der einen öffentlichen Bibliothek gibt es Probleme mit rechtsextremen Jugendlichen, in der anderen mit Jugendlichen mit Migrationshintergrund; hier einen Pädophilen, der die Kinderbibliothek als Kontakthof zu nutzen versucht, und da einen psychisch kranken Nutzer, der immer wieder mit Exkrementen verschmutzt die Bibliothek betritt. Andernorts hingegen existiert sie, die klischeehaft ruhige und konfliktfreie Bibliothek.

---

1 Ratcliff: Changing times, S. 10.
2 Bunke: Wozu sind Sie, S. 737.

In einem internen Papier einer großen ostdeutschen Stadtbibliothek heißt es: „Die Beschäftigten leiden unter Konflikten. Besonders die weiblichen Beschäftigten fühlen sich von den jungen Männern, die zum Teil in erheblichem Maße Gewaltbereitschaft signalisieren, bedroht und körperlich unterlegen. Insbesondere kommt es zu Konflikten, wenn Beschäftigte Sanktionen androhen oder durchsetzen müssen. Diese Situationen nutzen die Jugendlichen besonders gern für ihre Selbstdarstellung ... Letztlich geht es um ca. 20–30 Jugendliche, die mehrmals täglich in wechselnden Gruppen auftauchen und an vielen Tagen im Winter die Bibliothek regelrecht tyrannisieren."

Die Leitung einer Stadtbücherei einer Stadt mit nur 19 000 Einwohnern, in der Nähe Wiesbadens gelegen, berichtete mir von den Erlebnissen nur eines Tages: „Ich wurde als ,blöde Zicke' und noch einiges mehr bezeichnet, nachdem ich eine etwa 30jährige Frau aus so genannten ,guten' Verhältnissen höflich bat, ihr laut bimmelndes Handy auszuschalten, vier junge Araber spielten in einer Ecke Poker, die Euroscheine lagen auf dem Tisch, und einer Thekenmitarbeiterin, die ebenfalls höflich das Verbot der Ausleihe eines Erwachsenenmediums auf einen (kostenfreien) Kinderleseausweis erläuterte, flog besagter Roman vor die Brust."

Aug in Aug mit einem grimmigen Rottweiler, – so hatte sich eine niedersächsische Fachangestellte ihren Job nicht vorgestellt. Routiniert klärte sie einen Nutzer eben noch über angefallene Säumnisgebühren auf und übersah geflissentlich den Hund, den er unerlaubterweise mit in die Bibliothek gebracht hatte. Der Mann jedoch verlor die Contenance und befahl seinem Vierbeiner, auf die Theke zu springen. Dieser rutschte der Bibliotheksangestellten nun entgegen, und sie stieß sich mit ihrem Bürodrehstuhl ab, um sich zwischen den Vormerkregalen in Sicherheit zu bringen. Der bibliothekarische Berufsstand fordert viele Fähigkeiten ...

Jähes Erstaunen huschte über das Gesicht der Bibliothekarin einer Fachhochschulbibliothek, als ihr ein neuer Kunde zur Anmeldung entgegentrat und als Referenz anführte: „Ich bin in der Stadtbibliothek von der Benutzung ausgeschlossen worden!" Bis es soweit kommt, muss erfahrungsgemäß schon viel passiert sein. Die Schmerzgrenze in Bibliotheken ist hoch.

Eher in die Kategorie „Streich" fällt, was ein Hannoveraner Kollege zu erzählen hatte: Ein Nutzer scheute weder Kosten noch Mühen und versteckte am Freitagabend eine Schüssel mit Miesmuscheln hinter einer Bücherreihe, wohl wissend, dass sich die Meeresfrüchte öffnen und bis Montag ihren eigenen Duft verbreiten würden. Er muss sich wohl sehr schlecht behandelt gefühlt haben, der Nutzer (was nicht unbedingt bedeutet, dass er auch schlecht behandelt wurde).

In einer norddeutschen Stadtbibliothek kippte ein Nutzer Orangensaft ins Aquarium der Kinderbibliothek. Wie die Fische reagiert haben, ist nicht überliefert.

Es gibt auch *Carrel*-Nutzer, die sich weigern, aus ihrer Arbeitskabine auszuziehen. Es gibt potenzielle Diebe, die sich über die Lautstärke der Diebstahlsicherungsanlage beklagen, und es gibt Nutzer, die ihre Kleintiere vorübergehend in Schließfächer sperren.

Während eines meiner Seminare lernte ich sogar eine Bibliothekarin kennen, die im Lesesaal ihrer Universitätsbibliothek Mohammed Atta[3] bedient hat, der sich dort als Gastnutzer Literatur zur Flugtechnik ansah.

In einer Berliner Stadtteilbibliothek hat ein Jugendlicher mit Migrationshintergrund einen türkeistämmigen Bibliothekar niedergeschlagen. Dieser war anschließend für längere Zeit krankgeschrieben. Ebenfalls in einer Berliner Bibliothek haben sich zwei Nutzer um einen Platz mit Internetzugang gestritten. Als der eine den Stuhl nicht räumen wollte, zog der andere eine Waffe und bedrohte ihn. Von körperlichen Übergriffen auf Bibliotheksbenutzer wird aus der *Universitätsbibliothek Konstanz* berichtet.[4] Nicht ohne Grund werden auch die Magazingeschosse der *Universitätsbibliothek Trier* videoüberwacht. Bibliotheken in den USA beschäftigen häufig *Library Security Manager* oder *Library Security Officers*. Brauchen wir also auch im deutschsprachigen Raum Bibliothekspolizisten[5]?

Die Liste der gefährlichen oder skurrilen Vorfälle ließe sich fortführen. Zugegeben, das sind alles Einzelfälle, und es wäre falsch, sich hiervon zu einer übertriebenen Panik verleiten zu lassen. „Kriminalitätsfurcht muss nicht unbedingt mit objektiver Kriminalitätsbedrohung einhergehen."[6] Aber die Einzelfälle haben eine nicht zu unterschätzende Ausstrahlungskraft.

Evolutionsbedingt speichert unser Gehirn negative Ereignisse und unangenehme Situationen besser als positive und angenehme. Falls Sie sich irgendwo stark gestoßen haben, so werden Sie sich daran immer wieder erinnern, wenn Sie den Ort passieren.

Wir sind es gewohnt, Negatives zu fokussieren. Wer etwa bei einer Personalratswahl 99 von 100 Stimmen erhielt, wird sich in der Regel nicht über die überwältigende Zahl der Befürworter freuen, sondern zunächst rätseln, wer wohl die eine Person war, welche die Zustimmung verweigert hat?

Achten Sie auch einmal darauf, was Menschen einander erzählen, über den Job, das Privatleben, den Urlaub, über Dienstleister oder die Politik. Vieles hat einen negativen Anstrich. Die nordirische Rockband *Therapy?* behauptete in einem Lied: "Happy people have no stories!"[7] Das ist sicherlich etwas überspitzt,

---

[3] Atta war ein islamistischer Terrorist, der als einer der Anführer beim Attentat auf das *World Trade Center* im Jahr 2001 gilt.
[4] http://www.baden-wuertemberg.datenschutz.de/lfd/tb/2003/tb-4.htm (24.11.2005).
[5] Den Begriff hat der Autor Stephen King geprägt, der eine besondere Beziehung zu Bibliotheken pflegt, diese häufig als Schauplatz in seine Romane einbaut oder Bibliothekare als Figuren auftreten lässt. *Der Bibliothekspolizist* heißt sein Kurzroman von 1991 (Original 1990).
[6] Dost: Kriminalitätsfurcht, S. 26.
[7] „Stories" (1995).

aber manchmal lässt sich der Eindruck gewinnen, dass in unserer Kultur im Gespräch eher Missbilligung als Begeisterung geteilt wird.

In einer *Mail* formulierte eine Bibliothekarin aus einer ostdeutschen Großstadt, dass auffällige oder gewaltbereite Nutzer zwar die Ausnahmen seien, sie aber dennoch zum Alltag gehörten. Dieses Paradoxon verdeutlicht die Gefühlslage.

In der gesamten Arbeitswelt nehmen die psychischen Belastungen zu, während die körperlichen seit Jahrzehnten abnehmen. Das ist in Bibliotheken nicht anders. An Bibliotheksmitarbeiter werden vermehrt Ansprüche herangetragen, welche sie schwer befriedigen können. Dies liegt nicht allein an der Berufsausbildung des Bibliothekspersonals, die sich naturgemäß von beispielsweise der Ausbildung der Sozialpädagogen unterscheidet.

Unter den Kolleginnen und Kollegen, vor allem der öffentlichen Bibliotheken, konnte ich während meiner Forschungen und Seminare eine Unsicherheit ausmachen, die da herrührt, dass sich mancherorts das bibliothekarische Arbeitsumfeld in den letzten Jahrzehnten sehr gewandelt hat. Das Sozialverhalten einiger Bibliotheksnutzerinnen und -nutzer stellt für das Personal dann und wann eine Herausforderung dar. Es ist nicht leicht, die *Contenance* zu wahren, wenn der Kunde die Selbstkontrolle verliert oder sich verhaltensoriginell benimmt.

Der Kunde ist König? „Jeder König braucht Untertanen. Das sind jene, die ihn dazu ausgerufen haben. Und ob er ein guter oder ein schlechter König sein wird, hängt davon ab, wie Sie sich ihm gegenüber verhalten."[8]

Hinzu kommt, dass im öffentlichen Dienst aktuell nur noch selten neu oder unbefristet eingestellt wird. Dies hat zur Folge, dass auch das Bibliothekspersonal einen hohen Altersdurchschnitt erreicht, und viele der älteren Kolleginnen und Kollegen mit Lärmbelastung und Störungen des Arbeitsalltages schwerer umgehen können.

Der einsame Bibliothekar: Aufgrund der angespannten Haushaltslage dünnt die Personaldecke in den Bibliotheken aus. Selbstverbuchungsgeräte und die automatische Buchrücknahme sind auf dem Vormarsch. Dies führt dazu, dass der nächste Kollege, die nächste Kollegin in Konfliktsituationen unter Umständen etwas weiter entfernt ist, von einem Konflikt nichts mitbekommt und nicht als Unterstützung zur Verfügung stehen kann.

Wer sich während seiner Arbeit nicht sicher *fühlt*, wird eher Stress aufbauen und krank werden. Stress schadet, wenn er uns anhaltend belastet. Gedankenandrang, Erschöpfung, Ängste, Schlaflosigkeit oder Konzentrationsstörungen können die Folge sein.

Wer sich einmal innerhalb der Bibliothek als Opfer erleben musste, dessen Ängste sind geschürt, auch im privaten Bereich einmal zum Opfer zu werden.

---

8 Eicher: Spielregeln, S. 25.

Das kann tief greifende Auswirkungen auf die Psyche haben. Es gilt also, den „schwierigen" Nutzern ebenso adäquat und professionell wie den „normalen" Nutzern zu begegnen. Bibliotheksmitarbeiter, die der negativen Ereignisse leichter Herr werden, laufen auch nicht Gefahr, den zumeist freundlichen Nutzern verbittert gegenüberzutreten.

Hier soll gar nicht bestritten werden, dass es auch „schwierige" Bibliotheksmitarbeiter gibt. Warum sollten sie sich auch vom Rest der Bevölkerung unterscheiden? Es ist unverdientes Glück, wenn ein Nutzer nett auftritt, obwohl der Bibliotheksmitarbeiter seinerseits gerade unfreundlich oder von Hause aus größtenteils „schwierig" ist.

Die Ausgangsbasis lässt sich mit der Frage abklopfen: Würden Sie gerne von sich selbst bedient werden? Hiermit können Sie ganz im Stillen eine Standortbestimmung vornehmen. Interessant ist auch die Frage von Dobelli: „Wie fühlen sich Menschen, die Ihnen zum ersten Mal begegnet sind?"[9]

So ärgern sich Nutzer manchmal ganz zu Recht und gehen in Konfrontation. Steine des Anstoßes kann jeder Bibliotheksmitarbeiter aufzählen: Ein Nutzer ärgert sich, wenn von begehrten Medien nur ein Exemplar vorhanden und das bereits verliehen ist; eine Nutzerin ist entrüstet, wenn die Kopiergeräte besetzt sind, empört, wenn keine Möglichkeit zum Geldwechseln geboten wird, verstört, wenn sie für eine Fernleihe nach 17 Uhr vier Stellen in der Bibliothek ansteuern oder bei einer erfolglosen Fernleihe trotzdem eine Gebühr entrichten muss. Ein Nutzer wird aggressiv, wenn die Auskünfte des enthusiastischen Bibliothekars zu tief schürfend sind, und er wird aggressiv, wenn der Bibliothekar zu wortkarg auftritt und die erhoffte Antwort schuldig bleibt. Eine Benutzerin verzweifelt an der Theke, wenn der Benutzer vor ihr das Hörbuch von Grass' *Blechtrommel* zurückgibt und die 23 CDs alle einzeln kontrolliert, zurückgebucht und gesichert werden müssen. Einige Nutzer sind von Hause aus auf den öffentlichen Dienst nicht gut zu sprechen, und die Bibliotheksmitarbeiter bekommen Pauschalurteile an den Kopf geworfen. Tumulte können Sie auch provozieren, wenn Sie etwa einen Auszubildenden bitten, bei ausgesonderten Büchern vor dem Entsorgen jeweils den Buchblock vom Einband zu trennen – was nicht ohne Geräuschentwicklung vonstattengeht – und Sie ihn dabei für alle Nutzer sichtbar agieren lassen.

Es ist erst recht ein weites Feld, welches sich auftut, wenn wir überdies die alltäglichen Kommunikationsprobleme während einer Auskunftssituation in Betracht ziehen. Nutzer tragen, und davon weiß jeder am Auskunftspult ein Lied zu singen, häufig un- bzw. missverständliche Wünsche an das Fachpersonal heran. In einem preisgekrönten Artikel widmen sich Dewdney/Michell solcherlei „Unfällen" und berichten beispielsweise über einen Benutzer, der sich

---

9 Dobelli: Gefühle, S. 58.

heftig darüber aufregte, dass die Bibliothek nicht über das wegweisende Buch *Oranges and Peaches* verfüge! Sein Professor hätte ihm gesagt, es sei hundertfach in der Bibliothek vorhanden. Der Bibliothekar tastete sich mit Fragen voran und erkundigte sich nach dem Namen des Autors. Doch der Benutzer konnte nur mit: „Charles irgendwer!" dienen. Am Ende kam der Bibliothekar darauf, dass von *On the Origin of Species* von Charles Darwin die Rede war ...

Im Vorfeld kommt es darauf an, die Fähigkeit zur Früherkennung von Konfliktpotenzial auszubilden, und hierin sind Bibliotheken mittlerweile beschlagen.

Zu einer Dienstleistung gehören immer zwei. Sie kann nur da durchgeführt werden, wo auf beiden Seiten eine Bereitschaft dafür vorliegt. „Wie man in den Wald hineinruft, so schallt es heraus", lernen wir schon als Kinder. Leider trifft dies nicht hundertprozentig zu. Das würde ja bedeuten: Bin ich zu jedermann höflich, ist jedermann höflich zu mir. Das klappt nicht, ich habe es versucht! „Gut sein" allein führt nicht zwangsläufig zur Konfliktfreiheit, und das außerhalb der jeweiligen Bibliothek herrschende Gewaltpotenzial macht vor ihr nicht Halt. Ein „Wohlfühlklima" in der Bibliothek kann das Entstehen von Konflikten sicherlich einschränken, aber nie verhindern.

Es ist wünschenswert, wenn Bibliotheksmitarbeiter ihrer Kundschaft Wertschätzung entgegenbringen, klar. Im Interesse aller muss aber als Maxime gelten: Wer überwiegend stört, für den ist kein Platz in der Bibliothek! Aus der öffentlichen Bibliothek einer Großstadt im Rhein-Neckar-Dreieck heißt es: „Als wir vor 14 Jahren in das jetzige Gebäude eingezogen sind, waren wir – sicher auch auf Grund fehlender Erfahrung – sehr tolerant gegenüber ‚schwierigen' Kunden, nach einer gewissen Zeit haben wir allerdings gelernt, dass der Ruf der Bibliothek darunter sehr leidet. Wir haben dann beschlossen, dass wir schlecht riechende, schlafende und laute Besucher direkt ansprechen und höflich bitten, die Bibliothek nur noch in von uns akzeptiertem Zustand zu besuchen."

Es gibt auch öffentliche Bibliotheken, die Ihre Konsequenzen aus negativen Ereignissen gezogen und Ihre Hausordnung bereits geändert haben: In einigen Bibliotheken gilt mittlerweile: Wer die Räume und Medien in Anspruch nehmen möchte, muss über einen Benutzerausweis verfügen. Wer nur mal schnell etwas nachschlagen will, ohne einen Ausweis zu besitzen, ist quasi auf die Kulanz der Bibliothek angewiesen.

Parkanlagen sind Bibliotheken in einigen Punkten gar nicht unähnlich: Bei freiem Zugang kann man sich hier unbegrenzt und anonym aufhalten und öffentliches Eigentum nutzen. Lässt es sich also vorstellen, dass Unruhestifter in einem Park aktiv werden, wenn 20 m weiter drei Garten- und Landschaftsbauer Gehwegplatten verlegen? Wohl kaum! Es lässt sich nicht leugnen, dass auch inhärente Eigenschaften der Berufsgruppen eine Rolle spielen, wie sie auf Konflikte reagieren.

„Bibliotheken sind Bordelle für den Kopf. Das bedeutet, dass Bibliothekare die Puffmütter sind, die die Freier begrüßen, deren eigenartige Vorlieben und Bedürfnisse verstehen und sie dann mit ihren Büchern verkuppeln. Das ist natürlich Quatsch, wirkt aber Wunder für das Image der Bibliothekare."[10] Eben am Image der Bibliothekarinnen und Bibliothekare krankt es; sie sind immer noch klischeebehaftet: zurückhaltend, menschenscheu, sensibel, „lieb". Bibliothekarinnen gelten immer wieder als „jene sanften, leisen, freundlichen Wesen mit dem Hauch von Bücherstaub auf dem Rouge"[11] und als „Brille mit Dutt". Und tatsächlich, was einige Mitarbeiter als rigide empfinden, reicht in bestimmten Bibliotheken oft kaum aus, um die angenehme Atmosphäre wiederherzustellen.

Die Realität ist immer wieder auch weit vom Klischee entfernt. In einem Seminar lief mir eine Mitarbeiterin einer großen Bibliothek im Ruhrgebiet über den Weg, die nebenbei bei Heimspielen von *Borussia Dortmund* als Ordnerin im gegnerischen Fanblock arbeitet.

Bei bestimmten Nutzertypen werden unter Umständen Erwartungen geweckt, wenn Bibliotheken herausstreichen, sie seien „für alle offen" (Leitsatz der *Stadtbibliothek Augsburg*, ehrenwert, aber in dieser Absolutheit vielleicht nicht zutreffend) oder wenn sich Bibliotheken gleich offiziell den Namen geben „Lebendige Bibliothek" (*Stadtbibliothek Bottrop*).

Es gibt zwei Kriminalitätsformen in Bibliotheken: die Ausprägung, die sich gegen ihr Eigentum wendet, und die Ausprägung, die sich gegen Menschen in der Bibliothek richtet. Dieser Leitfaden befasst sich mit beiden Ausprägungen.

Auch im anglo-amerikanischen Raum ist das *Disaster Planning for Libraries* ein wichtiges Thema. Ein Motto, das ursprünglich dem Bestand gewidmet ist, lässt sich ebenso gut auf die Sicherheit der Mitarbeiterinnen und Mitarbeiter anwenden: *"Preparing for the worst, planning for the best!"*[12] In den USA existieren einige Publikationen zum Thema Konflikt- und Gefahrensituationen in Bibliotheken. Seit 1979 wird eine Fachzeitschrift namens *Library & Archival Security* herausgegeben, die sich auch dem Thema zuwendet.

In Deutschland wurde der Themenbereich Konflikt- und Gefahrensituationen in Bibliotheken lange Zeit nur am Rande diskutiert, wie Ratzek feststellt.[13] Erstmalig in Deutschland angesprochen wurde er meines Erachtens 1991: Damals jedoch bringt Fuhlrott Angriffe auf Bibliothekare einzig in einen Zusammenhang

---

10 Browning: Grapefruit, S. 15.
11 Siegfried Bär in einem Beitrag über den *Bibliothekartag 2005* http://www.laborjournal.de/editorials/123.htm (26.8.2005).
12 Titel eines *IFLA*-Tagungsberichts von 2004, der sich mit den Vorkehrungen befasst, die Bibliotheken zum Katastrophenschutz treffen.
13 Ratzek: Heikle Situationen, S. 237.

mit Situationen, in denen sie die Bestände zu schützen versuchen. Was Kinder und Jugendliche angeht, wurden Konfliktsituationen wesentlich früher diskutiert. Schon 1980 galten solcherlei Fälle als Vorkommnisse, die „eigentlich überall in der Praxis" auftreten (*Kommission für Kinder- und Jugendbibliotheken des dbi*, Vorwort).

Wie auch Fachleute die Realität verkennen können, zeigt Juraschko in seinem sonst empfehlenswerten Ratgeber, wenn er schreibt: „Erfreulicherweise werden in Informationseinrichtungen strafrechtliche Kenntnisse in erster Linie für die Sacherschließung von Literatur benötigt."[14] Bibliotheksleiterinnen und -leiter müssen landauf, landab im Alltag mit einer ganzen Reihe von strafrechtlich relevantem Verhalten der Nutzer umgehen.

Das hier abgehandelte Thema ist emotionsgeladen, und ich begebe mich etwas aufs Glatteis. Keine Bibliotheksdirektion, keine Bibliotheksleitung, keine Amtsleitung tritt mit den hier geschilderten Problemen gerne an die (Fach-) Öffentlichkeit. Die Angelegenheiten werden im eigenen Haus geklärt (mal professionell, mal weniger). Bibliotheken sollen schließlich moderne, freundliche und friedliche Informations- und Dienstleistungszentren sein. Beim Kampf um finanzielle Zuwendungen kann niemand Negativmeldungen brauchen, weder in den politischen Raum hinein noch in Richtung der Nutzerinnen und Nutzer oder in Richtung der Medien. „Eine Bücherei zum Gruseln: Neuköllner Bibliothekare in Angst vor Übergriffen" war beispielsweise ein Artikel überschrieben im *Tagesspiegel*, der die unhaltbaren Zustände einer Berliner Stadtbibliothek schildert.[15]

Kunden von vornherein mit Misstrauen zu begegnen, ist einem partnerschaftlichen Umgang abträglich. Umberto Eco hat einmal den ironischen Rat erteilt: „Der Bibliothekar muß den Leser als einen Feind betrachten, als Nichtstuer (andernfalls wäre er bei der Arbeit) und als potentiellen Dieb."[16]

Fensterputzer, Feuerwehrmann, Hochseefischer, Polizeibeamter, Gerüstarbeiter, – Bibliotheksmitarbeiter? Nein, glücklicherweise ist der Dienst in einer Bibliothek keinesfalls so risikobelastet. Es muss also die Waage gehalten werden zwischen dem Sicherheitsbedarf und -bedürfnis der Bibliothek und ihres Personals sowie dem angemessenen Kundenkontakt.

In dem Projekt „Ethische Konflikte und Dilemmata in der bibliothekarischen Praxis" werden an der Fachhochschule Köln seit 2013 unter der Ägide von Professor Hermann Rösch Fallstudien gesammelt. Ein Blick auf den Webauftritt lohnt.[17]

---

14 Juraschko: Praxishandbuch Recht, S. 47.
15 8.2.2015: 9.
16 Eco: Bibliothek, S. 17.
17 https://www.fbi.fh-koeln.de/efubip/efubip-ueber.htm (16.9.2014).

Zur Terminologie: Der Begriff „schwieriger Nutzer" ist naturgemäß ungenau. Jeder Bibliotheksmitarbeiter findet einen anderen Nutzer unter wechselnden Bedingungen schwierig. Nicht viel präziser ist der Terminus „auffälliger Nutzer". Trotzdem: In diesem Buch wird „auffällig" als Steigerung von „schwierig" verwandt.

Was charakterisiert schwierige Nutzerinnen und Nutzer?

Sie reagieren anders, als wir es erwarten. Beispiele: Ein Nutzer traut sich nicht, ein Buch aus einem der Regale zu nehmen, da er dort einen Mann vermutet, der ihn seit Jahren „verfolgt". Eine Nutzerin brüllt herum und gebärdet sich wild, weil sie eine Mahngebühr von „nur" 50 Cent zahlen soll.

Sie konfrontieren uns mit Situationen, mit denen wir uns ungern konfrontiert sehen. Beispiele: Eine Nutzerin riecht stark nach Urin. Sie müssen sie bitten zu gehen. Ein Nutzer telefoniert laut mit seinem Mobilgerät. Er gibt indiskrete Details seiner Beziehung zum Besten. Der Lesesaal hört mit. Sie müssen ihn auffordern, das Telefonieren zu unterlassen.

Sie konfrontieren uns mit Ansprüchen, die wir für ungerechtfertigt halten. Beispiele: Ein Stammleser verlangt von Ihnen, dass Sie eigenhändig einen Artikel aus einer Zeitschrift für ihn kopieren. Ein Professor weigert sich, seine Jacke und seine Tasche abzugeben, obwohl dies in Ihrem Haus verlangt wird.

Sie fordern von uns mehr Zeit, Aufmerksamkeit, Fachwissen und soziale Kompetenz als bei der Routinearbeit. Beispiele: Ein Privatgelehrter setzt voraus, dass Sie für ihn Quellen in einer asiatischen Sprache auftun. Eine Nutzerin steht vor Ihnen am Pult und schüttet ihr Herz aus. Nach einiger Zeit beginnt sie gar zu weinen.

Sie stören den Routineablauf. Beispiele: Ein Nutzer sortiert Ihren Medienbestand – nach seiner eigenen Systematik. Ein Exhibitionist hat Ihre Bibliothek als Betätigungsfeld entdeckt.

Konfliktsituationen können sich in Gefahrensituationen verwandeln, aber erfreulicherweise wird nicht jeder Konflikt gefährlich. Als Gefahrensituationen werden hier Situationen bezeichnet, in denen Menschen gesundheitlich beeinträchtigt werden könnten.

Im vorliegenden Leitfaden wird unterschieden zwischen den Benutzern einer Bibliothek, die im Besitz eines Benutzerausweises sind, und den Nutzern einer Bibliothek, die eine Bibliothek ohne Bibliotheksausweis besuchen. Fansa hingegen strebt mit Fug und Recht anderes an: „Merke: Ein Nutzer wird erst ein *Gast* durch die Art der Behandlung, die ihm mittelbar und unmittelbar widerfährt. Klassischerweise ist er der ‚Leser', auch ‚Benutzer', im öffentlichen Bibliothekssegment häufig der ‚Kunde'. In jedem Fall wird er ein ‚Besucher' sein. Dabei ist der ‚Leser' sehr wenig, denn er liest bloß; der ‚Benutzer' be- und vernutzt etwas, das ist einseitig und klingt nach einer Störung. Der ‚Kunde' scheint etwas zu kaufen und dann wieder zu verschwinden. Gelegentlich kommt er – nach einer Dienstleistung suchend – wieder vorbei. Doch erst wenn der ‚Besucher' zum *Gast* wird, interessiert sich der *Gastgeber* für sein Wohlergehen; schließlich fühlt man sich in einem Restaurant besonders dann heimisch und wird Stammgast, wenn dort ein Gefühl des Aufgenommenwerdens entsteht. Bibliotheken können das auch. Auch sie haben *etwas zu servieren*, auch sie haben *ein Ambiente*, auch sie sind knisternde Orte der Zivilisation."[18]

Dieses Buch enthält keine Tabellen oder Grafiken. Nur im Hintergrund gibt es ein kleines empirisches Gerüst. Es möchte vielmehr gemessen werden am Nutzen für die Bibliotheksmitarbeiter, die täglich im Dienst an den Kunden eingesetzt sind. Es möchte eine praktische Handreichung sein, die Mut macht. Es möchte darlegen, mit welchen Kommunikationstechniken Konflikte entschärft werden können. Für Fälle, in denen das Entschärfen gar nicht gelingt, gibt der Leitfaden jedoch auch Aufklärung, wie sich Bibliotheksmitarbeiter gegen tätliche Angriffe schützen können, sowohl präventiv als auch defensiv.

Dieses Buch zeigt Ihnen Lösungsvorschläge für bibliothekstypische Konflikt- und Gefahrensituationen auf. Wer einen Überblick gewinnt, welche Handlungsmöglichkeiten es gibt, der geht seiner täglichen Arbeit vermutlich entspannter nach. Aber Patentrezepte oder die perfekte Herangehensweise gibt es nicht. Daher ist dies ein Leitfaden mit vielen „vielleichts" und „eventuells".

„Wer einsam ist, der hat es gut, weil keiner da, der ihm was tut", weiß Wilhelm Busch.[19] Selbst der verschrobenste Bibliothekar wird erkennen, dass eine Bibliothek ohne Nutzer auch nichts ist. Am eigenen Leib erfahren hat das beispielsweise die Belegschaft der Stadtbibliothek einer westdeutschen Landeshauptstadt: Als neue Auslegware verlegt wurde, waren die Handwerker plötzlich früher fertig als geplant. Das Kollegium war baff. Die Schließzeit wurde zuvor überall verkündet. Eine Woche blieb das Haus „unnötigerweise" geschlossen. Schnell vermisste das Personal die Nutzer; zu trist, zu leise, zu langweilig war der Betrieb. Man behalf sich mit Aufräumarbeiten und sehnte den Tag der Wiedereröffnung herbei.

Feedback, Hinweise und Ergänzungsvorschläge zu diesem Leitfaden sind sehr willkommen. Besuchen Sie mich auf **www.martin-eichhorn.berlin**.

---

18 Fansa: Bibliotheksflirt, S. 83.
19 „Der Einsame" (Gedicht).

Andere Institutionen mit Publikumsverkehr

Das Thema „Gewalt am Arbeitsplatz" hat in Deutschland erst seit etwa dem Jahr 2000 Platz gefunden im Feld des Arbeitsschutzes. Hier besteht noch Forschungsbedarf.

Es gibt Stimmen, die behaupten, dass die Gewalt ausgehend von Kunden, Bürgern, Klienten oder Patienten nicht zunahm, sondern ein sich geändertes Meldeverhalten zu erhöhten Zahlen führte. Unter Umständen nehmen also die Zahlen im Hellfeld zu, unter Umständen wird über das Thema seit mittlerweile einigen Jahren mehr gesprochen und geschrieben. „Die Gewaltwahrnehmung und -sensibilität ist, erstens, also gestiegen, nicht die Gewalt selbst. Als Gewalt wird, zweitens, heute schon empfunden, was früher noch keine Gewalt war", behauptet der Polizeiwissenschaftler Behr in der *Zeit*. In den letzten Jahren kam es, und das hat nichts mit Empfinden zu tun, leider zu schweren Übergriffen etwa in Jobcentern, die auch tödlichen Ausgang fanden. Selbst eine Berufsgruppe, die in der deutschen Gesellschaft nachweislich höchstes Ansehen genießt und die ohnehin einen anspruchsvollen Job hat, muss sich mit unnötigen Problemen plagen: Aktuell werden pro Jahr etwa 300 tätliche Angriffe auf Berliner Feuerwehrbeamte festgestellt.

Wie an anderer Stelle dargelegt, ist ein nicht unbeträchtlicher Teil des Bibliothekspersonals im deutschsprachigen Raum bereits mit der Androhung von Gewalt oder gar mit Gewalt konfrontiert worden; Zahlen deuten vorsichtig auf etwa 13 % hin.[1]

Die Zahl der Berufsgruppen, die von eskalierenden Konflikten und Gewalt betroffen sind, stieg in den letzten Jahren zweifellos an. Ich selbst durfte zum Beispiel bislang das Personal schulen von Jobcentern, Jugend- und Sozialämtern, Ordnungsämtern, Grünflächenämtern, aus Arztpraxen, Kliniken, Pflegeeinrichtungen, von Gerichten, allgemein bildender Schulen, der Lebensmittelkontrolle, der Veterinärmedizin, der Bundesagentur für Arbeit, der Polizei und Feuerwehr, aus Sommerbädern, aus Apotheken sowie Hebammen und Eishobelfahrer.

Auch die deutschsprachige Fachliteratur der letzten Jahre lässt diese Entwicklung erkennen, so gibt es beispielsweise mittlerweile Monografien, die sich befassen mit dem konflikt- und gewaltträchtigen Umfeld von Rettungssa-

---

1 Eichhorn: Rottweiler.

nitätern[2], Pflegekräften[3], Fußballschiedsrichtern[4], Lehrern[5], sozialen Berufen[6], Ärzten[7] oder dem Personal von Fluggesellschaften[8].

Die *Unfallkasse Nordrhein-Westfalen* kommt zu dem Schluss: „Beschäftigte in Behörden und kommunalen Einrichtungen nehmen viel zu häufig Beschimpfungen und Gewalt als einen ‚Teil ihrer Arbeit hin'. Dass diese Taten möglicherweise Straftaten bzw. Arbeitsunfälle darstellen, bleibt allzu oft unberücksichtigt."[9] Ferner konstatiert sie: „Es ist ein wissenschaftlich belegtes Phänomen, dass Menschen bei der Selbstbewertung ihrer Gefahrensituationen oft zu Fehleinschätzungen neigen. In vielen Fällen wird die tatsächliche Gefährdung verdrängt, banalisiert, heruntergespielt und damit unterschätzt."[10] Um es gleich vorwegzunehmen: Die Erfahrung in allen Berufsgruppen zeigt, dass Null-Toleranz gegenüber Gewaltandrohung und Gewalt die professionelle und wirkungsvolle Haltung darstellt.

Wir sehen, dass Bibliotheken nicht die einzigen Institutionen sind, die es mit schwierigen, auffälligen oder gar gewaltbereiten Kunden zu tun haben. Was aber unterscheidet die meisten Bibliotheken von anderen Institutionen oder Dienstleistern mit Publikumsverkehr? Was wirkt sich vielleicht verschärfend aus?

1. Außer den Bibliotheken gibt es keinen öffentlichen Raum mehr, der es ganzjährig zuließe, sich anonym, kostenfrei und zeitlich relativ unbegrenzt aufzuhalten. Einkaufszentren lassen Sicherheitsdienste patrouillieren, die unerwünschte Besucher vertreiben. Kirchen sind heutzutage meist verschlossen.
2. In den allermeisten Fällen sind es Männer, die für die gravierenderen Konfliktfälle in Bibliotheken sorgen, für die Fälle, welche strafrechtliche Relevanz aufweisen. Hingegen sind es nach wie vor überwiegend Frauen, die im Publikumsdienst der Bibliotheken tätig sind. Bibliotheksmitarbeiterinnen reagieren scheinbar (nicht: anscheinend) nicht resolut.
3. Bibliotheken liegen – so sollte es zumindest sein – zentral und haben eine gute Anbindung an den öffentlichen Nahverkehr. Sie sind bequem zu erreichen.

---

2 Friedrich: Rettungsdienst.
3 Gaschler: Prävention.
4 Vester: Schiedsrichter.
5 G. E. Becker: Lehrer.
6 Linsenmayr/Rösch: Klienten.
7 Eichhorn: Arztpraxis.
8 Pfältzer: Luftverkehr.
9 Unfallkasse: Gewaltprävention, S. 13.
10 ebd., S. 27.

4. Bibliotheken verfügen – so sollte es zumindest sein – über ausgedehnte Öffnungszeiten.[11]
5. Speziell öffentliche Bibliotheken sind ein attraktiver Begegnungsort, der unterschiedlichste Ansprüche befriedigen kann.
6. Bibliotheken sollen potenziell alle Bevölkerungsschichten ansprechen. Ihre Nutzerinnen und Nutzer sind oft sehr heterogen.
7. Die Geschäftigkeit im Gebäude bringt eine Unübersichtlichkeit mit sich. Diese wird sich in Zukunft noch verstärken, weil die Besucherzahlen zumindest der öffentlichen Bibliotheken seit Längerem im Steigen begriffen sind.
8. In Bibliotheken sind ruhige Ecken und abgeschiedene Arbeitsplätze gewollt.
9. Die Anforderungen, die an Bibliotheksnutzer gestellt werden, wachsen. Es gibt Nutzerinnen und Nutzer, die mit OPACs, Selbstverbuchungsgeräten, Kassenautomaten oder Datenbanken nicht klarkommen, Berührungsangst haben und sich erst an das Fachpersonal wenden, wenn sie bereits gereizt sind. Frustration erhöht Aggression.
10. Der Sicherheitsstandard in deutschen Bibliotheken ist immer noch ausbaufähig, der Kenntnisstand des Personals diesbezüglich ebenso.

---

[11] Kein Buch mehr nach dem Abendbrot, das war einmal. Viele Bibliotheken ermöglichen es den Kundinnen und Kunden inzwischen, auch nachts fleißig zu sein. „München setzt sich an die Spitze – und zwar europaweit: Ab sofort ist die Bayerische Staatsbibliothek (BSB), Deutschlands zweitgrößte Bibliothek, täglich von 8 bis 24 Uhr geöffnet ... Die bislang vergleichsweise kurzen Öffnungszeiten deutscher Bibliotheken bremsen Wissenschaftler und Studenten genau dann aus, wenn man Zeit zum ruhigen Lesen hat ...", erkannte *Die Welt* (24.1.2006). Für Furore sorgte 2006 auch die *Universitätsbibliothek Karlsruhe*, heute KIT-Bibliothek, als erste deutsche Bibliothek, die 24 Stunden geöffnet wurde.

Kommunikation in Konfliktsituationen

„Rauchen und störendes Sprechen sind in den Büchereiräumen nicht gestattet. In der Lesehalle hat mit Rücksicht auf die übrigen Leser jede Unterhaltung zu unterbleiben. Allen Anordnungen des Personals in bezug auf Regelung des Verkehrs, Wohlanständigkeit des Verhaltens usw. ist willig Folge zu leisten."[1]

„Die Sprache ist die Quelle der Missverständnisse."[2]

„Meine Großmutter sagte immer: Sei zweimal nett. Das ist im Prinzip eine gute Regel."[3]

Im Folgenden werden praxis- und bibliotheksbezogene Aspekte der Kommunikation vor möglichen und in Konfliktsituationen dargelegt. Verwiesen sei ergänzend auf die „Klassiker" zum Thema Kommunikation, die für alle, speziell aber für problematischere Situationen Horizont erweiternd sind.[4]

Geschickt durchs Leben schlingert wohl, wer auch als Dienstleister die vier Anti-Fauxpas-Regeln aus dem *Fauxpas-Handbuch* beherzigt[5]:
1. „Verlassen Sie sich niemals auf Vermutungen.
2. Denken Sie nach, bevor Sie etwas sagen.
3. Seien Sie sich immer darüber im klaren, wer Sie hören kann.
4. Gestehen Sie im Zweifelsfall ein, daß Sie etwas nicht wissen."

Auch in der Bibliothek beginnt alles mit einer positiven Grundhaltung. Ein Lächeln zur Begrüßung wirkt aggressionshemmend. Jedes Lächeln, das eine gerunzelte Stirn ersetzt, hilft auf Dauer auch dem eigenen Aussehen. Die Kunst ist es, auch an schlechten Tagen gut zu sein.

Berühmt ist Watzlawicks Aussage: „Man kann nicht nicht kommunizieren."[6] Hinter der Aussage steckt, dass Sie immer auch Botschaften an Ihre Mitmenschen senden, die nichts mit der eigentlichen, das heißt gesprochenen Sprache zu tun haben. Sie kommunizieren damit, was Sie auf Ihr Pult oder Ihren Tresen stellen, wie Sie am Arbeitsplatz sitzen oder stehen, welches Umfeld Sie sich schaffen, welche Kleidung Sie tragen, wonach Sie duften oder riechen und sogar mit dem, was Sie gerade nicht sagen oder tun. Ihr Gegenüber ist von klein auf darin

---
1 „Benutzungs-Ordnung für die Städtische Volksbücherei und Lesehalle Neukölln". *Bücher-Verzeichnis der Volksbücherei und Lesehalle zu Neukölln*. Berlin, 1915.
2 Saint-Exupéry: Der kleine Prinz, S. 52.
3 John Irving in einem Interview mit dem *Tagesspiegel* vom 5.3.2006: S 1.
4 vor allem: Schulz von Thun: Miteinander, auch Fisher/Patton/Ury: Harvard-Konzept sowie die Ansätze der Transaktionsanalyse.
5 Martinet: Fauxpas, S. 38.
6 Beavin/Jackson/Watzlawick: Kommunikation, S. 53.

geschult, aus Ihrem Tonfall, Ihrer Körpersprache, der Geschwindigkeit Ihrer gesprochenen Sprache, ja insgesamt aus Ihrem Verhalten Schlüsse zu ziehen. Doch Vorsicht: Manchmal kann einen die Mimik des Kommunikationspartners auch auf die falsche Fährte locken, nämlich, wenn beispielsweise ein kurzsichtiger Mensch ohne Sehhilfe wegen seiner zusammengekniffenen Augen unfreundlich wirkt oder ein Mensch ohne Gleitsichtgläser hochnäsig, weil er „arrogant" über den Brillenrand blicken muss. Fehlinterpretationen ergeben sich regelmäßig auch, wenn Sie mit Menschen aus anderen Kulturen kommunizieren.

Konfliktprophylaxe hat den Anspruch, Konflikte schon im Vorfeld unwahrscheinlich zu machen. Wer hier gute Arbeit leistet, spart Zeit und Nerven.

Wenn Sie länger in einer Bibliothek arbeiten, sitzen Sie leicht einer Wahrnehmungsblockade auf, die „Betriebsblindheit" genannt wird. Gehen Sie durch die Bibliothek und konzentrieren Sie sich darauf, diese „mit anderen Augen" zu sehen. Prägen Sie die Fähigkeit zur Selbstkritik aus und hören Sie nicht auf, über Verbesserungsmöglichkeiten nachzudenken. Laden Sie vielleicht Freunde und Verwandte ein, welche die Bibliothek mit dem „Kundenblick" betrachten können.

Haben Sie mit Beschwerden zu tun – und welche Bibliothek hat dies nicht? – so überprüfen Sie zunächst die Betriebsorganisation der Bibliothek. Rufen Sie eine Beschwerdemanagement-, besser: Clearingstelle ins Leben, denn sie bildet ein wichtiges Element der Kundenorientierung. Das Ideen- und Beschwerdemanagement, seit den frühen 1980er in der Wirtschaft etabliert, ist längst auch zu den Bibliotheken durchgesickert. Da Kundenbefragungen vergleichsweise teuer und aufwendig sind, sollten Sie eine Beschwerdestimulierung erreichen, indem Sie bequeme Wege anbieten. Taucht der Begriff „Beschwerde" und „Feedback" in der Rubrik A–Z Ihres Webauftritts auf? Öffnen Sie immer mehrere Kanäle parallel: ein Beschwerdebuch, Blog, ein vorgefertigtes und ausliegendes Formular, eine Beschwerdemöglichkeit aus dem OPAC heraus, den „Kummerkasten", der in fast jeder Bibliothek zu finden ist, eine eigene *Hotline* oder einen *E-Mail-Button* auf Ihrem Webauftritt.

Apropos E-Mail: Wie schnell ist sie verschickt! Ist sie erst einmal raus, kann man sie nicht zurückholen. Das ist eine der Tücken der elektronischen Kommunikation.

Ihnen wird ganz heiß, wenn Ihnen bewusst wird, dass Sie eine Mail an den falschen Nutzer oder Kollegen, an einen Namensvetter, eine Mail gleich mit komplett falschem Text, mit einer Schmähung oder mit falschem Anhang versandt haben? Manches Mal wird auch der „Weiterleiten"-*Button* mit dem „Antworten"-*Button* verwechselt, und schon gelangen irrelevante Informationen oder schlimmstenfalls indiskrete Anmerkungen an die falsche Adresse. Sie haben nur eine Chance, die Sache aus der Welt zu schaffen: „Wenn Sie eine Katastrophenmail verschickt haben, formulieren Sie die tödlichen Passagen schnell in etwas Harmloses um –

und senden Sie dann den neuen Text gleich noch fünf bis zehn Mal hinterher. Der Empfänger wird annehmen, dass einfach Ihr Server spinnt. Im besten Fall wird er nur die oberste, harmlose Mail in seinem Postfach lesen und den Rest unbesehen löschen. Eine geniale Idee, weil die meisten Mailprogramme tatsächlich nur alle fünf bis zehn Minuten neue Nachrichten laden, Zeit genug, die gefährliche Mail in einem Pulk harmloser Verschleierungsmails verschwinden zu lassen".[7]

Da alle Abteilungen einer Bibliothek von Beschwerden betroffen sind, ist das Wissen um den professionellen Umgang mit dieser „Ausdrucksform" wichtig. Wenn die Mitarbeiterinnen und Mitarbeiter erkennen, dass Kundenbindung von einem guten Ideen- und Beschwerdemanagement gestützt wird, steigt deren Bereitschaft, sich mit dem Thema auseinanderzusetzen und teamorientiert mit Kundenideen und -beschwerden umzugehen. Hierbei sind Personalschulungen sowie ein Dokumentations- und Auswertungssystem für die eingehenden Ideen bzw. Beschwerden förderlich.

Egal, wie gut Ihre Bibliothek organisiert ist, Beschwerden wird es immer geben, und drehen sie sich nur um die Mahngebühren.

Welche Wege lassen sich also in Beschwerdesituationen beschreiten? Gehen wir zunächst davon aus, dass der Fehler bei der Bibliothek liegt. Wie können Sie reagieren, wenn der Nutzer zu Recht aufgebracht ist?

1. Eine artikulierte Entschuldigung ist ein probates Mittel, Verständnis zu zeigen und Konfliktgesprächen eine andere Richtung zu geben. Ihre freundliche, nicht devote Entschuldigung impliziert keinesfalls, dass Sie eine persönliche Schuld erkennen, sondern sie drückt Bedauern aus. Denn: „Es tut mir leid, dass deine Katze gestorben ist!" besagt ja auch nicht, dass Sie sie überfahren haben ...
2. Wenn Sie das Problem überschauen, umreißen Sie kurz, wie es zu dem Fehler kommen konnte (wenn Sie den Eindruck haben, dies lässt sich einem Laien schnell vermitteln).
3. Besprechen Sie ggf., wie der Schaden wieder gutgemacht bzw. was in Zukunft besser gemacht werden kann.

Kurios scheint auf den ersten Blick, dass die Zufriedenheit und Loyalität bei Kunden, die sich beschwert haben und die sich in Folge gut behandelt fühlten größer ist, als die der Kunden, welche erst gar keinen Anlass zu einer Beschwerde hatten.[8]

Einige Bibliotheken arbeiten mit einer „Trostkiste", in der im Vorfeld gesammelt werden: ausgesonderte, aber tadellose Medien, Lesezeichen, Bleistifte, Wer-

---

[7] Kniebe: Mausklick, S. 115.
[8] Seidel/Stauss: Beschwerdemanagement, S. 75.

begeschenke etc. Eine österreichische Universitätsbibliothek ließ eigens Gummibärchen abfüllen und die kleinen Tütchen bedrucken mit ihrem Logo. Wenn Ihre Dienstleistung den Nutzer enttäuscht hat, kann ihn solcherlei besänftigen. Die Geste zählt mehr als die Gabe.

Wenn in der Feuerwache der Alarm ausgelöst wird, so weiß der Feuerwehrmann, dass er gleich ins Feuer fährt. Er ist ausgebildet und kann sich auf der Fahrt darauf vorbereiten. Für Mitarbeiter der Dienstleistungsbranche jedoch tritt der zornige oder gewaltbereite Kunde stets unerwartet auf. Ihnen ist es nicht möglich, sich kurz vorher noch einmal auf den anstehenden Konflikt und dessen Lösung zu besinnen. Sie müssen aus dem Stegreif reagieren.

Kennen Sie den Namen des Nutzers, so sprechen Sie ihn dosiert mit seinem Namen an. Es gibt nicht viel, was der Mensch so gerne hört, wie seinen eigenen Namen. Er ist im Normalfall positiv besetzt. Wer Ihnen etwas verkaufen möchte, übertreibt es manchmal mit dieser Technik. Wenig jedoch hört der Mensch so ungern wie seinen falsch ausgesprochenen oder gar verwechselten Namen.

Verwechseln Sie Aggressivität nicht von vornherein mit Gewalt, sondern sehen Sie sie als ein Kommunikationsmittel, das eine wichtige Botschaft vermittelt. Barlow/Møller raten zur Nachsicht, was zornige, sich beklagende Kundinnen und Kunden angeht: „Erinnern Sie sich, daß eine Beschwerde ein Geschenk ist und daß Sie nur zufällig eines erhalten haben, das nicht richtig verpackt ist."[9] Die Autoren verdeutlichen, dass der Mensch regelmäßig drei Zornphasen durchläuft, und dass es nicht Erfolg versprechend ist, wenn der Ansprechpartner diesen Prozess abzukürzen versucht. Der Zornausbruch sei vielmehr als Stufenprozess aufzufassen:

1. *Beschuldigungsphase*: Der Kunde möchte seine Geschichte erzählen und lässt unter Umständen „Dampf ab"; er ließe sich jetzt nicht zur Vernunft rufen. Hören Sie aufmerksam zu, was er Ihnen mitteilen möchte. Eine unangemessene Form der Äußerung schließt ein berechtigtes Anliegen nicht aus. Erwidern Sie nichts, unterbrechen Sie ihn nicht, und lassen Sie ihn gewähren – auch wenn dies unter Umständen sehr schwer fällt. Lassen Sie ihn reden, bis er alles losgeworden ist. Würden Sie sich oder Ihre Einrichtung in dieser Phase verteidigen, wäre das bloß Wasser auf die Mühlen Ihres Gegenübers, und der Konflikt könnte eskalieren. Bleiben Sie gelassen, und der Zorn des Nutzers wird sich im Laufe des Monologs in der Regel abschwächen oder gar legen; Rationalität wird wieder die Oberhand gewinnen. Es ist nicht das Ziel, den Konflikt schnell beizulegen. „Es ist unmöglich, einen ausbrechenden Vulkan zu stoppen."[10] Denn Empörung liefert Selbstgewissheit. Falls Sie

---
9 Barlow/Møller: Beschwerde, S. 132.
10 ebd., S. 133.

spüren, dass die Beschuldigungsphase sich dem Ende zuneigt, können Sie versuchen, dem Nutzer Wind aus den Segeln zu nehmen mit der Aufmunterung: „Wir finden eine Lösung!"
2. *Verarbeitungsphase*: Der Kunde öffnet sich, eine Konversation ist wieder möglich. Nun können gemeinsam Lösungen erarbeitet werden. Verwenden Sie offene Fragen. Diese beginnen mit einem „W": „Wer?", „Was?", „Wann?", „Wo?", „Wie?" Mit der Frage „Warum?" sollten Sie eher sparsam umgehen; Sie sollten Ihr Gegenüber besser nicht in Erklärungsnöte bringen. Vermitteln Sie nicht vorschnell Verständnis, sondern erwerben Sie es schrittweise. „Ein Kunde, der sieht, dass seine Beschwerde oder Anregung notiert wird, fühlt sich ernst genommen und spürt, dass es dem Betrieb wichtig ist, sein Problem zu lösen."[11] Legen Sie dar, dass Sie ein gemeinsames Ziel haben.
3. *Akzeptanzphase*: Im Idealfall nähert sich der Kunde einem Grad der Zufriedenheit an. Empathie oder ein erarbeiteter Kompromiss lassen ihn entspannt aus der Kommunikationssituation gehen. „Wenn Sie jedoch den Eindruck haben, daß sich der zornige Kunde nicht helfen lassen will, dann brechen Sie die Aktionskette ab und unternehmen Sie, was Ihnen notwendig erscheint."[12]

Ekman tröstet: „So wie manche Menschen Traurigkeit genießen, genießen andere ihren Zorn."[13] Glauben wir Itten, so neigen 25 % aller Menschen zum Jähzorn.[14] Sie auch? Ich möchte Ihnen nicht zu nahe treten, aber vielleicht sind Sie ja auch mal der „schwierige" Kunde, wenn Sie eine Beschwerde vorbringen, z. B. bei einer Fluggesellschaft, bei Telekommunikationsunternehmen, Ihrem Vermieter oder bei der Bahn?

Kommt jedenfalls der Nutzer nicht über die Beschuldigungsphase hinaus, sind Sie besonders gefordert. Sätze wie die folgenden führen Sie dann *nicht* zum Ziel:
– „So beruhigen Sie sich doch!"
– „Nun regen Sie sich mal nicht so auf!"
– „Bleiben Sie doch bitte mal sachlich!" (Konflikte sind nie rein sachlich.)

Machen Sie den Nutzer vielmehr auf Ihre Einschätzung aufmerksam: „Ich glaube, wir haben uns ‚verhakt'! So kommen wir nicht weiter. Ich werde mal einen Kollegen für Sie holen!" Sprechen Sie nun einen Kollegen an, der sich der Sache in einem erneuten Anlauf annimmt. So manches Mal hängen Konflikte an bestimm-

---

11 Schönemann: Kritik, S. 797 f.
12 ebd.
13 Ekman: Gefühle, S. 176.
14 Itten: Jähzorn, S. VII.

ten Personen. Wenn Sie den Ort des Geschehens verlassen und einen Kollegen ins Bild setzen, vergeht Zeit. Das entschleunigt den Konflikt. Wenn Ihr Kollege dann aktiv wird, bleiben Sie „unsichtbar" in der Nähe, um im Notfall eingreifen zu können. Diese Vorgehensweise sollten Sie bereits im Vorfeld im Kollegenkreis abgesprochen haben, sodass sie im Anwendungsfall jeder bzw. jedem geläufig ist. Ihr Bemühen wird aus Sicht des aufgebrachten Nutzers noch aufgewertet, wenn Sie davon sprechen, einen Vorgesetzten zu holen. (Da kein Nutzer das Organigramm der Bibliothek kennt, kann man hier, wenn kein Vorgesetzter in der Nähe oder überhaupt im Haus tätig ist, auch einen anderen Kollegen holen, der für den Moment vorgibt, vorgesetzt zu sein. Das zeigt in hartnäckigen Fällen oftmals Wirkung, denn das Herbeirufen des u. U. vermeintlichen Vorgesetzten entschleunigt den Konflikt, da der Nutzer warten muss. Zudem wertet das Heranholen eines in der Hierarchie vermeintlich höher Stehenden die Problemlösung in den Augen des Nutzers auf.)

Isolieren Sie einen Beschwerdeführer möglichst früh. Geleiten Sie ihn zum Pult, zum Kollegen oder ähnlich. Lassen Sie ihn nicht, womöglich nach einer komplizierten Wegbeschreibung, allein zum neuen Ansprechpartner gehen. Vermeiden Sie es, mit einem aufgebrachten Nutzer in einen Fahrstuhl zu steigen, auch wenn Sie womöglich mit ihm zur Bibliotheksleitung unterwegs sind, um dort eine Beschwerdesituation zu klären. Es ist besser, wenn die Bibliotheksleitung zum Nutzer kommt. Auf engstem Raum, abgeschirmt von Blicken, sind Sie sonst gefährdet.

In intimerer Atmosphäre wird ein Nutzer eventuell leichter klein beigeben, wenn es um das Zahlen von Mahngebühren geht, oder er wird leichter zugeben, dass er derzeit zahlungsunfähig ist.

Falls Sie wegen oder nach einer Beschwerdesituation einen Nutzer anrufen müssen, um etwas zu klären, so können Sie das Gespräch eröffnen mit: „Guten Tag, Herr X! Hier ist Y aus der Bibliothek. Sie haben sich bei uns beschwert?" Dann halten Sie inne. Der Nutzer wird entweder sofort relativieren oder gleich Dampf ablassen. Beides kann für den Fortgang des Gesprächs förderlich sein.

Der Anblick wütender Kunden brachten Cerwinka/Schranz auf diese Strategie: „Legen Sie sich ... einen Trick zurecht, um das Donnerwetter unbeschadet zu überstehen. Stellen Sie sich zum Beispiel vor, Sie wären ein(e) Casting-Agent(in) für einen Film und müssten die Rolle eines tobenden Chefs besetzen. Ist der Kandidat, der gerade vor Ihnen steht, der geeignete?"[15]

Sie können sich auch ablenken, indem Sie sich auf ein Detail Ihres Gegenübers konzentrieren. Beobachten Sie beispielsweise, wie seine Halsschlagader heraustritt, betrachten Sie seine Tätowierung, sein Piercing, sein Schmuckstück.

---

15 Cerwinka/Schranz : Nervensägen, S. 133.

Das bewahrt Sie vielleicht davor, in den Sog seiner Aggression zu geraten und selbst die Haltung zu verlieren. Denken Sie sich Ihr Haustier an Ihre Seite. Dabei muss es sich nicht um einen Kampfhund handeln; auch die imaginierte Katze kann Sie innerlich beruhigen und etwas ablenken.

Wenn Sie sich richtig ärgern, kann Ihnen dieser Trick helfen: Stellen Sie sich vor, wie Sie selbst als sehr alter Mensch in einem gemütlichen Sessel sitzen und auf Ihr Leben zurückblicken. Welchen Stellenwert wird der momentane Ärger dann haben? Hat er *die* Qualität, dass Sie sich daran noch mit greisem Gesicht erinnern werden? Dann müssen Sie etwas unternehmen. Ist die Wahrscheinlichkeit indes gleich null, dass Sie sich an Ihren aktuellen Ärger erinnern werden, so verschwenden Sie keine weitere Energie darauf. Selbst berechtigter Ärger kann mit diesem Perspektivwechsel verpuffen.

Sie können auch (im Stillen) Selbstgespräche führen, um sich emotional zu beeinflussen, sich gut zu zusprechen oder Mut zu machen. Wahrscheinlich kommen Sie automatisch dahin, denn: „Man selbst ist sich der wichtigste und häufigste Gesprächspartner. Mit niemandem redet man mehr, ein Leben lang … Sobald sich aber die Anforderungen ändern, einem mehr abverlangen oder sogar Probleme bereiten, signalisieren Selbstgespräche, dass man aus der Routine kippt oder routinierte Abläufe gestört sind."[16] Wenn Sie also unvermittelt anfangen, mit sich selbst zu sprechen, können Sie dies auch als eine Art Gefahrenradar ansehen.

Es gibt, und diese Erfahrung müssen die Mitarbeiter an der Theke oder am Pult immer wieder machen, aggressive Nutzer und Benutzer, die auf jede Ansprache wütend reagieren. Wenn Sie das Gefühl haben, dass Ihr Reaktionsrepertoire erschöpft ist und Sie sich ausreichend Mühe gegeben haben, dann lassen Sie den Nutzer einfach stehen. Das geht leider nicht immer, aber besonders gut an der Theke, weil sich dort häufig Raum zum Zurückziehen bietet. Aber auch am Pult braucht man nicht zu „kleben". Verlassen Sie es, um sich Luft zu verschaffen. Beenden Sie das Gespräch dann etwa so: „Ich bin jetzt wütend. Ich habe Ihnen mehrfach zu erklären versucht, wo das Problem liegt und auch Verständnis für Ihre Situation gezeigt. Ich werde das Gespräch jetzt beenden, denn ich sehe keine andere Möglichkeit mehr." Sie können sich auch mit einem lapidaren: „Ein anderes Mal gerne …" aus der Affäre ziehen.

Depressionen äußern sich, besonders bei Männern, auch durch Ärger, Gereiztheit und Aggressivität. So manches Mal, natürlich nicht immer, kann es also sein, dass Ihr wutschnaubendes Gegenüber erkrankt ist. Vielleicht tröstet Sie das bei einem immer wieder aufbrausenden Stammkunden? Unter Umständen kann die Person nichts dafür.

---

16 Eberspächer: Gut sein, S. 18 f.

Wir haben feine Antennen dafür, von wem wir uns wann duzen lassen wollen. Motorradfahrer, junge Leute, Studierende, Sportler usw. duzen sich; in einer großen Möbelhauskette werden die Kunden in der Werbung und auch von Angesicht zu Angesicht geduzt. Aber in der Bibliothek? Lassen Sie sich – außer von kleineren Kindern – besser nicht duzen. Wer gegen die hiesige Verhaltensnorm verstößt und Sie duzt, möchte Sie damit unter Umständen provozieren, klein machen oder Vertraulichkeit schaffen, um dann vielleicht später Vorteile zu erlangen. Ein nicht ausdrücklich erlaubtes Duzen stellt in unserer Gesellschaft schnell eine Beleidigung dar. Lassen Sie sich von Ihrem Gefühl leiten: Jüngere Kolleginnen und Kollegen in der Verbuchung etwa werden von studentischem Publikum regelmäßig geduzt. Wenn das nicht auf Missbehagen stößt, ist dagegen natürlich nichts einzuwenden; dies ist sicher kein „Niederduzen".

Von einem „Sie" aus lässt es sich weder auf Sympathie noch Antipathie schließen, es ist neutral. Wer sich das Duzen verbittet, zieht eine kleine Hürde ein: Denn bekanntlich geht einem „Du Idiot!" oder Schlimmeres leichter über die Lippen als „Sie Idiot!".

Wenn Sie einen Konflikt austragen und sich mit dem Nutzer duzen, sieht das von außen unter Umständen aus wie ein „vertrauliches Streiten". Umstehende könnten annehmen, dass Sie eine persönliche Beziehung haben. Damit sinkt die Wahrscheinlichkeit, dass Ihnen jemand im Ernstfall zur Seite steht.

Vertrauen Sie nicht auf die Sensibilität der Sie duzenden Person (nach dem Motto: „Ich duze jetzt einfach zurück, dann wird er merken, dass er mich duzt und auf das Siezen umsteigen!"). Sensibilität ist es ja eben, was duzenden Nutzern mitunter fehlt.

„,Wo haben wir denn schon zusammen Schweine gehütet?' (seit wann duzen wir uns denn?)", umgangssprachlich, so erklärt der *Duden* ein Sprichwort.[17] Wenn in meinen Seminaren die Rede auf dieses Sprichwort kam, habe ich die Erfahrung gemacht, dass die jüngere Generation die Bedeutung nicht kennt. Auch bei nicht in erster Linie deutschsprachigen Menschen stößt dieses Sprichwort wahrscheinlich auf Unverständnis und geht am Ziel vorbei. Sprichwörter werden ohnehin auch häufig missverstanden und führen nicht selten zu Konflikten.

Bei einem gewaltbereiten Nutzer kann das Duzen ein Test auf Ihre Opfertauglichkeit darstellen. Verbitten Sie sich klar und deutlich, dass Sie geduzt werden. Gleich zu Beginn eines Gesprächs, *noch bevor* ein Konflikt hochkocht, zeigt dies, dass Sie Ihren Mann bzw. Ihre Frau stehen. Sie behaupten sich und weisen Ihr Gegenüber in seine Grenzen. Das *kann* einschüchtern und eine Eskalation verhindern.

---

17 http://www.duden.de/rechtschreibung/Schwein (7.2.2015).

Es gibt Sprachen, in denen mehr geduzt und welche, in denen mehr gesiezt wird. Wer schlecht Deutsch spricht, dem werden Sie ein Duzen sicherlich nachsehen.

Lassen Sie sich nicht beleidigen. Die Philosophin Sybille Krämer beleuchtet die Wirkungsweise von anmaßender und diskriminierender Sprache und hebt hervor, dass diese Sprache einem Dialog den Boden entzieht: „Worte verletzen und sie kränken; und sie sind immer noch die am weitest verbreitete und die am häufigsten eingesetzte Waffe!"[18] ... Sprache wird also zu einem Instrument, um ein Weitersprechen eher zu verhindern."[19] Eine gewaltförmige Ansprache zielt darauf ab, den Kommunikationspartner nicht mehr als Dialogpartner anzuerkennen und ihn als nicht (mehr) ebenbürtig zu betrachten.

Wenn Sie das Gefühl haben, dass Ihr Kommunikationspartner Grenzen überschreitet, so wenden Sie die folgende, vierstufige Taktik an, die hier an einem Beispiel dargestellt wird:

1. *Informieren*: „Merken Sie, dass Sie mich anschreien?"
2. *Auffordern*: „Ich möchte nicht, dass Sie mich anschreien!"
3. *Mahnen*: „Wenn Sie jetzt nicht aufhören herumzuschreien, spreche ich einen Hausverweis gegen Sie aus! (... hole ich den Sicherheitsdienst! ... rufe ich die Polizei!)"
4. *Konsequenzen ziehen*: Jetzt müssen Sie unbedingt die angekündigte Maßnahme in die Tat umsetzen, sonst werden Sie unglaubwürdig.

Da in Bibliotheken meist nicht jeder Mitarbeiter berechtigt ist, den dann fälligen Hausverweis auszusprechen, wird in der Regel eine Kollegin bzw. ein Kollege herangeholt, der dies darf. Wenn der Kollege dann hinzukommt, geht es für ihn *nicht mehr* um den ursprünglichen Konflikt, sondern nur noch darum, den mit der oben genannten vierstufigen Taktik gewarnten Nutzer aus der Bibliothek zu werfen. Ein Nutzer, der trotz der vierstufigen Taktik nicht zur Besinnung kommt, hat in der Bibliothek nichts zu suchen. Er hat Grenzen überschritten und den Mitarbeiter, der sich zuerst dem Konflikt widmete, über Gebühr belastet. Allein schon, um diesen Kollegen dann nicht „dumm dastehen zu lassen", muss der auffällige Nutzer die Örtlichkeiten verlassen. Wie soll sich der erste Bibliotheksmitarbeiter sonst fühlen, wenn ein zweiter aus dem Hintergrund tritt, sich dem ursprünglichen Konflikt widmet, ihn jetzt, nachdem der Nutzer sich abreagieren konnte, womöglich im Vorübergehen löst, und das vorherige, abfällige Verhalten übergangen wird?

---

[18] Krämer: Gewalt, S. 6.
[19] ebd., S. 12.

Vielleicht gelingt es Ihnen, die verschiedenen Konflikte in der Bibliothek wie folgt zu umgehen oder zu entschärfen:

Wenn Sie es sind, der auf einen Nutzer zugeht, um ihn auf die Gepflogenheiten in der Bibliothek hinzuweisen, so lassen Sie die übliche Höflichkeit zu Beginn der Ansprache walten: „Guten Tag. Ich arbeite in dieser Bibliothek. Darf ich Sie bitten ..." Dieser Hinweis klingt banal, aber das Grüßen und Vorstellen wird häufig vergessen. Dieser „höfliche Vorlauf" ermöglicht es dem Nutzer auch, sich auf die dann folgende Aussage einzustellen. Er wird nicht „überrumpelt".

Die Erziehung so einiger erwachsener Zeitgenossen mag nach Ihrem Empfinden schlecht sein, aber sie ist abgeschlossen. Sehen Sie es nicht als Ihr Ziel an, Nutzerinnen und Nutzer zu erziehen oder zu läutern. Verinnerlichen Sie, dass Sie dies gar nicht erst anstreben wollen. Wer Dominanz sät, erntet gemeinhin Widerstand. All das ist sicher leichter gesagt als getan: Allein die Biologie macht uns hierbei gern einen Strich durch die Rechnung. Tatsächlich wird das Belohnungszentrum in unserem Hirn aktiviert, wenn wir unfaires oder egoistisches Verhalten anderer bestrafen dürfen. Salopp gesagt: Unser Hirn verspürt dann einen Kick.[20]

Vermeiden Sie in dem Zusammenhang auch die sogenannten „körperlichen Indizien für das Eltern-Ich"[21]: gerunzelte Brauen, gespitzte Lippen, den ausgestreckten Zeigefinger, den entsetzten Augenaufschlag oder das Seufzen. Halten Sie sich an das Sprichwort „Was Hänschen nicht lernt, lernt Hans nimmermehr." Denn: „Andere nach eigenem Gusto umkrempeln zu wollen, ist nicht nur vergebliche Liebesmüh', sondern, gelinde gesagt, auch anmaßend. Schließlich ist man weder Therapeut/-in (und selbst die werden sich davor hüten) noch Erziehungsberechtigte/-r, noch Retter/-in der Nation."[22] Die lebensprägenden Erziehungsmaßnahmen finden in der Zeit vor der Pubertät statt. Verhaltensgrundlagen lassen sich dann kaum mehr, schon gar nicht von Fremden, ändern. „Was man von seinem Gegenüber hält, darf man fühlen und denken, aber Professionalität bedeutet, es ihm nicht zu zeigen oder es ihn subtil spüren zu lassen."[23] In der Universitätsbibliothek einer Großstadt am Rhein trug es sich zu, dass Nutzer warme Cevapcici im Lesesaal aßen. Um den Genuss noch zu steigern, führten sie eine Flasche mit sich. Als der aufsichtführende Bibliothekar die Gruppe entdeckte, fragte er entgeistert und mit Fingerzeig auf die Flasche: „Ist das etwa Ketchup?" Einer der Nutzer war sich keiner Schuld bewusst, kauend antwortete er: „Nein, Barbecue-Soße!"

---

20 *Psychologie heute* 6 (2007): 3.
21 Harris: Ich bin o. k., S. 84 f.
22 Müller: Nervensägen, S. 23.
23 Dubbert: Kommunikation, S. 98.

In derselben Bibliothek hatte der Kollege bei anderen Nutzern und zu anderen Gelegenheiten auch schon Wasserkocher und Waffeleisen konfisziert.

Es ist ein geschickter Schachzug, wenn man Vorwürfe in Wünsche umwandelt: Sagen Sie nicht: „Sie essen hier? Da steht ganz groß, dass man das nicht darf! Außerdem weiß das jedes Kind!", sondern formulieren Sie: „Ich würde mir wünschen, dass Sie sich an unsere Hausordnung halten. Zum Essen gehen Sie bitte ins Foyer." Oder zeigen Sie sich kooperativ, wenn Sie etwa jemanden entdecken, der in der Bibliothek raucht: „Lassen Sie mich Ihnen einen Bereich zeigen, wo Sie rauchen dürfen!" Machen Sie zur Not darauf aufmerksam, dass eine Rauchentwicklung in den Bibliotheksräumen automatisch einen Feuerwehreinsatz nach sich zieht, und dass die Kosten dann dem Verursacher in Rechnung gestellt würden.

Einer der ältesten Tipps: Atmen Sie durch! Die positive Wirkung auf Ihren Körper und Ihr Wohlbefinden ist enorm (und wird Sie vielleicht sogar erstaunen). Hierbei kommt es auf die Bauchatmung an, die natürlichste Form der Atmung. Bei Nervosität oder Anspannung verlagert sich der Atem bei den meisten Menschen nach oben und führt zur ungünstigeren Brustatmung. Außerdem ist besonders in Stresssituationen das bewusste Ausatmen wichtig. „Die Ausatmung befreit nicht nur von seelischem Ballast: Beim Ausatmen werden Stoffwechselschlacken, vor allem Kohlendioxid, über die Lunge abgeatmet. Die Ausscheidung von körperlichen Abfallprodukten und damit die Entgiftung funktionieren umso besser, je tiefer das Ausatmen ist. Im Ausatmen liegt somit der Schlüssel zu einer besseren Gesundheit und mehr Wohlbefinden."[24] Auf lange Sicht hilft der Rat des ehemaligen TV-Moderators Tom Buhrow: „Jeden Tag kurz innehalten und dreimal tief durchatmen. Dabei denken: ‚Was für ein kostbarer Moment!' Ich garantiere: Sie werden für Ihre Umwelt ein verträglicherer Zeitgenosse."[25]

Um akuten Stress abzubauen, können Sie auch immer wieder mit einer Hand oder beiden Händen Druck auf einen geeigneten Gegenstand ausüben (Tischkante, Stuhllehne, Buch, Jackensaum o. ä.) und ihn dann lösen.

„Da Haltungen, Gefühle und besonders starke Affekte in der Regel ‚anstecken', sollte man auf sogenannte ‚Übertragungsgefühle' achten: ‚Was löst dieser Mensch in mir aus? Warum ärgere ich mich? Warum fühle ich mich ratlos, bedroht, unwohl?' Kann man diese Gefühle identifizieren, kann man den nächsten Schritt tun: Sie gehören nicht mir, sondern ihm. Er ist wütend, verärgert, ratlos, bedroht!"[26]

---

[24] Grasberger/Schweppe: Richtig atmen, S. 29.
[25] zit. i. Hofer/Kronzucker/Reeves: 1000 Ideen, S. 236.
[26] Dubbert: Kommunikation, S. 97.

Stellen Sie keine zu hohen Ansprüche an sich selbst: Je gebildeter ein Mensch ist, desto größeren Wert legt er oft darauf, auch in Stress- und Konfliktsituationen geschliffen zu formulieren, sich nicht zu verhaspeln oder zu stottern. Doch dabei spielen die körpereigenen Reaktionen bisweilen nicht mit.

Sehen Sie es nicht als Ihr oberstes Ziel an, in Konfliktsituationen immer ruhig zu bleiben. Das wäre unnatürlich. Legen Sie, spätestens wenn es brenzlig wird, die bibliothekarische Zurückhaltung ab und heben Sie Ihre Stimme, denn auf diese Weise werden andere in Ihrer Nähe auf den Konflikt aufmerksam, was Sie vor Gewalt schützen kann. Es kann in Streitgesprächen effektiv sein, auch *mal* lauter zu werden. Vermeiden Sie jedoch wechselseitiges Anbrüllen. Souverän wirken Sie, wenn Sie die Stimme heben, ohne dabei wütend zu erscheinen. Mit hochrotem Kopf herumzubrüllen wirkt immer uncool.

Verzichten Sie möglichst auf Ironie und Witz. Beides ist sehr missverständlich und Geschmackssache. Kinder zum Beispiel verstehen Ironie zunächst gar nicht. Sie nehmen alles für bare Münze, bis sie eine gewisse Reife erlangt haben. Wenn wir Menschen nicht kennen, wissen wir manchmal nicht, ob eine Aussage ironisch gemeint ist oder nicht. Der englische Musiker Joe Jackson merkt an: „Ironie ist ein legitimer Kunstgriff, eine Art, witzig und ernsthaft zugleich zu sein, eine subtile Methode, etwas auszusagen. Aber mit Ironie sollte man vorsichtig umgehen. Allzu oft wird sie zur Verteidigung eingesetzt. Wir benutzen sie, um zu verbergen, daß wir keine Zivilcourage besitzen, nicht den Mut haben, zu sagen, was wir wirklich denken oder wie wir uns wirklich fühlen. Wenn sich Ironie zu einer Gewohnheit verhärtet, werden wir steif, eingeschränkt, emotional verstopft."[27]

Diskutieren Sie das allgemeine Vorgehen mit Ihren Kollegen. Wichtig ist, dass Sie eine Linie finden und wie aus einem Mund sprechen, wenn es Konflikte mit Nutzerinnen und Nutzern gibt. Häufig probieren diese aus, was sie sich bei welchem Bibliotheksmitarbeiter erlauben dürfen. Wenn der eine Mitarbeiter gerne mal wegschaut, der andere konsequent gegen Störungen vorgeht, führt dies nicht zum Ziel. Es verhält sich ähnlich wie bei Kindern, denen etwas vom Vater erlaubt, von der Mutter jedoch untersagt wird. Wonach soll sich das Kind richten? Es wird sich an der Person orientieren, mit der es es gerade zu tun hat. Übertragen wir dies auf die Bibliothek, so würden sich bestimmte Nutzer am Dienstplan des Personals orientieren und ihrerseits mal so, mal so auftreten.

Das Personal von Fluggesellschaften leidet unter einer besonderen Schwierigkeit: Wenn Passagiere in der Luft grob gegen Regeln verstoßen, kann der Pilot sie nicht vor die Tür setzen. Da stehen Sie in Bibliotheken besser da. Regelkonfusion unter den Kollegen ist hinderlich, hier wie da: „Eine maßgebliche Ursache

---

[27] Jackson: Mittel, S. 316 f.

von Verstößen ist die äußerst unterschiedliche Handhabung regelwidriger Verhaltensweisen seitens des Kabinenpersonals", schreibt eine ehemalige Flugbegleiterin in ihrer Dissertation.[28] Die Branche verwendet übrigens den Begriff des *unruly passenger*.

Stehen Sie zu den Regeln, die für die Bibliothek festgeschrieben worden sind. Auch wenn für Sie persönlich einige Regeln unter Umständen nicht nachvollziehbar sein sollten, seien Sie loyal gegenüber Ihrer Einrichtung. Äußerungen wie: „Ich habe die Regeln nicht gemacht!" oder „Was die sich dabei gedacht haben, ist mir auch schleierhaft!" sind kontraproduktiv.

In der Stadtbibliothek einer ostdeutschen Landeshauptstadt haben sich die Mitarbeiterinnen und Mitarbeiter, die in der Verbuchung tätig sind, zu einer Teamsitzung zusammengefunden und über ihr Reaktionsrepertoire diskutiert. „Welche Verhaltensregeln stellen wir für den Umgang mit Kunden auf?", lautete die Frage. 21 Regeln wurden gemeinsam erarbeitet, und das gemeinsame Erarbeiten erhöhte die Akzeptanz und den Willen, diese auch durchzusetzen.

Es herrscht nicht immer Klarheit darüber, wer für die Bibliothek Ansprechpartner in rechtlichen Fragen ist. Bereiten Sie sich auf negative Ereignisse vor, indem Sie dies frühzeitig in Erfahrung bringen. Nur so können Sie zu gegebener Zeit rechtliche Auskünfte einholen, was besonders wichtig ist bei strafrechtlich relevantem Verhalten Ihrer Nutzerinnen und Nutzer.

Richter sitzen im Gerichtssaal zumeist erhöht, Priester predigen aus einer Kanzel „auf die Gemeinde hinab", Parlamentspräsidenten blicken von oben auf die Versammlung, Lehrer wussten früher ihr Katheder zu nutzen. All das war bzw. ist mit Absicht so eingerichtet, denn es hat eine psychologische Wirkung. Daher: Bringen Sie sich mit dem Nutzer, erst recht mit dem „schwierigen", auf Augenhöhe: Stehen Sie auf. Das wirkt bestimmt nicht bedrohlich, sondern unterstreicht eher den Dienstleistungsgedanken. Von Verkäuferinnen und Verkäufern sind wir es ja auch gewohnt, dass sie stehen. Noch besser ist es, wenn Sie den Nutzer dazu einladen können, sich zu setzen. Wenn Sie beide Platz nehmen, so setzen Sie sich möglichst über Eck und nicht frontal gegenüber, das ist deeskalierend. Das Sitzen beruhigt und erschwert es Ihrem Gegenüber, Sie ggf. tätlich anzugreifen. Sie sind dergestalt eher „unschlagbar". Wer sitzt, kann auch nicht so gut brüllen wie jemand, der auf seinen Füßen wurzelt. Stehbedienung in der Erwachsenenbibliothek und Sitzbedienung in der Kinderbibliothek sind also von Vorteil.

Es gibt einen eklatanten Unterschied zwischen männlicher und weiblicher Körpersprache, der sich ab etwa dem 10. Lebensjahr ausbildet. Dieser Unterschied ist nicht nur im täglichen Leben abzulesen, sondern wird beispielsweise auch gespiegelt in der Art und Weise, wie männliche und weibliche Schaufenster-

---

28 Pfältzer: Luftverkehr, S. 219.

puppen im Einzelhandel aufgebaut werden: Männer nehmen in der Regel mehr Platz ein, verteilen ihr Gewicht gleichmäßig auf beide Beine und stehen eher breitbeinig. Frauen halten für gewöhnlich die Arme enger am Körper, die Beine beieinander und sie belasten selten beide Beine gleichzeitig. Wenn Sie im Kino oder in der Bahn sitzen, wer nimmt dann beide Sitzlehnen in Anspruch? Zumeist wird dies – wie automatisch – der Mann tun. Wie wir uns körpersprachlich ausdrücken, ist uns fast immer unbewusst. Es hat aber sehr viel mit gesellschaftlichen Erwartungen und mit Dominanz zu tun. Wenn Sie einen heftigeren Konflikt auszutragen haben, besonders als Frau, so setzen Sie gezielt Körpersprache ein. Genauer: Setzen Sie männliche Körpersprache ein. Stemmen Sie ggf. Ihre Hände in die Hüften, „plustern Sie sich auf", beanspruchen Sie mehr Platz als sonst, stehen Sie etwas breitbeiniger, über hüftbreit hinausgehend, gestikulieren Sie. Dies sind Verhaltensweisen, die besonders Frauen oft schwerfallen, denn die Erziehung von Mädchen läuft auch heute noch meist in eine andere Richtung. Beobachten Sie einmal Männer, die nonverbal deutliches Machogebaren ausdrücken. Das können gerne auch männliche Jugendliche sein, vielleicht mit südeuropäischen Wurzeln. Sie werden schnell wissen, wovon hier die Rede ist. Schauen Sie sich für ausgewählte Konfliktsituationen etwas dieser Körpersprache ab und imitieren (nicht: karikieren) Sie sie, – natürlich nicht bei einer Auseinandersetzung mit einer älteren Dame, sondern dort, wo es Ihnen zu passen scheint. Wenn Sie so verfahren, nimmt Ihr Gegenüber die männlichen Anteile Ihrer Körpersprache wahr und wird alsdann zurückrudern, – auch wenn er aus dem Stegreif kaum sagen könnte, was ihn so beeindruckt hat. Wex hat über 2000 Fotos zusammengestellt, um den Unterschied zwischen männlicher und weiblicher Körpersprache zu belegen. Ihr Buch ist etwas in die Jahre gekommen, aber es kann trotzdem noch Augen öffnen und ist sehr zu empfehlen.

Nutzerinnen und Nutzer, die sich über die Theke oder über das Pult lehnen, um beispielsweise auf den Monitor zu blicken, verletzten Ihren Nahbereich. Wenn Sie das als unangenehm empfinden, sollten Sie ebenfalls aufstehen. Dann weicht der Nutzer hoffentlich zurück. Andernfalls sollten Sie Ihr Problem direkt und offenherzig ansprechen: „Ich brauche etwas mehr Abstand. Würden Sie bitte zurückweichen?!" oder, weniger persönlich: „Ich brauche etwas mehr Platz zum Arbeiten! Würden Sie bitte ein Stück rücken?"

Dienstleistung hin oder her, beim Konflikt gilt: Lächeln Sie nicht, wenn Ihnen nicht zum Lächeln zumute ist. Wer lächelt, obwohl wütend, signalisiert, dass er konfliktscheu ist. Er wird seine Position schwerer durchsetzen können.

Kennen Sie Ihr eigenes zorniges Gesicht? Wahrscheinlich nicht, denn wir werden meist fotografiert mit neutralem oder freundlichem Gesicht. Vielleicht würde es Ihrem Gegenüber auch nicht gut bekommen, wenn er Sie ungefragt und kurz vor der Weißglut ablichten würde? Im Moment größter Wut werden Sie sich wahrscheinlich auch noch nicht selbst fotografiert haben. Sie wissen also gar nicht, wie überzeugend Ihr wütendes Gesicht wirken kann! Das geht den meisten Menschen so. Prüfen und üben Sie Ihren „bösen Blick" vor dem Spiegel, um ihn gezielt einzusetzen. Greifen Sie hierzu einmal zu dem Bildband von Klein. Er hat 55 Prominente gebeten, sich in eine zornige Stimmung zu steigern und ein zorniges Gesicht anzunehmen. Einige der Abgebildeten sind kaum wiederzuerkennen.

In einem Artikel über eine Stadtbibliothek in Berlin heißt es: Es komme „immer wieder zu ‚sexistischen Beleidigungen weiblicher Mitarbeiter, vereinzelt auch zur Androhung von Tätlichkeiten oder sogar zu Rempeleien gegenüber Mitarbeitern'. Da unter den 29 Mitarbeitern nur fünf Männer sind, kann der Einsatz angesichts des erforderlichen Schichtdienstes nicht so organisiert werden, dass immer ein Mann vor Ort ist. Die Situation sei aber bei Anwesenheit von nur weiblichen Mitarbeitern verschärft, da insbesondere die männlichen Jugendlichen (mit Migrationshintergrund) sich von Frauen nicht in die Schranken weisen lassen'."[29] Bei heftigeren Konflikten werden in Bibliotheken gern männliche Kollegen oder Hausmeister herbeizitiert. Männer sind doch geschickter im Umgang mit Konflikten, mit Gewalt und sie sind mutiger! Ist das so? Keineswegs, wie auch Kanz ausführt: „Einig sind sich sämtliche Untersuchungen darin, dass Mädchen und Frauen eine weitaus größere Bereitschaft haben, sich selbst Ängste zuzuschreiben, sich diese zuzugestehen und auch zu artikulieren. Womöglich sind also nicht die Gefühle der Angst bei den Geschlechtern unterschiedlich, sondern ihre Mitteilung und Bewertung."[30] Falls Sie einen Mann herbeiholen, bedeutet das nicht unbedingt, dass er bereit ist, die Kastanien aus dem Feuer zu holen. Es bedeutet auch nicht, dass er darin mehr Geschick hat. Es bedeutet auch nicht, dass jeder Mann in eskalierenden Situationen – gerade auch mit männlichen Jugendlichen oder Männern mit Migrationshintergrund – besser abschneidet als eine Frau. Denn auch hier spielt das Auftreten und die Körpersprache, weniger die körperliche Erscheinung, eine Rolle.

Springt Ihnen ein männlicher Kollege zur Seite, kann es schnell zu einem „Hahnenkampf" kommen, aus dem sich zwei männliche Kontrahenten allein schwer wieder lösen können. „Die Neigung von Männern, einen Kampf anzufangen, steigt im Beisein von Frauen."[31]

Nur Mitarbeiterinnen und Mitarbeiter, die sich um eine hohe Frustrationsschwelle und Aggressionstoleranz bemühen, können deeskalierend auf Nutzer Einfluss nehmen.

---

29 *Tagesspiegel* vom 8.2.2015: 9.
30 Kanz: Gender, S. 117.
31 Collins: Dynamik, S. 196.

Begegnen Sie einem aufgebrachten Nutzer mit der Frage: „Sagen Sie mir, wer Sie so geärgert hat! Ich hoffe, nicht ich?" Mit dem ersten Teil signalisieren Sie, dass Sie ein offenes Ohr für sein Problem haben und es „anpacken" wollen. Mit dem zweiten Teil lenken Sie den Blick des Nutzers auf sich selbst (als Person). Das kann ihm vor Augen führen, dass Sie als Individuum sein Problem nicht verursacht haben, und er greift Sie im Idealfall verbal nicht persönlich an.

Es sollte auch Tabu sein, Nutzern irgendetwas zu versprechen. Falsche Versprechungen führen leicht zu Unmut, sofortiges barsches Widersprechen beschleunigt Konflikte.

Keine Hast im Morast! Um einen Konflikt vor Eskalation zu schützen, ist alles willkommen, was ihn entschleunigt: eine Auszeit, die Vertagung des Gesprächs, das Erbitten einer kurzen Bedenkzeit oder das Einbauen von Pausen in den eigenen Sprechfluss. Zumindest die letzten beiden Varianten sind auch am Pult oder an der Theke umzusetzen. Schlagen Sie beispielsweise vor: „Ich sehe, dass Sie mir etwas Wichtiges sagen möchten. Könnten wir in wenigen Minuten in Ruhe darüber sprechen?"[32] oder „Ich glaube, ich habe da eine Idee, wie ich Ihnen helfen kann. Bitte warten Sie kurz."

Wir begehen häufig den Fehler zu glauben, dass es die Anzahl unserer Argumente ist, die den anderen überzeugt. In Wirklichkeit ist es jedoch deren Qualität. Versuchen Sie den Nutzer also mit Ihren beiden besten Argumenten zu überzeugen, dass er sein Fehlverhalten einstellen möge. Wer sich von Ihren beiden schlagkräftigsten Argumenten nicht überzeugen lässt, den erreichen Sie auch nicht mit Argument 3, 4, 5 und 6. Wenn es hart auf hart geht und sich der Nutzer nicht bewegt, so wiederholen Sie Ihre Aussage immer wieder. Sagen Sie inhaltlich die gleichen Sätze. Lassen Sie sich nicht weiter ins Argumentieren ziehen, wenn es nichts zu argumentieren gibt und Sie lediglich die Linie Ihrer Bibliothek durchsetzen wollen bzw. müssen. Die Technik „Sprung in der Platte" bzw. „Kratzer auf der CD" ist da sehr effektiv. Kleinere Kinder verfahren nicht anders, wenn sie etwas bei den Eltern durchsetzen möchten, – oft mit Erfolg.

„,Nein' ist ein vollständiger Satz."[33] Bei Ihrer Tätigkeit müssen Sie manchmal „schlechte Nachrichten" vermitteln, bestimmte Handlungen untersagen oder Wünsche ablehnen: „Nein, das geht hier leider nicht!", „Nein, ich kann da kein ,Auge zudrücken'!" etc. Erwachsene lassen sich nicht gern etwas von anderen Erwachsenen sagen. Jugendliche lassen sich nicht gern etwas von Erwachsenen sagen. Kinder lassen sich nicht gern etwas von Erwachsenen sagen. Ekman verweist auf früheste Reaktionen: „Die wirksamste Möglichkeit, bei einem Säugling oder Kleinkind Zorn auszulösen – wie es Entwicklungspsychologen tun,

---

32 Gassner: Ursachen, S. 724.
33 Liza Minnelli im Interview im *Tagesspiegel* vom 20. Juni 2009: 23.

um diese Emotion zu untersuchen –, besteht in einem physischen Übergriff: Sie halten einem Kind die Arme so fest, dass es sie nicht bewegen kann. Dies steht stellvertretend für eine der häufigsten Ursachen für Ärger und Zorn bei Kindern und Erwachsenen: Jemand stört uns bei dem, was wir tun wollen."[34] Wenn Sie einem Nutzer etwas untersagen müssen, was er aber gerade in der Bibliothek machen möchte, dann ist es umso wichtiger, diese „schlechte Nachrichten" professionell anzubringen. In der deutschen Sprache gibt es das glasklare „Nein". Übrigens nicht alle Kulturen muten ihren Sprecherinnen und Sprechern eine so reine Absage zu; in vielen wird sie höflich umschrieben oder ergänzt. „Ein vorbereitetes Nein ist ein freundliches Nein."[35] Kontrollieren Sie Ihre Stimmhöhe. Senken Sie diese bewusst ab. Je höher Sie Ihr „Nein!" aussprechen, desto unangenehmer und erziehender klingt es. Stehen Sie aufrecht und selbstbewusst. „Eine wachsende Zahl von Studien und Forschungsarbeiten bestätigt, dass es die Kombination von Freundlichkeit und Selbstbewusstsein ist, die man bei anderen schätzt."[36] Entschlossen wirken Sie, wenn Sie Begriffe wie „grundsätzlich nicht", „generell nicht" oder „prinzipiell nicht" wählen. Das macht deutlich, dass Sie mit Ihrem Gesprächspartner bzw. Ihrer Gesprächspartnerin keinen „persönlichen" Konflikt austragen.

„Macht führt leicht zu Missbrauch ... Je mehr Macht Sie ausüben, umso mehr Respekt müssen Sie zeigen."[37]

Machen Sie sich klar, dass nicht in allen Bibliotheken dieselben Regeln gelten – noch nicht einmal in allen Bibliotheken eines Bibliothekssystems. Das ist für Nutzerinnen und Nutzer oft schwer einzusehen. So manches Mal glauben sie guten Gewissens, sich regelkonform zu verhalten. Um Regeln zu verdeutlichen, setzen einige Bibliotheken auch Postkarten als kostenlose Werbeartikel ein.[38]

Alle Organismen, egal wie klein sie sind, suchen nach Informationen. Menschen haben hierbei die Nase vorn, sonst gäbe es Ihren Berufsstand gar nicht. Wenn Menschen relevante Informationen nicht verstehen oder ihnen Informationen vorenthalten werden, werden sie oft mürrisch. Wie viele für Außenstehende merkwürdig klingende Fachbegriffe und Abkürzungen nutzen Bibliotheksmitarbeiter? Wir kennen den BuBi, OPAC, die RVK, den Elefantenfuß, Handapparat, wir sind „in der Benutzung", wir haben *Munzinger*. Mögen Sie das altmodische „Auskunftspult" oder bevorzugen Sie hierfür „Information"? Ist „Suchergebnis" nicht passender als „Treffer"? Was sagen Sie einem verzweifelten Nutzer, der den

---

34 Ekman: Gefühle, S. 156.
35 Ury: Nein, S. 189.
36 Wolf: Mensch, S. 25.
37 Ury: Nein, S. 231.
38 vgl. Alker/Windbichler: Nett.

Geschäftsgang sucht, weil sich das von ihm ersehnte Buch dort befinden soll? Was ist davon zu halten, wenn das Bibliothekspersonal parallel von „Bibliothekskatalog", „Katalog" und „OPAC" spricht? Um Nutzern ohne Umschweife und verständlich zu erklären, wie eine Bibliothek funktioniert, kommt es auf einen einheitlichen Sprachgebrauch des Kollegiums an. Erarbeiten Sie ihn gemeinsam und fixieren Sie ihn schriftlich. Er wird sich schnell „einbürgern". Halten Sie sich in Kundengesprächen mit der Fachterminologie zurück, lassen Sie zumindest eine Erklärung zum eingesetzten Begriff einfließen. Prinzipiell: „Denn viele Beschwerden betreffen genau genommen keine Qualitäts- oder Servicemängel, sondern beruhen schlicht und ergreifend auf Missverständnissen."[39] Die Stadtbibliothek einer Großstadt im Zentrum Baden-Württembergs erarbeitete eine so betitelte „Begriffsliste", um einen einheitlichen Sprachgebrauch aller Mitarbeiterinnen und Mitarbeiter zu gewährleisten. Dort ist auf elf Seiten festgeschrieben, dass beispielsweise der Begriff „Katalog" statt „OPAC" oder „Bibliothekskatalog" und der Begriff „Vormerkung" statt „Bestellung" oder „Reservierung" zu verwenden sei.

Gewöhnen Sie sich an, im Konfliktfall die sogenannte „positive Unterstellung" einzusetzen; sagen Sie zu sich: „Mein Gegenüber ist bloß aufgeregt, weil ihm sein Anliegen auf den Nägeln brennt. Das bringe ich jetzt wieder ins Lot." Dann fällt es Ihnen auch leichter, etwaige Beleidigungen nicht persönlich zu nehmen.

Aktives Zuhören ist charakterisiert durch: Blickkontakt, die Geduld, den Gesprächspartner ausreden zu lassen; Aufmerksamkeitsreaktionen und Bestätigungslaute, die den Gesprächspartner sozusagen belohnen, Kopfnicken als Bekräftigung und die Körperorientierung zum Kommunikationspartner hin. Arbeiten Sie damit. Was die Bestätigungslaute und das Kopfnicken angeht, so ist die Wirkung abhängig von der Frequenz. Falls Sie schnell mit dem Kopf nicken („Wackeldackel") und hektisch „brummen", signalisieren Sie Ihre Ungeduld.

Möglicherweise helfen Ihnen in Konfliktsituationen diese, teils kundenorientierten Einschübe weiter:
- „Wir sollten noch einmal über ... reden!" (Wir-Argumentation)
- „Wir sprachen gerade über ... Hier möchte ich noch einmal ansetzen."
- „Da habe ich mich wohl missverständlich ausgedrückt. Ich wollte sagen ..."
- „Ich sehe ein, dass Sie verärgert sind. Ich wäre es auch." (Empathie)
- „Ich möchte Ihren Ärger gerne verstehen. Warum genau sind Sie so wütend?"
- „Das ist Ihre Sichtweise. Ich habe sie gehört. Nun möchte ich vielmehr ..."
- „Ich möchte meinen Gedanken bitte zu Ende führen."
- „Darf ich auch mal reden oder wollen Sie mich ständig unterbrechen?"

---

39 Schönemann: Kritik, S. 798.

- „Womit *genau* kann ich Ihnen helfen?"
- „Was schlagen Sie vor?" (Der Beschwerdeführer wird einbezogen, fühlt sich wichtig und Sie gewinnen Zeit.)
- „Das überrascht mich. Ich nehme mich der Sache gleich an."
- „Ich würde in Ihrem Fall gerne eine Ausnahme machen, – aber ich darf es nicht."
- „Ich fasse zusammen, was ich von Ihren Ausführungen verstanden habe ... Ist das richtig so?" (Kontrollierter Dialog)
- Auf gängige Anwürfe wie „Sie leben von meinen Steuergeldern!" oder „Sie müsste man in die Arbeitslosigkeit entlassen!" sollte der Bibliotheksmitarbeiter nüchtern reagieren und auf die Gemütsverfassung des Kunden eingehen: „Ich merke, dass Sie sich gefreut hätten, wenn es reibungsloser gelaufen wäre."
- Gegen gängige Anwürfe wie: „Sie im öffentlichen Dienst, Sie wissen ja gar nicht, was Arbeiten bedeutet!" kann der Bibliotheksmitarbeiter so reagieren:
  - „Das habe ich früher auch über den öffentlichen Dienst gedacht. Jetzt weiß ich es besser."
  - „Es gibt heute kaum noch Kollegen, die es sich erlauben können, im öffentlichen Dienst nicht vernünftig zu arbeiten."
  - „Ja, es *scheint* manchmal so, als hätten wir hier paradiesische Zustände."

Die Mitarbeiter an der Theke können so auf Benutzer eingehen:
- Beachten Sie den Kunden sofort.
- Führen Sie keine Privatgespräche, während Sie bedienen.
- Blicken Sie den Kunden an, lächeln Sie möglichst.
- Vermeiden Sie es, den Eindruck von Routine und Fließbandarbeit entstehen zu lassen. Ein Dienstleister wird gerade auch gemessen an seiner Freundlichkeit bei Routinetätigkeiten.
- Nehmen wir an, eine Leihfristüberschreitung hat für einen Benutzer Gebühren anfallen lassen, und Sie möchten diese Summe kassieren:
  - Formulieren Sie eine Frage, um zu informieren: „Wissen Sie, dass hier noch 13 € offen sind?"
  - Distanzieren Sie sich sprachlich: „Der Computer sagt mir, dass hier noch 13 € offen sind."
  - „Die Gebühren sind vom Land/der Stadt so festgesetzt."
  - Vermeiden Sie Vorhaltungen: „Ich möchte Ihnen gerne die unangenehme Situation mit den Mahngebühren ersparen. Deshalb wäre es für mich hilfreich, wenn Sie das nächste Mal ..."[40]

---

40 Gassner: Ursachen, S. 722.

- Wenn Sie verfolgen, wie die Vertragsstrafe mit jedem von Ihnen zurückgebuchten Medium steigt, so bereiten Sie Ihr Gegenüber darauf vor:
    - „Oh, der Computer sagt mir, dass alle diese Medien zu spät zurückkommen. Er rechnet hier gerade ein paar Euro zusammen." Der Benutzer kann sich auf die gleich an ihn gestellte Forderung vorbereiten. Das ist für Sie beide angenehmer, als wenn Sie ihm nach dem Zurückbuchen aller Medien mit einem Lächeln eröffnen, dass er 25 € Vertragsstrafe zu zahlen habe. Richten Sie ein mitfühlendes Wort an ihn, und er wird die Bibliothek vielleicht nicht verbittert verlassen.
- In Mahnschreiben sollte Erwähnung finden, dass die Gebühren nach Erhalt des Briefes weiterlaufen. Das ist Nutzern nicht immer klar.

Ja, Nutzer lügen Sie an, wenn es um das Rechtfertigen geht bei Regelverletzungen oder um das Zahlen von Mahngebühren. Lügen zu erkennen, fällt uns Menschen sehr schwer. An den Augen lässt es sich gar nicht ablesen. Wer hierzu schon mal etwas aus dem Bereich des Neurolinguistischen Programmierens (NLP) gehört hat, kann dies getrost wieder vergessen, wie Experimente gezeigt haben.[41]

In der Praxis lassen sich Stammnutzer häufig damit besänftigen, wenn Sie ihnen vor Augen führen, dass die Vertragsstrafe wieder der Bibliothek zugutekommt und Sie davon neue Medien anschaffen werden (egal, ob dies der Wahrheit entspricht).

Kassenautomaten, in Bürgerämtern, Krankenhäusern oder Stadtwerken schon länger in Gebrauch, kommen auch immer mehr in Bibliotheken zum Einsatz. Sie nehmen sehr viel Druck aus dem Verbuchungsbereich; die Mitarbeiterinnen und Mitarbeiter dort erleben nach dem Aufstellen dieser Automaten oft ein ganz neues Arbeitsgefühl, weil sie kaum noch Auseinandersetzungen um Mahn- oder Jahresgebühren austragen müssen.[42] Kassenautomaten zeigen Gebühren unerbittlich an, Diskussionen oder Verhandlungen sind nicht mehr möglich. „Insgesamt kann festgestellt werden, dass die BenutzerInnen dem Automaten eine höhere Toleranz entgegenbringen als den MitarbeiterInnen."[43]

Bibliothekarinnen haben unfreiwillig komische Ausreden gesammelt, die in Dialogen an der Theke vorgebracht wurden: „Ich komme jeden Tag in die Bibliothek, alle kennen mich, da hätte man mich doch beizeiten daran erinnern können, dass ich meine Bücher abgeben muss", ist eine davon.[44] Die Kollegin-

---

41 *Gehirn und Geist* 10 (2012): 9.
42 vgl. z. B. Scharmann: Gebührendiskussion.
43 ebd., S. 163.
44 Cornelia Freiwald und Petra Ott. „Ausredenhilfen". http://www.bibliothekar.de/content/view/14/30/ (3.4.2006).

nen aus der *Universitätsbibliothek Bielefeld* räumen mit einem Augenzwinkern ein, dass sie „liebend gerne als Sündenbock, Lebensplanungsbüro und Raubtierbändiger fungieren" und geben den Nutzern nun ein Formular an die Hand, in dem sie versuchen, allen „erdenklichen Beschwerden, Begründungen und Ausreden" gerecht zu werden. Hier findet sich auch: „Ich war im Urlaub, meine ganze Familie war im Urlaub und ich ging davon aus, Sie wären ebenfalls verreist und habe daher von einer Buchverlängerung Abstand genommen." Andernorts hielten Kolleginnen dies fest: „Eine Kundin beschwert sich darüber, dass sie Mahngebühren zahlen muss, obwohl sie noch keine Mahnung erhalten hat. Unser Mitarbeiter erklärt ihr geduldig das Prozedere. Ihre Antwort: ‚Okay, dann nehme ich an Ihrem Mahnverfahren nicht mehr teil!'."[45] Wer täglich mit neuen Menschen zusammenkommt, erlebt immer wieder auch komische Situationen. Vieles im Leben ist außen Drama, innen Satire. Was können Sie tun, wenn Sie im Beisein eines Nutzers gezwungen sind zu lachen? Ein Ratgeber hilft: „Sich zwicken. Oder sich in die Wange beißen. Irgendetwas machen, was einem weh tut und den Fokus vom Lachreflex wegbringt. Dabei jeden Augenkontakt verhindern. Wirklich niemanden anschauen! Und den Kopf ablenken. Also die eigene Adresse rückwärts buchstabieren, die Namen von Michael Jacksons Geschwistern aufzählen. Wenn es gar nicht mehr geht: raus. Jeder muss mal aufs Klo. Und da kann man kräftig losprusten."[46]

Aus Gründen des Datenschutzes ist es nicht statthaft, Notizen zu Eigenschaften des Benutzers in sein Konto zu schreiben. Sie dürfen hier also auch nicht für den internen Gebrauch beispielsweise vermerken: „Liebe Kollegen! Vorsicht: Herr XY ist schnell aufbrausend!"

Einige Bibliotheken bieten noch eine telefonische Leihfristverlängerung an, die nicht über einen Sprachcomputer läuft. So kommt es immer wieder vor, dass Bibliotheksmitarbeitern erklärt wird, das Medium sei doch vor Wochen „telefonisch verlängert" worden; es würde jetzt nicht zu spät gebracht, es müsse vielmehr etwas in der Bibliothek schiefgegangen sein! Im Zweifel für den Kunden, so sollte die Bibliothek am besten handeln. Wenn Sie es zur Regel machen, am Ende des Telefonats noch einmal Ihren Namen zu nennen mit der Bitte, dass der Benutzer sich diesen notiert, ließen sich Unstimmigkeiten im Nachhinein per Dienstplan klären. Sie könnten einen solchen Konflikt auch handschriftlich vermerken, damit Sie, falls es ein Trick war, nicht immer wieder beim selben Benutzer darauf eingehen müssen.

Wenn Bibliotheksmitarbeiter über ihre Berufswahl sinnieren, kommt es bisweilen zu interessanten Erkenntnissen. Ich bekam z. B. zu hören: „Dass ich

---

[45] Boremski/Morgenstern/Zimmermann: Heiteres, S. 52.
[46] Schürmann: 200 Tricks, S. 77.

mit Menschen zu tun habe, habe ich erst später gemerkt" oder andernorts: „Ich liebe nicht nur den Umgang mit den Büchern, – sondern auch den mit anderen Medien!" oder gar: „Ich bin gern unter Büchern." Zu Beginn meiner Seminare lasse ich die Teilnehmerinnen und Teilnehmer stets darüber Auskunft geben, was sie daran schätzen, in einer Bibliothek zu arbeiten? Sehr viele antworten dann, dass sie schon immer gerne gelesen hätten, dass sie „Leseratten" seien, überhaupt den Umgang mit dem Buch liebten und deshalb an ihrem Arbeitsplatz für Gleichgesinnte tätig sein wollten – ein Vortrag, der die Bibliotheksdirektorin einer sehr großen Bibliothek nach eigenem Bekunden in Bewerbungsgesprächen stets dazu bringt, von einer Einstellung abzusehen. Obgleich dieser Aspekt in meinen Augen durchaus eine berechtigte Rolle spielt, ist der Strauß der von Bibliotheksmitarbeitern geforderten Fähigkeiten und Interessen bunter geworden.

Mitarbeiterinnen und Mitarbeiter einer Bibliothek zählen soziologisch betrachtet zur Mittelschicht unserer Gesellschaft. In öffentlichen Bibliotheken treffen sie, wenn die Bibliothek ihrem Anspruch genügt, auch auf Menschen der sogenannten Unterschicht. „Da niemand den Begriff mag, sind als Umschreibungen im Umlauf: Armutsbevölkerung, sozial Schwache, sozial Benachteiligte, abgehängtes Prekariat, ‚Menschen, die es schwer haben' …, ‚Menschen mit sozialen und Integrationsproblemen', … Leistungsempfänger, Fürsorgeklasse. Der Begriff ‚Unterschicht' hat im Vergleich zu allen diesen Varianten den Vorzug, kurz und deutlich zu sein", befinden Rutenberg/Stolz.[47] Bibliotheksmitarbeiter müssen demnach berücksichtigen, dass sie auf Menschen treffen können, die andere Verhaltens- und Denkweisen an den Tag legen und völlig anderen Normen folgen. Füllgrabe stellt beispielsweise heraus: „Man will sich aus Schwierigkeiten mit den Behörden heraushalten … Viele der charakteristischen Bestandteile des Lebens der Unterschicht beziehen sich auf die Suche nach Erregung oder ‚Thrill' … Viele Personen der Unterschicht glauben, dass ihr Leben einer Reihe von Kräften ausgesetzt ist, über die sie relativ wenig Kontrolle haben."[48]

Dass Bibliotheksmitarbeiter oftmals nur auf ein Mittelschichtpublikum vorbereitet sind, steht schon in einem Tagungsbericht aus dem Jahre 1980.[49] Es gehört auch heute noch Übung dazu, die „rosarote Mittelstandsbrille" abzusetzen. Überleben werden öffentliche Bibliotheken in Teilen der Bundesrepublik in Zukunft nur, wenn sie sich auch weiterhin allen Schichten öffnen: „Die Mittel- und Oberschicht bekommt immer weniger Kinder. Akademikerinnen bleiben bereits heute zu über 44 Prozent kinderlos. Tendenz steigend. ‚Das Leben mit

---

47 Rutenberg/Stolz: Wortreich, S. 81.
48 Füllgrabe: Kulturelle Kompetenz, S. 16.
49 *Kommission für Kinder- und Jugendbibliotheken:* Tagungsbericht, S. 13.

Kindern wird mehr und mehr zur Lebensform der Unterschicht', sagt der Soziologe Strohmeier."[50]

Es soll aber auch nicht verhehlt werden, dass in Bibliotheken beispielsweise sowohl der wissenschaftliche Nachwuchs als auch arrivierte Professoren unfreundlich oder arrogant auftreten können und dergestalt Konflikte mit dem Personal provozieren. In der Hochschulbibliothek einer süddeutschen Landeshauptstadt fuhr nach einer Gebührendiskussion ein Professor die junge Fachangestellte an, und er wollte von ihr wissen: „Warum sehe ich Sie eigentlich nie in meinen Vorlesungen?" Er hielt sie für eine studentische Hilfskraft.

Die Anspannungen während der Klausurzeiten im Semester bekommen Bibliotheksmitarbeiter der Universitäts- und Institutsbibliotheken ebenfalls unmittelbar zu spüren.

An wissenschaftlichen Bibliotheken spielen bei „arroganten" Nutzern die akademischen Titel eine gewisse Rolle. Sprechen Sie Professoren und Doktoren besser mit ihrem Titel an. Professoren werden ohne Namen, d. h. nur mit „Herr Professor" oder „Frau Professorin" angesprochen; Doktoren allerdings mit Namen: „Herr Doktor X" bzw. „Frau Doktor X". „Doktorin" hat sich bislang im Sprachgebrauch nicht durchgesetzt. Die Formulierung „Herr Doktor" bzw. „Frau Doktor" ohne die Nennung des Namens wird nur in der Medizin benutzt. Viele indes legen keinen großen Wert auf eine Ansprache mit Titel. „Sie sollten Arroganten möglichst auf der Ebene begegnen, die sie verstehen – also auf der Sachebene ... Erwarten Sie nicht zu viel – schon gar keine Zuwendung auf emotionaler Seite. Da das Selbstwertgefühl von Arroganten häufig angeknackst ist, geben Sie ihnen, was gebraucht wird: Anerkennung."[51] Wer anderen beharrlich arrogant gegenübertritt, wähnt sich überlegen und nährt sein Selbstbewusstsein aus der Abwertung anderer; er ist mit sich und seiner Welt nicht unbedingt im Reinen. Arbeiten Sie mit Ich-Botschaften, denn diese verhindern, dass ein Vorwurf herauszuhören ist, wenn Sie etwa formulieren: „Ich sehe, dass Sie es eilig haben!" oder „Ich sehe, dass Ihnen das wichtig ist!" Häufig funktioniert die „Honig-um-den-Bart-Methode": Loben Sie, verteilen Sie Komplimente. „Insbesondere narzisstisch gestörte Menschen sind sehr empfänglich für Lob und Anerkennung, dazu sollte man sich durchaus (zur Zielerreichung und mit innerer Distanz) überwinden."[52]

War das Auftreten der Bibliotheksbenutzer an der Theke früher nicht viel höflicher und angenehmer? Paul Raabe berichtet von seinen Erfahrungen in den 1950er Jahren: „Die Zahl der dankbaren Leser war übrigens nicht sehr groß. Die

---

50 zit. i. Wüllenweber: Unterschicht, o. S.
51 Müller: Nervensägen, S. 89.
52 Dubbert: Kommunikation, S. 102.

meisten behandelten den Mann hinter der Ausleihtheke wie einen einfachen Lageristen, der nur dazu da war, die Waren herauszugeben."[53] Bei Fansa findet sich dieses zeitgenössische Beispiel: Eine 29-jährige Studentin der Kunstgeschichte ist zugleich Hilfskraft in einer Institutsbibliothek. Sie kennt die Bibliothekswelt von beiden Seiten: kunden- und mitarbeiterseitig, und sie sagt: „Man weiß eigentlich als Benutzer seltenst, was die machen, wer das überhaupt ist, wo die zu finden sind. Und [...] manchmal führt das dann eben zu so einer ‚Ich bin doch Benutzer, ich habe hier einen Serviceanspruch!'-Haltung. Von Seiten der Benutzer dann eben leider auch. Das man dann – glaube ich – jetzt von der anderen Seite des Tischs ganz anders wahrnimmt: Dass man eben manchmal wirklich sieht: Hallo? Was erlauben sich die Benutzer zum Teil. Also da kriegt man manchmal wirklich eine Haltung geboten gegenüber manchen Mitarbeitern, wo man sich für die Benutzer dann wieder entschuldigen muss. Also ich glaube, da gibt es einfach nicht viel Kontakt und deshalb nicht viel Klarheit, was der Jeweilige macht. Und dass man das dann immer nur über Poster und Aushänge und ‚Jacken bitte einschließen' und so und so und so kommuniziert, trägt sicher auch nicht dazu bei."[54]

Es gibt Konfliktsituationen, die immer wieder auftreten. Bereiten Sie also Kärtchen vor, auf denen Sie die von Ihnen favorisierten Reaktionen notieren. Legen Sie diese, für den Nutzer unsichtbar, auf Pult oder Tresen. Wenn Sie Ihr Repertoire so vor sich sehen, werden Sie die Sätze schnell verinnerlicht haben. Sie können die Karten dergestalt auch als Erinnerungshilfe nutzen, wenn Ihnen im Gespräch nicht gleich die geeignete Entgegnung einfällt.

Viele Menschen mögen Rosinen. Nutzen Sie den Trick der „Rosinenpickerei", wenn Ihnen der Umgang mit bestimmten Nutzern (oder Kollegen) schwerfällt. Das geht so: Richten Sie Ihren Blick nicht auf den ganzen Kuchen, d. h. den ganzen Menschen, sondern auf die „Rosinen", d. h. auf das in Ihren Augen Beste an dieser Person. Das sollte eine Eigenschaft, ein Charakterzug sein, zur Not tut es auch ihr Kleidungsstil oder ihr edler Füller. Hauptsache, Sie finden eine „Rosine". So lässt sich Ihr Fokus verschieben.

Ein kleiner Exkurs: „9,6 Millionen Menschen mit amtlich anerkannten Behinderungen leben in Deutschland. Nur vier Prozent der Behinderungen sind angeboren."[55] Bibliotheken sind mittlerweile ganz überwiegend barrierefrei. Aber im Umgang mit behinderten Menschen sind Mitarbeiterinnen und Mitarbeiter ab und an unbeholfen, unsicher, verkrampft.

---

53 Raabe: Bücherjahre, S. 142.
54 Fansa: Bibliotheksflirt, S. 118.
55 *Tagesspiegel* vom 3.12.2014: 2.

Gegenüber Menschen mit ausgeprägten Lernschwierigkeiten etwa sollte man besonders verständnisvoll und freundlich sein, denn dies signalisiert Akzeptanz und hilft, etwaige Ängste beim Gegenüber abzubauen. Bilden Sie einfache Sätze und senken Sie das Fragetempo.

Wie gehen Sie beispielsweise auf Rollstuhlfahrer zu, wenn Sie mit ihnen kommunizieren wollen?[56] Bleiben Sie aufrecht stehen oder beugen Sie sich herunter? Wirkt das nicht herablassend?

Rufen Sie sich die Fernsehbilder vors Auge, wenn der Politiker Wolfgang Schäuble interviewt wird. Haben Sie schon einmal gesehen, dass ein Journalist neben seinem Rollstuhl steht und sein Mikrofon lässig herunterhängen lässt? Nein, die Journalisten begeben sich stets auf Augenhöhe. Sie hocken oder knien sich sogar hin. Auch im alltäglichen Umgang mit Rollstuhlfahrern ist die Augenhöhe eine wichtige Sache. Stützen Sie sich dabei aber nicht auf dem Rollstuhl ab. Ziehen Sie sich z. B. einen Stuhl heran oder tun Sie es den Journalisten nach.

Kirsten Bruhn zählt zu den prominentesten Gesichtern im Behindertensport. Die erfolgreiche Schwimmerin stellt in einem Interview klar: „Wenn ich Hilfe brauche, sage ich das. Ich erlebe es oft: Ich rolle in ein Restaurant, die Kellner rücken die Stühle weg. Dabei könnten sie einfach fragen. Sie erkundigen sich ja auch, wie ich mein Spiegelei zubereitet haben möchte ... Die Leute werden immer hibbelig, wenn jemand im Rollstuhl kommt. Sie tänzeln von links nach rechts und zurück, sie denken: Wo rollt sie jetzt lang? ... Viele sind überfordert, das nervt schon. Diese Blicke, das Helfersyndrom. Wenn ich mit dem Stuhl wieder zum Rollstuhl zurückruckle, holen die Leute ihn gleich heran. Aber das müssen sie nicht. Langsamkeit macht mir nichts, das ist mein Leben. Ich denke dann: Entspannt Euch, bleibt mal normal!"[57] Und Krauthausen streicht heraus: „Inklusion heißt für mich, dass ich auch mal von Busfahrern angeschnauzt werde oder in der Schlange stehen muss. Denn Inklusion soll das gesellschaftliche Miteinander von Menschen mit und ohne Behinderung fördern, und zur gleichberechtigten Teilhabe gehört auch, dass ich nicht anders behandelt, aber auch nicht behindert werden möchte."[58] Er ist als Aktivist in Berlin tätig, hat ein Buch veröffentlicht und lebt mit der so genannten Glasknochenkrankheit. Krauthausen ist auf den Rollstuhl angewiesen.

Blicken wir der Wahrheit ins Gesicht: Unter behinderten Menschen gibt es genauso viele unangenehme Zeitgenossen wie unter nicht behinderten. Diese Aussage lässt sich meines Erachtens auf jede andere Bevölkerungsgruppe übertragen. Genauso wenig wie über behinderte Menschen in den Medien negativ

---

56 Der kompakte Leitfaden von Meyer zu Bexten sei hier empfohlen.
57 *Tagesspiegel* vom 16.11.2008: 21.
58 Vogel: Inklusion, S. 24.

berichtet wird,[59] genauso schwer tun sich Beschäftigte der Dienstleistungsbranche, behinderte Menschen oder andere Minoritäten *tatsächlich* gleich zu behandeln.

In einer Bibliothek erschien beispielsweise ein rabiater Rollstuhlfahrer, der dem Personal ungefragt aufzeigen wollte, dass das Haus nicht gänzlich rollstuhlgerecht sei. Er fuhr immer wieder mit Absicht gegen das Mobiliar und gegen Türen, die bald schon Spuren zeigten. Seine Verzweiflung muss groß gewesen sein, die Bibliothek noch ungünstig gestaltet. Trotzdem ist solcherlei Verhalten nicht hinnehmbar und resolutes Auftreten des Personals nötig.

---

59 vgl. Nestler: Wunsch.

Verhalten bei Betriebsstörungen – verhalten bei Betriebsstörungen?

Schlafende Nutzerinnen und Nutzer

Eine Ruhepause kann dem, der in einer Bibliothek gelesen und geistig gearbeitet hat, neues Konzentrationsvermögen oder Kreativitätsschübe bescheren. Solange ein Nutzer nicht laut schnarcht oder es sich zu gemütlich macht, ist dagegen wohl nichts zu sagen. Jedem können mal die Augen zufallen. Wer allerdings zum Schlafen in die Bibliothek kommt oder dort über einen längeren Zeitraum schläft, der ist eher fehl am Platz. Wecken Sie den Nutzer, aber fassen Sie ihn dabei keinesfalls an. Wer geweckt wird, braucht meist einen Moment, bis er wieder orientiert ist. Wenn Sie einen schlafenden Menschen wachrütteln, kann das zu unliebsamen, aggressiven Reaktionen führen. Es ist besser, den Schlafenden mit ruhiger Stimme anzusprechen. Will er nicht aufwachen, so heben Sie zur Not Ihre Stimme und werden Sie lauter. Vielleicht lassen Sie auch einen geeigneten Gegenstand in seiner Nähe fallen, der nicht zu viel Lärm verursacht – oder besser noch: Klopfen Sie auf den Tisch oder rücken Sie den Tisch leicht, falls er seinen Kopf darauf abgelegt hat. Ist der Nutzer erwacht, so sprechen Sie leise mit ihm und geben Sie sich sogleich als Bibliotheksmitarbeiter zu erkennen. Fragen Sie als Gesprächseröffnung: „Geht es Ihnen nicht gut?"

Sollte der Nutzer partout nicht aufwachen, und Sie können sicher sein, dass er wirklich *schläft*, so rufen Sie ohne Hemmungen die Polizei. Bestehen Zweifel, ob er „nur" schläft, so könnte auch ein medizinischer Notfall vorliegen und ein Rettungswagen vonnöten sein. Ihr Ersthelfer wird wissen, was zu tun ist.

Ist der Nutzer aufgewacht, so sehen Sie nach einiger Zeit noch einmal nach ihm. Sollte er erneut eingeschlafen sein, so fordern Sie ihn unmissverständlich auf, die Bibliothek zu verlassen.

Als in der Bibliothek schlafende Nutzer fallen des Öfteren wohnungs- oder obdachlose Menschen auf, die ihre Aufenthaltsorte nach den Handlungsmöglichkeiten aussuchen, die sich ihnen bieten. Bibliotheken sind warm, trocken, eignen sich theoretisch zum Ruhen und stellen zudem Medien zur Nutzung bereit. Viele obdachlose Menschen genießen die Atmosphäre und auch das Lesen in der Bibliothek. Autoren aus der Erwerbslosenbewegung empfehlen Bibliotheken ausdrücklich als Aufenthaltsorte, um im Winter eigene Strom- und Heizungskosten zu sparen.

Vergegenwärtigen Sie sich, dass obdachlose Menschen eine besondere Nutzergruppe darstellen: Ihr Leben ist hart, sie sterben deutlich früher als der Durchschnittsbürger, sie haben kaum Privat- und Intimsphäre. Obdachlose Menschen sind psychisch wehrloser als „normale" Menschen. Gewalt zählt zu ihren Alltagserfahrungen. Auch in Deutschland sterben jeden Winter nicht wenige obdachlose Menschen den Kältetod. Obdachlose Menschen sind unterm Strich besonders schutz- und wehrlos.

Die *American Library Association* hat bereits 1986 ein Programm über den Umgang mit obdachlosen Menschen vorgelegt. In den USA richten Bibliotheken bisweilen spezielle Räume für sie ein. Aber auch hier sind sie dann wieder von der Gesellschaft ausgeschlossen. Nahezu jeder zweite männliche Obdachlose habe einen schweren Hirnschaden, verursacht von Gewalt in der Kindheit, Verbrechen oder Unfällen, berichtet Windmann.[1] Im selben *Spiegel*-Artikel stellt sie die Zustände in der Zentralbibliothek von San Francisco dar. Von den täglich 5000 Nutzern ist eine gehörige Anzahl obdachlos: „In einer der reichsten Städte der Welt treffen sich die Ärmsten, die Abgehängten des digitalen Kapitalismus ausgerechnet in einer Bibliothek, in einem Museum der toten Bücher", meint sie Ironie auszumachen. Der Ansturm liege daran, dass es in der Stadt verboten sei, zwischen 7 und 23 Uhr auf der Straße zu sitzen oder zu liegen. Das Sicherheitspersonal der Bibliothek sei sogar ausgestattet mit Handfesseln und Elektroschockern. „Probleme aber machen nur die Neuen, denen die Regeln noch fremd sind", räumt ein Mitarbeiter ein. „Vor Kurzem hat die Bibliothek ihre Besucherregeln verschärft. Shirts und Schuhe sind Pflicht, Einkaufswagen, Drogenhandel und Schlafen verboten, Sex auch. Und: Besucher und Mitarbeiter dürfen nicht angestarrt werden." Um die Konflikte etwas abzufedern, wurden gar eine Therapeutin sowie vier Sozialarbeiter angestellt.

Allerdings ist das soziale Netz in den USA auch nicht mit unserem zu vergleichen. Verlieren Sie also nicht aus dem Blick, dass es in der Bundesrepublik abgestufte Hilfesysteme für wohnungs- und obdachlose Menschen gibt. Um nicht tatenlos zu sein, könnten Sie in Erfahrung bringen, welche niederschwelligen Beratungsangebote und ambulanten Dienste es für obdachlose Menschen in der Nähe Ihrer Bibliothek gibt, wo Suppenküchen, Kleiderkammern oder Schlafstätten sind.

Schneider geht mit hohem Anspruch an das Thema Obdachlose und Bibliotheken heran: „Grundsätzlich hat die Bibliothek die Möglichkeit, Obdachlose wieder mit anderen Mitgliedern der Gesellschaft (,Normalbürgern') zusammenzubringen und ihnen in Zusammenarbeit mit kompetenten Partnern zu helfen, in ein normales und geregeltes Leben zurückzufinden."[2] Sie kommt aber auch zu dem Schluss: „Eine Bibliothek kann es sich im Allgemeinen nicht leisten, beson-

---

1 Windmann: Systemfehler, S. 120.
2 Schneider: Obdachlose, S. 85.

dere Projekte und Programme für Randgruppen zu entwickeln und anzubieten, wenn sie dadurch den Großteil ihrer anderen Benutzer verliert."[3]

Übel riechende Nutzerinnen und Nutzer

„Sie haben heute einen starken Körpergeruch, was bringen Sie damit zum Ausdruck?" mag ein Therapeut fragen, – der Bibliothekar indes nicht. Der Grund hat ihn nicht zu interessieren, die andauernde Belästigung für die übrigen Nutzer sehr wohl.

Ebberfeld hat sich in ihren Forschungen intensiv mit Gerüchen befasst und bringt es auf den Punkt: „Gerüche sind wie kein anderes Mittel geeignet, uns ad hoc ins Mark unserer Gefühle zu treffen. Ohne Vorwarnung können Düfte Verlangen oder Aversionen auslösen, abschrecken oder uns in längst vergangene Zeiten versetzen ... Ferner sind wir Gerüchen hilflos ausgeliefert, weil wir atmen müssen."[4]

Mitunter riechen Bibliotheksnutzer derart übel, dass sich Mitarbeiterinnen spontan übergeben müssen. So etwas passiert leider. Menschen können einen Geruch verströmen, der anderen buchstäblich Tränen in die Augen treibt und einen Würgereiz auslöst.

Das Hygieneempfinden ist unter den Menschen unterschiedlich ausgeprägt und wird von bestimmten Faktoren beeinflusst. Um dies zu verdeutlichen, zwei Beispiele: In Deutschland benutzen 90 % der Frauen, jedoch nur 60 % der Männer ein Deodorant.[5] Nach dem Toilettengang waschen sich 90 % der Frauen, jedoch nur 60 % der Männer die Hände.[6] Die Prozentzahlen sind identisch, – ob es sich jedoch um jeweils dieselben Personen handelt, ist unbekannt.

Ein besonderer, weil schwer zu fassender Konfliktfall stellt sich ein, wenn ein Nutzer übel riecht. Denn was bedeutet „übel riechen"? Bis auf welche Distanz muss der üble Geruch wahrnehmbar sein, um einen Nutzer zum Gehen aufzufordern? Was ist mit stark nach Knoblauch oder Zigarettenrauch riechenden Nutzern, was mit sehr stark parfümierten?

Wenn Sie sich zum Handeln gezwungen sehen, nehmen Sie ruhig Ihr eigenes Empfinden als Maßstab. Falls Sie in der Lage sind, sich zusätzlich mit einem Kollegen zu beraten, so nutzen Sie diese Möglichkeit. Denn dann können Sie sicher sein, dass Ihre Nase momentan nicht überempfindlich ist. Jedenfalls ist der ord-

---

3 ebd., S. 86.
4 Ebberfeld: Botenstoffe, S. 14 f.
5 *test* 7 (2011): 38.
6 *Psychologie heute* 10 (2014): 57.

nungsgemäße Betrieb der Bibliothek ganz eindeutig gestört, falls sich ein anderer Nutzer beschwert. In diesem Fall sollte ein Einschreiten erlaubt sein, um zu verhindern, dass die Geruchsbelästigung andere Nutzer aus der Bibliothek treibt und diese somit in ihrer Freiheit einschränkt. Daneben fällt ins Gewicht, dass Bibliotheksmitarbeiter die Bibliothek nicht ohne Weiteres verlassen können, wenn sie einer Geruchsbelästigung ausgesetzt sind. Außerdem ist ein Verdacht anderer Nutzer nicht angenehm, der aufkommen könnte: Es riecht so übel in der Bibliothek, weil ein Bibliotheksmitarbeiter nachlässig mit der Hygiene umgeht. Der betroffene Nutzer geht, sein Geruch bleibt.

Wie können Sie vorgehen? Am besten nimmt sich eine Kollegin des Problems an, wenn eine Nutzerin betroffen ist, und ein Kollege macht sich auf den Weg, wenn ein Nutzer betroffen ist.

Bleiben Sie wie stets höflich, aber sprechen Sie das Problem unumwunden an: „Verzeihen Sie, gerade hat sich ein anderer Nutzer bei uns beschwert. Er hat beklagt, dass Sie einen strengen Geruch verströmen. Sie sind uns wieder willkommen, wenn sich das geändert hat. Jetzt muss ich Sie jedoch auffordern, die Bibliothek zu verlassen!" Sie sprechen also einen Hausverweis aus, weil Ihnen der ordnungsgemäße Betrieb der Bibliothek gestört scheint.

Wenn Sie einleiten mit: „Was ich Ihnen jetzt sagen muss, fällt mir sehr schwer ...", werden Sie merken, dass Ihnen die dann folgende Aussage viel leichter von der Zunge geht. Ist die Angst erst einmal ausgesprochen, ist sie nur noch halb so groß. Außerdem gibt es dann kein Zurück mehr.

Wenn wohnungslose Menschen Unterkünfte in Anspruch nehmen, so bestehen viele Träger als Erstes darauf, dass sich die Gäste waschen. Viele psychisch kranke Menschen werden wohnungslos, und viele obdachlose Menschen werden psychisch krank. Unter großen seelischen Qualen schaltet das menschliche Hirn sozusagen auf ein Notprogramm. Das „Phänomen der schlechten Pflege in Krankheits- oder Trauerphasen wurde schon überall auf der Welt von Anthropologen, Sozialarbeitern und Gesundheitsdiensten festgestellt. Wenn wir betrübt oder krank sind, werden Körperpflege und äußeres Erscheinungsbild schnell vernachlässigt ... Wenn jemand wirklich krank oder traumatisiert ist, setzt das Gehirn bestimmte Prioritäten, zu denen Körperpflege nicht gehört."[7]

Nicht immer, aber manchmal handelt es sich bei ungepflegten Personen um obdachlose Menschen. Bringen Sie deshalb für solche Vorkommnisse schon im Vorfeld in Erfahrung, wo Waschgelegenheiten in Ihrer Stadt bzw. in Ihrem Kreis angeboten werden, wo es Kleiderkammern gibt und zeigen Sie ggf. diese Möglichkeit freundlich auf.

---

7 Karlins/Navarro: Menschen, S. 116.

Sie können kaum verlieren, wenn Sie sich ein Herz fassen und gegen übel riechende Nutzer vorgehen. Was soll geschehen? Wenn der Nutzer beleidigt die Bibliothek verlässt und nie wiederkommt, haben Sie Ihrer Bibliothek einen Dienst erwiesen. Wenn der Nutzer einsichtig ist und nur noch gepflegt erscheint, haben Sie Ihrer Bibliothek ebenfalls einen Dienst erwiesen. Das kommt gar nicht selten vor! „Unsere Nase funktioniert anders als Auge oder Zunge: Man gewöhnt sich an Gerüche und nimmt sie irgendwann nicht mehr wahr."[8] Betroffenen fällt eine Geruchsbeeinträchtigung selbst also nicht unbedingt auf. Wenn sich der Nutzer an höherer Stelle wegen Ihrer „Unverschämtheit" beschwert, können Sie wohl darauf vertrauen, dass auch andere Nasen den Vorfall einzuschätzen wissen.

Gleich zwei niederländische Universitäten versuchten gegen einen Philosophiestudenten vorzugehen, der nicht nur stark unter Schweißfüßen litt, sondern dagegen auch nichts unternahm und sich zudem regelmäßig seines Schuhwerks entledigte. Das Problem zog sich über viele Jahre und mündete in Anklagen wegen Hausfriedensbruchs. Aufgrund dessen brachte der Student auch keine entliehenen Bücher zurück. Kennen Sie die Redewendung: „Vor Gericht und auf hoher See ist man in Gottes Hand"? Der zuständige Richter ermöglichte es dem Studenten, an die Universität zurückzukehren, ohne, dass er sein Verhalten hat ändern müssen.[9] Dies ist jedoch nur ein Beispiel, und es sollte Sie nicht davon abhalten, gegen dauerhaft übel riechende Nutzer vorzugehen.

Behalten Sie bitte im Blick, dass es auch gesundheitliche Gründe geben kann, dass Menschen übel riechen. Nur ein paar Beispiele: Es gibt eine Stoffwechselerkrankung namens Trimethylaminurie, die dazu führt, dass Menschen den Geruch alten Fischs verströmen und nichts dagegen machen können. Nicht selten führt dies zum Suizid der Betroffenen. Aber auch Harnvergiftung (Urämie), Krankheiten der Schweißdrüsen (z. B. Bromhidrose), Angststörungen oder Insulinmangel bringen eine Geruchsentwicklung mit sich.

In einer wissenschaftlichen Bibliothek in Osthessen sorgte eine Nutzerin für Aufregung. Weil es dort technisch möglich war, lieh sie wahllos 1000 Medien aus, darunter mehrmals dieselben Mehrfachexemplare. Wie sich später herausstellte, war sie am sogenannten Messie-Syndrom erkrankt. Die entliehenen Medien nahmen in der verwahrlosten Wohnung der Frau Schaden. Nach langem Hin und Her konnte nur ein Drittel wieder in den Bestand übernommen werden, der Rest musste makuliert werden.

Gerade auch, weil Medien mitunter in erbärmlichem Zustand in die Bibliothek zurückkehren, sollten an jeder Theke Einweghandschuhe und Desinfektionsmittel parat sein. Wenn Sie Medien zurückerhalten, die ihrerseits übel

---

8 Thomas Kocher zit. i. *Neon* 2 (2007): 113.
9 http://ml.spiegel.de/article.do?id=604566 (19.9.2014).

riechen, so hilft es, diese vorübergehend und weitestgehend „frei schwebend" in einen leeren Waschpulverkarton zu legen. Ebenso kann Ihnen gemahlener Kaffee helfen. Textilerfrischer oder auch Katzenstreu dienen dort, wo z. B. Polster verschmutzt wurden.

Auffällige Jugendgruppen, auffällige Kinder

> „So hat die Bibliothekarin oder der Bibliothekar keinen leichten Stand. Selbständig, selbstbewußt, frühreif tritt ihnen die Großstadtjugend – wenigstens in ihren typischen Erscheinungen – am Schalter der Bücherei gegenüber."[10]
> Helene Nathan (1929)
>
> „Ich bin dann froh, dann sind sie raus, und dann kommt auch bald der Sommer."[11]
>
> "Kids are kids and I don't care if the 14 year old kid is 6 ft. tall, he is still 14 and is thinking like a kid."[12]

Schon das Lehrbuch kündet von den „gravierenden Problemen"[13], die jugendliche Nutzerinnen und Nutzer in eine Bibliothek tragen *können*.

Im Jahr 1980 konstatierte Reich noch: „Oft genügt schon ein Blick", um auffällige Jugendliche in der Bibliothek zur Räson zu rufen,[14] und Kormann weiß im selben Jahrzehnt aus Düsseldorf zu berichten: Einer „Jugendbibliothekarin wurde eine Spinne auf den Kopf gesetzt".[15] Der Bibliotheksmitarbeiter schreibt aber auch schon von Schusswaffen, die in der Jugendbibliothek zum Einsatz kamen.[16]

Und heute? „Die Jugendlichen werden doch immer schlimmer!", höre ich in vielen Seminaren in öffentlichen Bibliotheken. Schümann pointiert hierzu: „Jugend-*Bashing* gibt es, seit es Jugend gibt. Jugend ist aus Sicht der Alten immer irgendwie aufsässig, renitent, tut dies, unterlässt jenes, ist respektlos, rebellisch, faul, arbeitsscheu und lustbetont. Es hat mal eine Phase in Deutschland gegeben, da war die Jugend nicht so. Da tat sie, was man ihr hieß, und die Alten waren sehr zufrieden mit der Jugend. Da war sie sehr sauber, sehr folgsam und

---

10 Nathan: Büchereiarbeit, S. 68.
11 So schilderte mir eine Bibliothekarin ihre Erleichterung, wenn wider Erwarten eine gewaltbereite Gruppe Jugendlicher zum Verlassen der Bibliothek veranlasst werden konnte.
12 Graham: Black, S. 26.
13 Plassmann/Seefeldt: Bibliothekswesen, S. 175 f.
14 Reich: Schwierigkeiten, S. 8.
15 Kormann: Tag, S. 549.
16 ebd.

ohne Widerspruch. Man nannte diese Jugend Hitler-Jugend ... Aber das Plädoyer für mehr Gelassenheit mit der Jugend ist wohl vergeblich. So alt wie das *Bashen* der Jugend, so alt ist auch der Versuch, es zu unterlassen. Vergeblich. Es geht eh wieder los. Wenn die Jungen alt werden."[17]

So sehr sich die Zeiten auch wandeln, es gibt Parallelen zwischen den Jugendlichen vergangener Jahrhunderte, den heutigen und sicher auch den zukünftigen: Sie sind schneller frustriert als Erwachsene, loten ihre Grenzen aus, stellen Regeln infrage, leiden unter ihren wechselnden Stimmungen und neigen zur Gruppenbildung. Das Gehirn Jugendlicher ist eine „Großbaustelle". Es sind biologische Gründe, die sie manchmal mit einem Antriebsüberschuss auffällig werden lassen. „Während der Pubertät verändert sich das Gehirn radikal. Nervenverbindungen in den vorderen Stirnlappen, im ‚Vernunfthirn', wo auch Moral gespeichert ist, lösen sich in großen Teilen auf. Aufgrund ihrer geistigen Entwicklung sind viele Jugendliche nicht fähig abzuschätzen, welche Konsequenzen ihr Handeln haben wird. Tests haben gezeigt, dass Jungen doppelt so risikofreudig sind, wenn sich Gleichaltrige in der Nähe aufhalten. Dann reagieren die Hirnareale, die dazu anregen, Verbotenes und Riskantes auszuprobieren."[18] Jugendliche sind schneller frustriert als Erwachsene, ihre Persönlichkeitsbildung ist noch nicht abgeschlossen, trotzdem haben sie das Bedürfnis nach Vollwertigkeit.

Jugendgruppen „erobern" sich dann und wann, in einigen sozialen Brennpunkten regelmäßig, Terrain in der Bibliothek, ohne Angebote des Hauses in Anspruch nehmen zu wollen. Sie sind „erlebnisorientiert", keine Benutzer der Bibliothek und namentlich nicht erfasst. Sie möchten Kontakte knüpfen, von Gleichaltrigen gesehen werden und sich selbst darstellen. Nicht alle Probleme einer Bibliothek sind jahreszeitabhängig, aber Probleme, die mit Jugendgruppen entstehen können, sind es ganz sicher. Zur kalten Jahreszeit sind die Vorkommnisse in einigen Bibliotheken massiv, im Sommer dafür gar nicht gegeben, denn dann haben auch die Jugendlichen, die keine professionellen Freizeitangebote wahrnehmen möchten, die Gelegenheit, sich zumindest auf den Straßen oder in Parkanlagen aufzuhalten.

Jugendgruppen, die immer wieder Ihre Bibliothek aufsuchen und auffallen, ohne dass Sie entschlossen tätig werden, werden schnell glauben, sie könnten ein Gewohnheitsrecht für sich in Anspruch nehmen. Es ist nie zu spät einzuschreiten. Ihr Hausrecht steht über jedwedem „Gewohnheitsrecht". Wagen Sie die Zäsur.

In Bibliotheken sind Gruppen immer problematischer als einzelne Nutzer. Auch aus Gruppen bekannte Unruhestifter sind regelmäßig unauffällig, wenn

---

17 Schümann: Jugend, S. 25.
18 Winter: Jungen, S. 131.

sie mal allein in die Bibliothek kommen. Sie werden erst durch die Gruppendynamik auffällig oder schlimmstenfalls kriminell: „Gehört z. B. in einer Gruppe regelwidriges Verhalten zur Norm, so beteiligt sich der einzelne auch an kriminellen Handlungen, die er alleine nie begangen hätte."[19] Das lässt sich auch auf den Gewaltaspekt erweitern: „Experimentelle Studien bestätigen, dass Gruppen schneller ernsthaft aggressiv werden als Einzelpersonen."[20]

Allgemeingültige Empfehlungen im Umgang mit Gruppen wären:

Wählen Sie die „Sie-Anrede", duzen Sie nur, wenn es ausdrücklich von den Jugendlichen gewünscht wird.

In einem Seminar berichtete mir eine Bibliothekarin, wie Sie mal in Bedrängnis geriet und nach einer Beschwerde dem Bürgermeister Rede und Antwort stehen musste. Sie war in einem Alter, wo man Gleichaltrige gemeinhin noch duzt. Eine junge Frau wollte sich als Benutzerin anmelden. Auf die Frage der Bibliothekarin: „Wie heißt du?" entgegnete sie schnippisch und knapp: „Sie!". Die Bibliothekarin füllte Ihr Formular aus und wiederholte unbedarft: „„Sieh'. Und der Vorname?"

„Jeder Gruß bekundet eine friedensstiftende Absicht."[21] Widmen Sie sich also der Gruppe, indem Sie sie begrüßen und damit zeigen, dass Sie die Gruppe wiedererkennen und einen Blick auf sie haben: „Ach, da seid Ihr ja wieder. – Bitte denkt daran, hier leise zu sein!" (bzw. je nach Alter: „Ach, da sind Sie ja wieder ..."). Einige Bibliotheksmitarbeiter haben gute Erfahrungen damit gemacht, ankommende Gruppen zu begrüßen und sofort freundlich auf die Regeln hinzuweisen.

Suchen Sie frühzeitig den Kontakt zu den Jugendlichen und bauen Sie eine Beziehung auf. Ihre ggf. nötigen Hinweise auf die Benutzungs- oder Hausordnung sollten nicht der einzige Gesprächsanlass sein.

Wenn es Ihnen gelingt, beiläufig (!) die Namen der Jugendlichen aufzuschnappen oder diese beim Verbuchen in Erfahrung zu bringen, so sprechen Sie die Jugendlichen ggf. mit ihrem Namen an. Das kann der Beziehung förderlich sein und signalisiert auch: „Ich kenne Sie!"

Bauen Sie keinen Kontrast zwischen sich und den Jugendlichen auf. Geben Sie ihnen nicht zu verstehen: „Ich bin älter und erfahren, Ihr seid jung und unerfahren!" Versuchen Sie vielmehr, eine positive Grundhaltung einzunehmen, und behandeln Sie Jugendliche ebenbürtig.

„Einer Untersuchung der Uni Magdeburg zufolge gilt: Je besser jemand verdient und je höher sein Bildungsgrad, umso leichter fühlt er sich durch Lärm

---

19 Möllers: Polizei, S. 73.
20 Collins: Dynamik, S. 197.
21 Kiener: Wort, S. 29.

belästigt."²² Die Grundregel aus dem Arbeitsschutz, wonach Lärmquellen einzukapseln sind, lässt sich in Bibliotheken auf die Nutzer nicht anwenden. Sprechen Sie Probleme daher frühzeitig an. Gehen Sie freundlich auf die Jugendlichen zu und sagen Sie: „Es *wird* langsam zu laut! Ich möchte Sie bitten, etwas leiser zu sein." statt „Es *ist* zu laut! Seid jetzt bitte leise!". Unser Ohr ist ein Alarm-Organ, von dem früher – mehr als heute – unser Überleben abhing. Geisel hat ein aufschlussreiches Buch zum Thema Lärm verfasst. Sie relativiert: „Das Machtspiel mit dem Lärm gehört zum Erwachsenwerden ... Wer die Macht hat, darf lärmen, und wer lärmt, nimmt sich die Macht ... Lärm ist als Machtdemonstration deshalb so wirksam, weil man sich gegen den Schall nicht verteidigen kann. Ohne physische Gewalt lässt sich mit Schallwellen ein Territorium besetzen."²³

In Grundschulen, mittlerweile auch in öffentlichen und wohlgemerkt in einigen wissenschaftlichen Bibliotheken kommen Lärmampeln zum Einsatz. Sie zeigen an, wenn der Lärmpegel auf ein zu hohes Maß anschwillt. Die Lärmampel misst sogar den Kohlendioxidgehalt der Luft.

Geben Sie keine zu genauen Anweisungen. Das kann schnell in einem Machtkampf enden (nicht: „Stellen Sie den Stuhl bitte da hin, wo Sie ihn herhaben! Nein, dort stand er nicht, er gehört weiter nach rechts!").

Sie werden, wenn Sie der Typ dafür sind, bei Jugendlichen mit einer entspannten Herangehensweise und mit Humor durchweg mehr erreichen als mit (der Vorspiegelung von) Autorität.

Überhören und übersehen Sie kleinere Provokationen. Falls Sie intervenieren möchten bzw. müssen, versuchen Sie es derart:
- „Ein Teil von Dir weiß, dass man die Füße nicht auf den Tisch legt ..."
- „Bin ich froh, dass Ihr es seid, die sich hier zurückgezogen haben. Bei Euch weiß ich ja, dass Ihr niemanden stört."
- „Ich kann verstehen, dass Sie sich unterhalten möchten, aber hier ist dafür nicht der richtige Ort."

Sie werden wahrscheinlich schnell mitbekommen, wie die Rollen innerhalb der Gruppe verteilt sind. Es kann zweckmäßig sein, wenn Sie einen „geeigneten" Jugendlichen abpassen oder zu sich bitten, um mit ihm allein sprechen zu können. Vielleicht gelingt es so, positiven Einfluss auf die ganze Gruppe zu nehmen? Als besonders geeignet wird sich der „Anführer" der Gruppe erweisen, falls er zugänglich ist. Sie werden schnell erkennen, wer als Anführer der Gruppe zu verstehen ist: Er wird imitiert, er geht voran, ihm wird zugehört, er wird nach

---

22 Marguier: Gefahren, S. 148.
23 Geisel: Weltall, S. 18 f.

einer Äußerung ggf. kurz angeblickt, um sich seines Wohlwollens zu versichern. Es handelt sich nicht zwingend um die Person, die am meisten spricht.

Problematisch sind nicht nur körperliche Auseinandersetzungen innerhalb einer Jugendgruppe oder beim Zusammentreffen zweier rivalisierender Gruppen, sondern ebenfalls Rangeleien aus Spaß, die in der Bibliothek ausgetragen werden. Es gibt einen Unterschied zwischen Rangeleien (*Playfight*) und Schlägereien. Für den Außenstehenden ist der Charakter solcher Auseinandersetzungen schwer einzuschätzen; bedrohlich und störend wirken beide. Auch hier sollten die Mitarbeiter konsequent einschreiten und dies untersagen.

Sie haben bereits verloren, wenn Sie sich auf Versteckspiele mit den Jugendlichen einlassen und bemüht sind, ihnen hinterherzueilen. Spielen Sie hier nicht mit. Warten Sie einen günstigen Zeitpunkt zur Kontaktaufnahme ab, solange der Betrieb nicht von den Jugendlichen gestört wird. Kündigen Sie notfalls einen Anruf bei der Polizei an, der dann auch erfolgen muss.

Ihre kombinierte Aussage „Dieses Verhalten wird in unserer Bibliothek nicht geduldet!" und „Ich biete Dir Unterstützung an, wie Du ohne Gesichtsverlust aus dieser Situation wieder herauskommst!" können Sie gestisch sehr effektiv unterstreichen, wenn Sie den linken Unterarm, mit der offenen Handfläche nach oben, ausstrecken und zugleich die rechte Hand zur „Stopp-Geste" heben, raten Kaeding/Süden.[24]

Die „Coolness" jugendlicher Nutzer fordert das Personal bisweilen heraus. Willemsen ordnet ein und fragt: „Was ist Coolness anderes als die Simulation von Lebenserfahrung, bevor das Leben erfahren wurde?"[25] Jugendliche wollten schon immer *cool* sein, noch bevor es den Begriff überhaupt gab. In der Ruhe liegt die Kraft: Um bei einem „coolen" Jugendlichen die Linie Ihres Hauses durchzusetzen, könnte ein Dialog beispielsweise so aussehen[26]:

- „Tom, würden Sie bitte von der Stuhllehne steigen und die Füße von der Sitzfläche nehmen?"
- „Wieso? Ist aber bequem so. Hauptsache, ich mache keinen Lärm!"
- „Setzen Sie sich bitte richtig hin, Sie kennen die Regeln."
- „Pfff. Sie können mir gar nichts!"
- „Klare Regeln. Also bitte!"
- „Ey, was soll das? Bleiben Sie mal locker!"
- „Ich bin ganz locker. Kommen Sie bitte von der Stuhllehne runter." (feste Stimme, Blickkontakt)
- „Nö, sehe ich gar nicht ein!"

---

24 Kaeding/Süden: Scheiße, S. 224 (hier mit Zeichnung).
25 Willemsen: Vorwort, S. 11.
26 angelehnt an Meis/Rhode: Wer schreit, S. 34.

- „Sie setzen sich jetzt bitte ordentlich hin!" (feste Stimme, Blickkontakt)
- „Mann! Ist ja schon gut! Du nervst!"
- „Bitte klopfen Sie den Dreck Ihrer Sohlen noch von der Sitzfläche!"
- „Boh ey! Auch das noch! Gut so?" (provozierend, ironisch)
- „Ja, vielen Dank!" (herzlich, nicht ironisch)
- „Mann, was ist den heute mit Ihnen los?"
- Hier wäre keine weitere Reaktion seitens der Bibliotheksmitarbeiterin nötig; das könnte man so stehen lassen. Schweigen ist manchmal auch deeskalierend.

Die Mitglieder der Gruppe sollten ihr Gesicht wahren können. Sie werden nicht sofort aufspringen, wenn Sie sie dazu auffordern. Lassen Sie ihnen etwas Zeit. Etwaige laute Unmutsbekundungen oder Beleidigungen auf dem Weg der Gruppe nach draußen sollten Sie hinnehmen, denn Sie haben schließlich Ihr Ziel erreicht. Gehen Sie erfolgreich aus einer heiklen Situation hervor, so triumphieren Sie nicht (zumindest nicht sichtbar).

Was können Sie tun, wenn die Schmerzgrenze der Bibliotheksmitarbeiter und die der -benutzer erreicht wird, Ihr gutes Zureden nicht fruchtet und Sie die Gruppe dauerhaft zum Verlassen der Räumlichkeiten bewegen möchten, ohne gleich massiv zu werden? Sie müssen erreichen, dass sich die Gruppe in der Bibliothek nicht mehr wohl fühlt. Dieses Vorhaben läuft der Berufsauffassung des modernen Bibliotheksmitarbeiters zuwider – und trotzdem: Beobachten Sie die Gruppe auffällig, stellen Sie sich dazu und hören Sie die Gespräche demonstrativ mit an, räumen Sie in unmittelbarer Nähe auf oder um und sprechen Sie die Gruppe immer wieder an.

Vielleicht jedoch haben die Jugendlichen auch gar keine Ahnung, welche Freizeitangebote es in Ihrer Kommune gibt und sie sind eher aus Verzweiflung in Ihrem Haus? Dann können Sie die Jugendlichen an ein Freizeitheim o. ä. vermitteln. Damit ist allen geholfen.

Eskaliert eine Situation und geraten Sie mit einer Gruppe in Konflikt, so reden Sie einzelne Mitglieder der Gruppe gezielt an und holen Sie sie im übertragenen Sinne aus der Kollektivität.

Lassen Sie in Konfliktsituationen keinen Nutzer zu dicht an Sie herankommen, das gilt auch für Kinder und Jugendliche. Eine Bibliothekarin berichtete, wie sie von drei Jugendlichen umstellt und an eine Wand gedrängt wurde. Obgleich dies ohne eine Berührung geschah, fühlte sie sich verständlicherweise bedroht, denn die Jugendlichen verletzten mit Absicht das, was man als intimen Nahbereich bezeichnet. Das „persönliche Hoheitsgebiet des Menschen" gliedert sich – wohlgemerkt – in unserem Kulturkreis dergestalt: öffentlicher Bereich (über 3 m Abstand, z. B. auf der Straße), gesellschaftlicher Bereich (bis 3 m, bei Geschäftskontakten, beim *Small Talk*), erweiterter Nahbereich (bis ca. 1 m, beim

Umgang mit Freunden und guten Bekannten) und intimer Bereich (0–50 cm, beim Umgang mit sehr nahestehenden Menschen, mit Haustieren, auch mit medizinischem Personal oder dem Frisör).

Die Bibliothekarin jedenfalls fühlte sich zudem abgeschirmt, denn die Jugendlichen waren wesentlich größer als sie. Das mag in Konfliktsituationen ohnehin ein nicht zu unterschätzendes psychologisches Moment sein: die allgemeine Körpergröße der Jugendlichen heutzutage. Seit der Jahrhundertwende zum 20. Jahrhundert beschleunigte sich die körperliche Entwicklung von Kindern und Jugendlichen. Die Wissenschaft spricht hier von Akzeleration. Menschen in gut entwickelten Staaten werden immer größer, von Generation zu Generation. Die soziale Reife hinkt zwangsläufig hinter der körperlichen her.

„Junge Männer, die sich im Prozess des Erwachsenwerdens befinden, werden alle Anstrengungen unternehmen, andere zu finden, denen sie durch ihr Verhalten zeigen können, dass diese die eigentlichen ‚loser' sind: Man will nicht der letzte auf der Stufenleiter sein. Junge Männer suchen sich noch Schwächere, denen sie jeweils die Position des ‚losers' zuschanzen können: Unter anderem hier liegt ein wesentlicher Grund für das gegenwärtige Ausmaß von Jungengewalt, die fälschlicherweise als Jugendgewalt gekennzeichnet wird."[27] Stehen Sie nicht als „loser" zur Verfügung.

Sehen Sie sich gezwungen, Hausverbote gegen Kinder und Jugendliche auszusprechen, so unterbreiten Sie in dem dazu nötigen Brief ein Gesprächsangebot an die Erziehungsberechtigten. Ein solches Gespräch ermöglicht es den Erziehungsberechtigten, Einfluss zu nehmen, und damit kann sich auch das Problem in der Bibliothek entschärfen.

Rechtsextreme Jugendliche tragen hin und wieder Kennzeichen und Symbole der nationalsozialistischen Ideologie an sich (Schmuck, Aufnäher, Tätowierung), die als optische Erkennungszeichen unter das Strafrecht fallen. Informationen u. a. des *Bundesamtes für Verfassungsschutz* geben hierüber Aufklärung und zeigen die verbotenen Kennzeichen und Symbole. Der „Deutsche Gruß" bzw. der „Hitler-Gruß" können nach § 86 a StGB verfolgt werden, auch wenn er wortlos erfolgt. Ebenso untersagt sind die Parole „Sieg Heil", Losungen wie „Deutschland erwache!" oder etwa „Ein Volk, ein Reich, ein Führer!". Strafrechtlich relevantes Verhalten gibt Ihnen vielleicht eine Handhabe, um gegen rechtsextreme Jugendliche vorzugehen, die Ihre Bibliothek unsicher machen.

In Bibliotheken lassen sich sowohl die Erfolge als auch die Misserfolge der Integration junger Menschen mit Migrationshintergrund beobachten. Perspektivlosigkeit wirkt sich auf das Sozialverhalten aus, das ist bei jungen Menschen mit Migrationshintergrund genauso wie bei jungen Deutschen ohne Migrations-

---

27 Voß: Opfer, S. 56.

hintergrund. Allerdings gestaltet sich das Leben junger Menschen mit Migrationshintergrund in vielen Bereichen schwieriger; der kulturelle Zwiespalt fordert sie; Perspektiven sind nachweislich eingeschränkt. In Deutschland sind die Bibliotheken noch etwas davon entfernt, als Baustein bei der Integration von Migranten zu fungieren. In den USA oder in Schweden beispielsweise ist man da schon weiter.

Uslucan, Professor für Moderne Türkeistudien, konstatiert für Jugendliche: Es „lässt sich bei Migranten, und hier beziehe ich mich weitestgehend auf türkischstämmige Migranten, auch stärker von gewaltbegünstigenden herkunftskulturellen Risiken für junge Männer berichten. Darunter sind insbesondere traditionelle Männlichkeitskonzepte zu verstehen, die Maskulinität stark an Dominanz und körperliche Stärke binden und dadurch sich die Disposition zur Gewalt erhöht. Insbesondere werden diese bei sog. perzipierten Ehrkonflikten bzw. Ehrverletzungen wirksam, in denen aus der Sicht der Beteiligten nicht die Gewaltvermeidung, sondern die gewalttätige Auseinandersetzung als normativ für den Erhalt der persönlichen Identität erachtet wird."[28]

Mädchen und jungen Frauen aus strengeren islamischen Familien stehen nicht alle Freizeitaktivitäten ihrer Altersgenossinnen offen. Der Besuch einer Bibliothek indes, eines geschützten Raumes, gilt als bildungsfördernd und wird in den Familien gemeinhin akzeptiert. Daher versuchen junge Männer aus demselben Kulturkreis gerne, in den Bibliotheken Kontakte zu den Mädchen und jungen Frauen zu knüpfen, weil sich diese Gelegenheit sonst selten bietet. All diese Aktivitäten müssen nicht zwingend Probleme mit sich bringen.

Seit dem Ende der 1980er Jahre nimmt die Polizei in den bundesdeutschen Großstädten vermehrt Jugendgruppen wahr, die sich zu sogenannten *Gangs* zusammenschließen und durch Normverletzungen auffallen. Heute herrschen namenlose Spontan- und Zufallsgruppen vor, die auch in Bibliotheken vordringen. Über eine Stadtbibliothek in Berlin war in der Tagespresse zu lesen: „Mehrfach habe es Polizeieinsätze gegeben, zumal die Bibliothek außerdem ‚Schauplatz eines guerillaartigen Überfalls' durch zwei rivalisierende Banden gewesen sei. Dabei hätten sich die Jugendlichen innerhalb der Bibliothek verteilt, alle Ausgänge blockiert und Mitarbeiter bedroht."[29]

Es sind ganz überwiegend (aber nicht nur) männliche Jugendliche, die Bibliotheksmitarbeitern Kopfzerbrechen bereiten: Selten werden öffentliche Bibliotheken gezielt von Mädchengangs terrorisiert.

Verschaffen Sie sich mit den oben genannten Maßnahmen Respekt. Der Begriff *respect* hat in den Jugendkulturen eine Renaissance erlebt. *Respect* zu zeigen und hervorzurufen, ist ein wichtiges Element des Gesetzes der Straße

---

28 Uslucan: Gewalt, S. 156.
29 *Tagesspiegel* vom 8.2.2015: 9.

(*Code of the Street*) und ein bedeutsamer Faktor in den Kulturen, in denen Ehre einen übergeordneten Wert darstellt.

Sind Ihre Probleme mit Jugendgruppen von Dauer, so bilden Sie ein Netzwerk mit Schulen, Jugendclubs, *Streetworkern*, den Kirchen oder versuchen Sie, Kooperationspartner zu finden, die Angebote für die Jugendlichen erstellen, vielleicht gar in Ihrer Bibliothek? Nehmen Sie ggf. Kontakt zu türkisch-arabischen Vereinen, zum *Türkischen Bund*, zu Moscheevereinen[30] oder zu Bürgerzentren auf und versuchen Sie, dort Unterstützung zu erhalten.

Schalten Sie, sofern in Ihrer Region vorhanden, Freiwilligenzentren ein, die Ihnen ehrenamtliche Kräfte für die Jugendarbeit vermitteln können. Sprechen Sie Dozenten der Universitäten und Fachhochschulen an, um sich sozialpädagogische Projekte und Interventionsmöglichkeiten erarbeiten zu lassen. Dozenten und Studierende freuen sich mitunter über solcherlei Anstöße und über sich bietende Praxisbezüge.

Es kann sehr entspannend auf die Atmosphäre einer Bibliothek wirken, wenn junge Mitarbeiterinnen und Mitarbeiter, die ein ähnliches Alter wie störende Jugendgruppen haben, zum Bild der Bibliothek gehören, den Humor und die Interessen teilen oder auch mal flirten.

Wenn alles gut läuft, mögen Kinder Bibliotheken. Wissenschaftliche Bibliotheken indes halten in der Regel wenig für sie bereit. Wenn Eltern mit Kindern kommen, haben diese nicht immer etwas zum Beschäftigen dabei. Halten Sie ein paar Buntstifte und Ausmalbilder vor, vielleicht gar Motive mit Bezug zu Bibliotheken oder Medien? Kostenlose Ausmalbilder finden Sie im Internet. Es gibt übrigens durchaus deutsche Universitätsbibliotheken, die Kindern den Aufenthalt im Lesesaal angenehm gestalten wollen. Kleine „Kinderecken" oder „-tische" sind auch in den Erwachsenenabteilungen der öffentlichen Bibliotheken nutzbringend.

Auffällige Kinder erzielen mit ihrem auffälligen Verhalten Aufmerksamkeit. Diese „negative" Aufmerksamkeit ist ihnen immer noch lieber als keine Aufmerksamkeit. Für Kinder aus sozialen Brennpunkten ist die mahnende Zuwendung durch den Bibliotheksmitarbeiter immer noch willkommener als keine Zuwen-

---

30 „Nur eine Minderheit der hiesigen Muslime ist in Moscheevereinen organisiert; gleichwohl haben gerade diese Moscheevereine in den sozial und wirtschaftlich schwachen Stadtvierteln unserer Großstädte einen wichtigen Einfluss auf viele der dort lebenden muslimischen Familien und Jugendlichen ... Nach den jahrelangen Erfahrungen aus Berlin erweisen sich kleinere Vereine in der Umsetzung möglicher Kooperationsprojekte oftmals als flexibler, manchmal auch kompetenter als der gelegentlich etwas schwerfällige Apparat eines Moscheevereins ... Bei der Auswahl der Ansprechpartner ist auf die hierarchische Stellung der (künftigen) Kooperationspartner zu achten. Kontakte sollten grundsätzlich zu den Vorständen aufgenommen werden" (*Polizeiliche Kriminalprävention: Moscheevereine*, S. 9, 32 und 36).

dung. Sie kommen häufig mit einem Defizit in die Bibliothek, das aus ihrem Elternhaus stammt.

In der verbalen Auseinandersetzung mit Kindern können Sie auf die Frage „Warum?" verzichten. „Warum hast du das gemacht?" führt bei Kindern fast nie zu einer „vernünftigen" Antwort. Ausnahmen bestätigen die Regel, denn in diesem Fall hätte eine Warum-Frage der Bibliothekarin durchaus geholfen: „,Du putzt Dir jetzt sofort die Nase! Ich ertrage das ständige Hochziehen nicht länger!' Kind verschüchtert: ‚Aber ich weiß doch nicht, wo hier die Taschentücher sind.'"[31]

Sprechen Sie Klartext, verwenden Sie Ich-Botschaften, geben Sie eindeutige Anweisungen und setzen Sie Grenzen.

Um die Aufmerksamkeit eines lebhaften Kindes zu erlangen, hilft es manchmal, wenn Sie flüstern und dabei Ihre Hand auf die Schulter des Kindes legen. Das Kind wird wahrscheinlich ruhig werden und neugierig lauschen, was es auf solch ungewohnte Weise zu hören bekommt.

Eine meiner Seminarteilnehmerinnen lernte extra Jonglieren, um auch in außergewöhnlichen Situationen das Interesse von Kindern und Jugendlichen zu gewinnen.

Wenn es immer wieder dieselben Kinder sind, die in Ihrer Bibliothek für Kummer sorgen – in sozialen Brennpunkten werden Kinder von ihren Eltern regelmäßig für ganze Nachmittage in die Bibliothek „abgeschoben" – können Sie die für Sie wichtigen Regeln in einer ruhigen Stunde von den Kindern aufschreiben und per Unterschrift oder Stempel des Handabdrucks kindgerecht anerkennen lassen.

In hartnäckigen Fällen hat es schon Erfolg gezeigt, ein Bonussystem einzuführen. Hierbei werden die besonders „schwierigen" Kinder positiv darin bestärkt, sich „kinderbibliothekskonform" zu benehmen. Für jeden akzeptablen Tag erhalten sie beispielsweise einen Aufkleber in ihr Bonusheft. Wenn dort zehn Aufkleber erreicht wurden, bekommen die Kinder eine kleine Prämie (etwa ein makuliertes aber noch ansprechbares oder gesponsertes Medium oder Ähnliches).

Ab und an machen Kinder auch im Beisein ihrer Eltern derart große Probleme, dass Bibliotheksmitarbeiter sich gezwungen sehen zu handeln. Gibt es zunehmend erziehungsunfähige Eltern? fragt sich nicht nur der Kriminologe Schwind.[32] Kümmern Sie sich um die Kinder, denn der Nachwuchs Ihrer Nutzerinnen und Nutzer ist in gewisser Weise auch der Ihre. Eine nicht seltene Reaktion der Eltern nach bibliothekarischem Einschreiten lautet: „Schön, dass Sie etwas gesagt haben, bei Ihnen hört er ja wenigstens!"

---

31 Boremski/Morgenstern/Zimmermann: Heiteres, S. 20.
32 Schwind: Kriminologie, S. 223.

Es gibt ein afrikanisches Sprichwort, das Hillary Clinton als Buchtitel für eines ihrer Bücher gewählt hat: "It takes a village [to raise a child]"[33]. Bei Kindern lohnt sich die Einflussnahme noch.

Nehmen Sie zunächst davon Abstand, die Eltern anzusprechen. Ganz offenkundig ließen sie ja die Bereitschaft und Einsicht zum Einschreiten vermissen. Sie könnten folglich nicht unbedingt damit rechnen, dass Sie mit Ihrem Anliegen auf offene Ohren treffen. Wenden Sie sich eher dem Kind zu und ermahnen Sie es freundlich, aber bestimmt. „Kann schon sein, dass man sich mal wiederholen oder noch etwas deutlicher werden muss. Aber wenn ein Kind merkt, dass es als Gegenüber ernst genommen wird, dann respektiert es umgekehrt Erwachsene mit ihren Bedürfnissen."[34] Würden Sie die Eltern bitten, das Kind zur Räson zu rufen, müssten Sie sich wahrscheinlich auf einen größeren Konflikt einstellen. Eltern sind zumeist dünnhäutig, wenn ihre Kinder oder ihr Erziehungsstil kritisiert werden. Der Beschützerinstinkt täte ein Übriges.

„Sag Du mir mal, warum das so nicht funktioniert!" ist eine Ermunterung, die unliebsames Verhalten eines Kindes stoppen kann, denn es wird aufgefordert, ein Problem zu lösen. Ein Elternteil, der ruppig reagiert, wenn Sie das Kind direkt ansprechen, hätte wahrscheinlich auch ruppig reagiert, wenn Sie das Gespräch von Erwachsenem zu Erwachsenem gesucht hätten. In puncto Lärm müssen wir einrechnen, dass Eltern einen höheren Geräuschpegel gewöhnt sind und ihnen Störungen oft gar nicht auffallen können.

Im Fenster eines Berliner Cafés fiel mir einmal ein Schild auf: „Unbeaufsichtigte Kinder bekommen einen doppelten Espresso und einen Hundewelpen geschenkt!"

Es ist traurig, dass, wie ich berichtet bekam, der folgende Hinweis hier und da relevant ist: Notwehr darf man ausdrücklich auch gegen Kinder einsetzen – natürlich auch hier unter Berücksichtigung der Verhältnismäßigkeit der Mittel! Notwehr gegen Kinder droht schnell umzukippen in unverhältnismäßige Gewalt gegen Kinder. Konkret heißt dies, dass Sie sehr wohl ein Kind festhalten dürfen, das Ihnen gegen das Schienbein tritt. Sie dürfen auch ein Kind packen und aufhalten, das in der Bibliothek wild randaliert und Bücher von den Regalen reißt. Denn die Gefährdungslage wüchse in dem Fall an und polizeiliche Hilfe wäre nicht schnell genug vor Ort.

Wenn Sie jedoch ein Kind dazu aufgefordert haben, die Bibliothek zu verlassen, und es weigert sich, dürfen Sie es *nicht* mit Gewalt vor die Tür setzen. Es handelte sich zwar um einen Hausfriedensbruch, der laut Gesetz notwehrfähig ist. Trotzdem wäre die Polizei zuständig, weil die sogenannte obrigkeitliche Hilfe

---

33 „Um ein Kind zu erziehen, braucht es ein ganzes Dorf."
34 Breit-Kessler: Kinder, S. 50.

vor der privaten Notwehr steht. Das Warten auf das Eintreffen der Polizei wäre zumutbar.

Nach deutschem Recht gilt als Kind, wer noch nicht 14 Jahre alt ist. Kinder sind schuldunfähig und können strafrechtlich nicht verfolgt werden. Trotzdem sollten Sie bei Bedarf die Polizei einschalten, da diese gegebenenfalls einen Bericht an das zuständige Jugendamt fertigt.

Hüten Sie sich vor Bissen! Der Biss eines Menschen ist gefährlicher und mit einem größeren Infektionsrisiko behaftet als zum Beispiel der eines Hundes. Falls Sie von einem Menschen gebissen wurden, suchen Sie sofort einen Arzt auf, auch wenn die Wunde nur klein scheint. Im *Deutschen Ärzteblatt* heißt es: „Die Infektionshäufigkeit von Menschenbissen kann ... mit etwa 50 Prozent angenommen werden. Aus der vorantibiotischen Ära Mitte bis Ende der 30er Jahre werden erschreckende Zahlen genannt: 10 Prozent der Fälle von Menschenbissverletzungen erforderten Amputationen, wenn sie innerhalb einer Stunde ärztlich versorgt wurden, danach stieg der Anteil bis auf 33 Prozent, und Todesfälle waren nicht selten"[35]

Als Fazit zum Umgang mit Kindern und Jugendlichen bzw. Jugendgruppen lässt sich festhalten: Je höflicher Sie sind und bleiben, desto größer ist die Chance, dass Sie im Konfliktfall die Oberhand gewinnen. Je früher Sie gegen störendes Verhalten vorgehen, desto geringer ist Ihr eigener Stresspegel. Zu langes Beobachten führt bloß dazu, dass Sie sich innerlich „hochschaukeln". Je eher Sie die Initiative ergreifen und agieren (statt zu reagieren), desto besser werden Sie Konflikt- und auch Gefahrensituationen bewältigen.

Was eine Tageszeitung über eine Bibliothek in Berlin-Wedding berichtet, lässt hoffen: Die sogenannte Jugendmedienetage *@hugo* lockt junge Menschen zwischen 13 und 25 Jahren mit *Hiphop*, *Mangas* und Spielkonsolen: „Einmal mussten sie [die Bibliothekarinnen] die Polizei rufen, als eine Gruppe Mädchen randalierte. Doch sogar die kamen wieder – als unauffällige Leserinnen. Die Bindung an die Bibliothek bleibt oft über den Abschluss der Schule und den Wegzug aus dem Viertel bestehen."[36]

Wenn Sie eine Notfallbetreuung für ein Kind einrichten müssen, falls z. B. sein Elternteil unauffindbar oder verunfallt ist, so sehen Sie zu, dass das Kind sofort eine feste Bezugsperson des Personals erhält. Sorgen Sie vor und halten Sie ein Kuscheltier parat, um das Kind vielleicht etwas abzulenken. Aus demselben Grund können Sie dem Kind auch einfache Aufgaben übertragen, – wenn es Lust hat, diese zu übernehmen. Versprechen Sie nichts, was Sie nicht halten können.

---

[35] Hof/Kuntz/Pieringer-Müller: Infektionsgefährdung.
[36] *taz* (Berlin lokal) vom 10.5.2006: 23.

Bilden Sie Gruppen von Kindern, falls es zu einem größeren Ereignis gekommen ist.

Wenn öffentliche Bibliotheken gute Arbeit leisten und sich auch in Zukunft Publikum heranziehen, wird dieses aufgrund der Bevölkerungsentwicklung in Deutschland zunehmend aus Seniorinnen und Senioren bestehen. Mit einem Augenzwinkern: Sie sehen also vor allem Konfliktsituationen mit Älteren entgegen.

Motzko mahnt: „In Bibliotheken dominiert ein ‚Defizitblick' auf das Alter: Großdruckbücher, Lesehilfen, Platz für Rollatoren ... Alle Alten blind, gebrechlich und lahm? Es dominiert ein Blick auf das Alter, der mit den Grundwerten und Lebensstilen (auch Lesegewohnheiten) einer (aussterbenden) Kriegsgeneration einhergeht. Viel wichtiger ist ein Blick auf den Wertewandel, der mit dem demografischen Wandel nun bevorsteht."[37] Was ist parallel hierzu zu beachten, wenn Sie mit Nutzern kommunizieren, die betagt sind? Ältere Menschen schätzen es unter Umständen, wenn sie beim Ausfüllen von Formularen Hilfe erfahren, wenn sie auf den ersten Wegen in der Bibliothek begleitet werden, wenn ihnen zeitnah ein Sitzplatz angeboten wird, wenn Sie (zumindest bei der aktuellen Generation) Anglizismen vermeiden. Wenn Ihr Gegenüber schwerhörig ist, so sollten Sie ihn nicht anbrüllen. Oft reicht es schon, wenn Sie langsam und deutlich sprechen.

Seien Sie zurückhaltend mit dem Begriff „Senioren". Auch Menschen über 70 Jahren zählen sich dieser Gruppe heutzutage nur ungern zu, ihr Selbstverständnis ist ein anderes.

Interkulturelle Kontakte und Nutzer mit Migrationshintergrund

> „Die bilinguale Tochter sagt zu ihrer italienischen Mutter: ‚Heute sprechen wir lieber Deutsch miteinander, sonst denken meine Freunde wieder, dass wir uns streiten.'"[38]

Weitsichtig formulierten Bibliothekare bereits 1982: „Integrative Sozialisationsstrategien müssen schwerpunktmäßig für die zweite und dritte Ausländergeneration entwickelt werden. Diese Gruppe ist durch das Aufwachsen in zwei Kulturen besonders gefährdet durch Desorientierung, Statusunsicherheit, national-kulturellen Identitätsverlust, eingeschränkte Kommunikationsfähigkeit und Handlungskompetenz, Schul- und Wissensdefizite und – daraus folgend – mangelnde

---

37 Motzko: APO-Omas, S. 11.
38 Andree: Interkulturalität, S. 157.

Qualifikation und Arbeitslosigkeit."[39] Aktuell leben in Deutschland gut 15 Millionen Menschen mit Migrationshintergrund.

Öffentliche Bibliotheken werden in Teilen der Bundesrepublik nur eine Zukunft haben, wenn sie sich um Menschen mit Migrationshintergrund bemühen. Das macht die Bevölkerungsentwicklung ganz deutlich. Auch der Umgang mit der in den letzten Jahren gestiegenen Zahl an Austauschstudierenden oder ausländischen Gastdozenten funktioniert wahrscheinlich besser, wenn sich Bibliotheksmitarbeiter mit dem Themenbereich „Interkulturelle Kommunikation" vertraut machen, einem Thema, das seit Mitte der 1990er Jahre stark rezipiert wird.

Andere sind anders! „Jeder Mensch hält seine Kultur für das Normale, nutzt sie als Maßstab bei der Beurteilung Anderskultureller und hält sie für den Mittelpunkt der Welt und oft sogar für besser."[40] Die Kultur ist die zweite Natur des Menschen. Kulturelle Prägung wiegt so schwer, und trotzdem wird uns dies im Alltag, im Umgang mit Menschen derselben Kultur, nie bewusst. Im Umgang mit anderen Kulturen sind wir dann gemeinhin so lange tolerant, bis uns etwas stört ... Dass es kulturell bedingte Unterschiede beim Verhalten, der Kleidung, den Essgewohnheiten oder den Literaturformen gibt, ist uns für gewöhnlich klar. Aber was ist mit dem Umgang mit Zeit, mit den Vorstellungen vom Umgang mit Macht, mit der Rollenvorstellung, mit Tabus, mit Mimik und Gestik, mit dem Umgang mit Emotionen, mit Gerechtigkeitskonzepten und Konzepten von Sauberkeit oder der Schrittgeschwindigkeit? Das alles und noch viel mehr ist auch stark von der Kultur beeinflusst, aus der wir stammen.

Ich bekam während meiner Recherchen und bei meinen Seminaren immer wieder zu hören, dass Bibliotheksmitarbeiterinnen damit zu kämpfen haben, dass ihnen von Männern mit Migrationshintergrund öfters keine Wertschätzung entgegengebracht wird. Man könnte es als *Gender*-Komponente bezeichnen, dass Jungen und Männer mit Migrationshintergrund weibliche Beschäftigte manches Mal nicht als Autoritätsperson oder Ansprechpartnerin anerkennen. Das ist kein alleiniges Problem der öffentlichen Bibliotheken. „Eine wichtige Voraussetzung für erfolgreiche Kommunikation mit Ausländern besteht darin, sich das Sprichwort ‚andere Länder, andere Sitten' *bewusst* zu machen."[41] Das trifft sicher ebenfalls auf Menschen zu, die im Spannungsfeld zweier Kulturen aufgewachsen sind.

Auch wenn es Ihnen vielleicht widerstrebt: Holen Sie sich, sofern Sie die Möglichkeit haben, einen Kollegen, das heißt einen Mann, zu solcherlei Gesprächen hinzu. Das kann die Situation sehr vereinfachen. Sie umgehen damit einen kräftezehrenden Konflikt. Haben Sie nicht das Gefühl, eine persönliche Nieder-

---

39 Höppner: Bibliotheksarbeit, S. 152.
40 Roth: Kultur, S. 12.
41 Jochmann/Köhler/Zeranski: Sicherheitsservice, S. 75.

lage erlitten zu haben, denn was tradiert wurde und die jeweilige Sozialisation herbeigeführt hat, werden Sie bei Ihrem zufälligen und kurzzeitigen Kontakt nicht beeinflussen können. Sie werden die Geschlechtsrollenorientierung hier nicht grundlegend ändern, nur weil Sie der Missachtung durch den Nutzer die Stirn bieten: „Aus kultureller Tradition wird eine weibliche Dienstkraft als kompetenter Gesprächspartner in den meisten Fällen weniger akzeptiert ... In diesem Kulturkreis wird Alter im Allgemeinen mit Erfahrung gleichgesetzt und einem lebensälteren Beamten daher meist mit mehr Respekt begegnet."[42]

Wenn kein männlicher Kollege seitens der Bibliothek zur Verfügung steht, sollten Sie entschleunigen und zugleich etwas schmeicheln: „Sie machen einen sympathischen Eindruck auf mich. Aber im Moment kommen wir nicht weiter. Bitte lesen Sie dies, hier stehen die Regeln noch einmal drin" oder vielleicht: „Ich kenne Sie und weiß, dass Sie ein kluger Mensch sind. Bitte schauen Sie sich unsere Gebührenordnung noch einmal an. An diese Regeln muss ich mich halten."

Scham, Aggression und Ehre bilden für beispielsweise türkeistämmige Männer und Jugendliche eine Troika. Das Ehrgefühl, das in der türkischen Kultur stark an das Ansehen der Familie geknüpft ist, ist tief verwurzelt und muss nicht religiös begründet sein. Der türkeistämmige Sozialwissenschaftler Tan hält fest: „Problematisch ist, dass Ehrenkonflikte keine Aushandlungskonflikte, sondern stets ‚Alles-oder-Nichts-Konflikte' sind, die die gesamte Identität betreffen. Es geht dann um entweder Du oder Ich, respektive ‚Ihr' oder ‚Wir', für Ehre setzt man sich mit der gesamten Person ein, nicht mit einem Teil seiner Rolle oder Identität. Die im westlichen Kontext übliche Trennung von Person und Sache, symbolisiert in der Formulierung ‚Ich meine es nicht persönlich' oder in der Aufforderung ‚bleiben Sie sachlich!' macht im Kontext der Ehre keinen Sinn ... Diesbezüglich sind Ehrkonflikte eskalierend, konfliktverschärfend und gewaltfördernd ... Gelöst werden können Ehrenkonflikte nur durch die Einschaltung eines von beiden Seiten akzeptierten ‚Dritten'."[43]

Bibliotheksmitarbeiterinnen und -mitarbeiter, die in Häusern tätig sind, die von vielen Menschen mit Migrationshintergrund aufgesucht werden, nutznießen, wenn sie sich interkulturelle Kompetenz, eine sogenannte Schlüsselqualifikation, aneignen.[44] Holen Sie sich hierfür geeignete Trainerinnen und Trainer ins Haus.

---

[42] *Polizeiliche Kriminalprävention:* Moscheevereine, S. 39.
[43] Dursun Tan. „Von Paschas und Pantoffelhelden". http://www.lpr.niedersachsen.de/Aktivitaeten/Veranstaltungen/Gesellschaft/Paschas_und_Pantoffelhelden.pdf (14.12.2006).
[44] u. a. Fachkenntnisse zu den Themen: Gründe für Migration und Flucht, Lebensbedingungen für Migranten im Aufnahmeland, Veränderungen aufgrund der Migration (Änderung der Fami-

Auch Erziehungsstile sind kulturell geprägt. Bei aus der Türkei stammenden Menschen ist die Erziehung traditionell zweigeteilt, wie Ferner darstellt: Kleine Jungen werden mit Geduld überschüttet, was ihnen eine emotionale Basis schaffen soll. Erst ab der Beschneidung werden sie langsam auf die Erwachsenenrolle vorbereitet. „Was die Kleinen (insbesondere Jungen) sich in der Türkei so alles erlauben dürfen, grenzt für viele Europäer an pädagogische Selbstaufgabe."[45] Dass türkeistämmige Jungen und männliche Jugendliche in Bibliotheken mit ihrem Benehmen ab und an auffallen, beklagte die *Kommission für Kinder- und Jugendbibliotheken* bereits 1980.[46]

In traditionell geprägten islamischen Familien spielt die Frau eine untergeordnete Rolle und eine Mutter ist „selbst ihrem elfjährigen Sohn weisungsunterlegen"[47]. Trotzdem wäre es fatal, zumindest was den Umgang mit Jungen und männlichen Jugendlichen angeht, vorauszusetzen, dass sie Frauen nicht gehorchen können, weil sie es nicht gelernt hätten. Denn die oben erwähnte Hierarchie bezieht sich in erster Linie auf die eigene Familie: Die meisten Lehrkräfte in islamischen Staaten sind, wie auch in der Bundesrepublik, weiblich.

Falls Sie offenkundig muslimischen Bibliotheksnutzern entgegenkommen möchten, Muslime stellen immerhin die größte Gruppe von Migranten dar, sollten Sie im Gespräch beispielsweise nicht die Beine übereinanderschlagen, nicht die Hände in die Hosentaschen stecken oder einer Frau als Mann die Hand reichen, es sei denn, sie reicht sie von sich aus.[48]

Sind Sie im Bilde, wann Ramadan ist? Das muslimische Fest wandert im Jahr, denn es richtet sich nach dem Lauf des Mondes. Im Sommer ist das Fasten für den Körper eine besondere Herausforderung. Wer sich an die Regeln hält, darf bis zum Sonnenuntergang weder Nahrung noch Flüssigkeit zu sich nehmen. Ausgenommen sind u. a. alte, kranke oder reisende Menschen sowie Schwangere.

Wie Bibliotheken mit Nutzerinnen umgehen, die in langen Mänteln in den Lesesaal kommen oder mit Nutzern, die sich in den Toiletten der Bibliothek vor einem Gebet in den Bibliotheksräumen die Füße waschen, zählt sicher zu den anspruchsvolleren Aufgaben. Der zusammengerollte und geduldete Teppich unter einer Treppe in einer Universitätsbibliothek ist wohl pragmatisch zu nennen. In einer Universitätsbibliothek in Nordrhein-Westfalen haben muslimische Benutzer in dem einen, muslimische Benutzerinnen im anderen Trep-

---

lienstrukturen, Generationskonflikte), kultureller Hintergrund der Migranten, Auseinandersetzung mit den eigenen Vorurteilen (Asci: Erfahrungen, S. 55).
45 Ferner: KulturSchock, S. 208, vgl. auch Kelek: Söhne, S. 154.
46 *Kommission für Kinder- und Jugendbibliotheken* : Tagungsbericht, S. 23.
47 Kaeding/Süren: Scheiße, S. 219.
48 vgl. Hecht-El Minshawi/Kehl: Muslime.

penhaus gebetet. In beiden sammelte sich eine Reihe von Teppichen an. Dann erkannte man seitens der Bibliothek eine Brandlast; der Beauftragte forderte die Beseitigung. Als Entgegenkommen verstand man jetzt das Aufstellen feuerfester Schränke zum Ablegen der Teppiche. Diese jedoch wurden von den Benutzerinnen und Benutzern nicht angenommen, sodass die Teppiche nach wie vor im Treppenhaus lagen. Schließlich wurde dort der Aufenthalt untersagt.

Eine Eigenart in der Körpersprache von Menschen aus dem Nahen und Mittleren Osten zeigt Ihnen eine etwaige besondere Anspannung an: das absichtliche Knacken mit Gelenkknochen. Dies ist sowohl bei Männern als auch bei Frauen ein Mittel, die innere Anspannung zu lindern und vielleicht mit dem deutschen Fußwippen vergleichbar.[49]

Die Körpersprache anderer Kulturen zu deuten, ist ohne gute Kenntnisse dieser fremden Kultur kaum möglich und kann zu großen Missverständnissen führen, etwa: „Mit dem Zeigefinger die Schläfe berühren, heißt in der türkischen Kultur ‚Ich denke', in der deutschen Kultur aber ‚Bist du verrückt?'"[50] Oder in Indien und Bulgarien beispielsweise wird mit dem Kopf geschüttelt, wenn man gestisch zustimmt.

Die Angst vor Diskriminierung führt bei zugewanderten Bibliotheksnutzern so manches Mal zu einer besonderen Sensibilität, die in eine Überempfindlichkeit münden kann. Seien Sie hier nachsichtig. Menschen mit Migrationshintergrund werden in der Bundesrepublik so häufig diskriminiert, dass diese Überempfindlichkeit möglichst auf Verständnis stoßen sollte. Dies ist keine politische Einstellung, sondern lässt sich wissenschaftlich ganz klar belegen.

In muslimischen, ostasiatischen und zum Teil in osteuropäischen Kulturen ist es üblich, Verwandten, Freunden und Bekannten in einem, auch nur verbalen, Konflikt beizustehen. In der Bibliothek kann dies heißen, dass Sie bei einem Nutzer aus einem dieser Kulturkreise Mahngebühren kassieren möchten, er jedoch die Notwendigkeit nicht einsieht und mit Ihnen eine Diskussion beginnt. Seine etwaigen Begleiter werden sich ganz automatisch zu ihm gesellen, sich um ihn scharen und verbal in den Konflikt eingreifen. In den genannten Kulturen ist es teilweise überdies sozial akzeptiert, seine Gefühle lautstark auszudrücken. Sie sehen sich also plötzlich einer Gruppe gegenüber und haben mehrere, vielleicht lautstarke Ansprechpartner. Das ist in den oben genannten Kulturen normal und keineswegs als Bedrohung gedacht. Mit ihrer Haltung wollen die Begleiter demonstrieren, dass sie ihr Gruppenmitglied in jeder Situation unterstützen und für ihn einstehen. Gleichwohl werden Sie die Situation vielleicht als bedrohlich empfinden. „Eine große Herausforderung im interkulturellen Umgang besteht

---

49 vgl. Heine: Kulturknigge, S. 141.
50 Kartari: Kommunikation, S. 144.

darin, dass er emotional oft sehr belastend ist. Sicherlich machen Begegnungen mit Menschen aus anderen Kulturen auch Spaß oder bedeuten für uns eine bereichernde Lernerfahrung. Jedoch handelt es sich im Regelfall um eher stressreiche Situationen", attestiert Sterzenbach ganz nüchtern.[51]

Er macht noch auf ein anderes Phänomen aufmerksam, das auch in Bibliotheken zu beobachten ist: Komplexe Erläuterungen eines Sachverhaltes werden manchmal von Bibliotheksnutzern nicht auf Anhieb verstanden, weil ihre Deutschkenntnisse nicht ausreichen. „Eine Anpassungsstrategie der Beamten ist dann bisweilen, einfach lauter zu sprechen und dieselben Sätzen immer wieder zu wiederholen. Das führt meist nur dazu, dass sie erneut nicht verstanden werden. Die bessere Alternative, langsamer und deutlicher zu sprechen sowie möglichst einfache Wörter zu wählen, rückt ihnen oft nicht ins Bewusstsein."[52]

Beachtenswert ist auch, dass Menschen aus anderen Kulturkreisen und Nichtmuttersprachler vielleicht deutsche Sprichwörter und Redewendungen nicht verstehen.

Menschen mit anderem kulturellen Hintergrund kommen Ihnen manchmal zu nahe? Das muss keine beabsichtigte Grenzüberschreitung sein. In unserem Kulturkreis findet ein höflicher Kontakt mit dem Abstand einer Armlänge zu unserem Kommunikationspartner statt. Daran sind wir gewöhnt. In den sogenannten *Kontaktkulturen* (z. B. Südeuropa, Südamerika) bevorzugen die Menschen auch beim förmlichen Aufeinandertreffen andere, engere Distanzen zum Kommunikationspartner. Das ist dort normal, verinnerlicht und wird unter Umständen auch in der neuen Heimat bzw. im Gastland umgesetzt.

Besonders kritisch, da besonders verstörend, ist für so manche Mitteleuropäer das Konfliktverhalten von Menschen aus den Kontaktkulturen: Sie werden lauter als hier üblich, sie gestikulieren ausladender, sie agieren vielleicht als Kleingruppe und sie treten dicht an den Konfliktpartner heran, berühren ihn vielleicht sogar. Lassen Sie sich davon möglichst nicht irritieren. Das Verhalten hat nicht dieselbe Brisanz, die zu vermuten wäre, wenn Ihnen ein Mitteleuropäer auf diese Art begegnen würde. Weichen Sie nicht zurück, und wenn Sie die eher ungewohnt Nähe nicht aushalten können, so gehen Sie demonstrativ etwas zur Seite, – nicht jedoch rückwärts nach hinten. Letzteres könnte Ihnen in einem Konflikt als Schwäche ausgelegt werden.

Schließlich jedoch gilt: Reduzieren Sie Menschen nicht auf deren kulturellen Hintergrund. Egal, woher Menschen stammen, ein freundliches Lächeln wird überall verstanden, und auch der mimische Ausdruck für Ärger, Freude oder Skepsis ist weltweit sehr ähnlich.

---

51 Sterzenbach: Techniken, S. 51.
52 ebd., S. 58.

Interkulturelle Kommunikation ist ein weites Feld. Dieses kleine Kapitel konnte nicht mehr als eine Anregung sein, sich mit dem Thema näher auseinanderzusetzen.[53]

Alkohol- und Drogenkonsum

Eigentlich ist das Verbot des Alkoholkonsums in Bibliotheken schon mit dem Verbot des Essens und Trinkens abgedeckt, was in den allermeisten Bibliotheken gilt. Von allen bewusstseinsverändernden Substanzen macht Alkohol am ehesten, wenn auch nicht bei allen Menschen, aggressiv. Zieht man jedoch in Betracht, dass jede dritte Sachbeschädigung und jede vierte Gewalttat von alkoholisierten Personen begangen wird, – von anderen Delikten ganz zu schweigen – sollten Bibliotheken prinzipiell darüber nachdenken, ein ausdrückliches Alkoholverbot in die Hausordnung aufzunehmen, das zugleich eine Handhabe gegen alkoholisierte Nutzer liefert. Einige deutsche Bibliotheken haben dies bereits getan – und gleichzeitig auch noch einmal ausdrücklich den Konsum von Drogen untersagt.

Wenn Sie gegen alkoholisierte Menschen vorgehen, so reagieren diese am häufigsten mit passivem Widerstand und verbalen Drohungen. Da bei ihnen die entwicklungsgeschichtlich älteren Gehirnteile Oberhand gewinnen, werden Vernunft und Urteilskraft hintangestellt. Es ist sinnlos, an die Vernunft der Betroffenen zu appellieren. Favorisieren Sie eine kurze und höfliche Ansprache ohne Befehlston. Risikoreiches Handeln ist typisch, da sich betrunkene Personen für leistungsfähiger und geschickter halten, als sie es dann aktuell sind. Ungeduldiges Verhalten fordert sie heraus, denn alkoholisierte Menschen „haben Zeit". Diskussionen sind wenig fruchtbringend, da die Betroffenen nicht folgen können und Absprachen sofort wieder vergessen. Es ist ein Zeichen innerer Souveränität, wenn Sie betrunkene Personen respektvoll behandeln.

Da wie erwähnt die entwicklungsgeschichtlich älteren Gehirnteile das Kommando an Bord übernehmen, ist bei der Kommunikation mit Angetrunkenen auch unsere „älteste Sprache" besonders hilfreich: Körperhaltung, Mimik, Gestik.

Sprachlich können Sie Ihr Glück zum Beispiel hiermit versuchen:
- „Sie scheinen müde zu sein! Ich bitte Sie, morgen wiederzukommen."
- „Es tut mir leid: Andere Nutzer haben sich beschwert. Sie wirken alkoholisiert. Ich muss Sie bitten, unser Haus jetzt zu verlassen."

---

[53] Literaturempfehlungen hierzu: Besonders erhellend sind Gelbrich/Müller: Kommunikation, Kartari: Kommunikation oder Köck/Roth: Kompetenz, interessant ferner: Dälken/Heidari: Fit, Hecht-El Minshawi/Kehl: Muslime, Heine: Kulturknigge oder Kelek: Söhne.

– „Ich bestehe darauf, dass Sie jetzt gehen. Wir dulden prinzipiell keine alkoholisierten Besucher in der Bibliothek."

Nicht nur Bibliotheken in der Nähe zu großen Bahnhöfen leiden zeitweise unter dem Drogenkonsum in ihrer Umgebung. Die Bibliotheksmitarbeiterin einer kleinen Gemeinde in Nordrhein-Westfalen schrieb, dass ihre Bücherei in einem restaurierten Bauernhaus untergebracht sei und der große und unübersichtliche Bauerngarten häufig als Treffpunkt und als Drogenversteck für *Junkies* fungiere.

Drogenkonsumenten kommen nervös, reizbar und aggressiv in die Bibliotheken, wenn sie auf Entzug sind, das heißt, wenn ihr Körper eine neue Dosis der Droge benötigt. Wenn ihr Körper mit z. B. Heroin versorgt ist, sind suchtkranke Menschen apathisch und kaum ansprechbar. Meist steuern Drogenabhängige die Toiletten an, um sich einen Schuss zu setzen, oder sie suchen den Schutz und die Wärme der Bibliotheken. Um den Drogenkonsum auf den Toiletten zu verhindern, kann es zum Erfolg führen, hier blaues Licht zu installieren: Die bläulichen Adern sind unter diesem Licht, welches handelsübliche Leuchtstoffröhren spenden, nahezu unsichtbar. Dies erschwert es den suchtkranken Menschen, sich in der Bibliothek Heroin zu spritzen. Allerdings gibt es auch Suchtkranke, die es trotzdem versuchen, was mit einem erhöhten Blutverlust einhergehen kann. Viele Suchtkranke sind auch geübt darin, ihre Venen zu fühlen.

Für Bibliotheksbenutzer birgt das blaue Licht Nachteile: Tageslicht wäre kontraproduktiv, also lässt sich die Toilette nicht gut lüften; das Schminken ist unter den Bedingungen auch kaum möglich, und schließlich verliert die Toilette nun gänzlich ihren Charme. Bei sensiblen Nutzern kann das ungewohnte Licht Angst auslösen. Als kurzzeitige Intervention ist das blaue Licht aber zu empfehlen. Wenn sich die Maßnahme herumgesprochen und Wirkung gezeigt hat, kann der Hausmeister ja wieder eine normale Leuchtstoffröhre einsetzen. Auch andere Herangehensweisen haben sich in Bibliotheken bewährt: der Münzeinwurf oder die Herausgabe des Toilettenschlüssels im Tausch gegen den Benutzerausweis.

Am Rande: Bibliotheken stellen Medien zur Nutzung bereit und ermöglichen es den Kunden selbstverständlich, während des Aufenthalts in der Bibliothek eine Toilette aufzusuchen. Bibliotheken stellen aber *per se* keine öffentlichen Toiletten zur Verfügung, diese sind nur für Kunden gedacht. Soviel zur Theorie, denn in der Praxis ist es fast unmöglich, Bibliotheksnutzer von Nichtnutzern zu unterscheiden.

Falls Sie in Ihrer Bibliothek gebrauchte Drogenbestecke finden, sollten Sie die Polizei informieren und den Fundort sichern (Infektionsgefahr!).

Weitere Anhaltspunkte für den Konsum unter Umständen illegaler Suchtmittel in Ihrem Haus wären: der gemeinsame Aufenthalt mehrerer Personen in den Toilettenkabinen, das Auffinden von angerußten Löffeln, Bändern, Schnüren oder Riemen, blutverschmierten Taschentüchern, Kerzenstummeln, abgerissenen Zigarettenfiltern, gefaltetem Silberpapier oder Medikamentenpackungen. Ebenso sollte Sie das mehrfache unmotivierte Betreten und Verlassen Ihrer Räume stutzig machen.

Nutzer, die Haschisch, Cannabis oder Marihuana konsumiert haben, stellen keine Bedrohung dar. Sie sind eher passiv und im schlechtesten Fall von Angstattacken getrieben.

Um die Problemlage von suchtkranken Menschen besser zu verstehen und etwas über den Umgang mit ihnen zu erfahren, sollten besonders betroffene Bibliotheken erwägen, Sozialarbeiter, Kriminalbeamte des Rauschgiftdezernats und vor allem Betroffene (natürlich trocken bzw. *clean*) zu Informationsveranstaltungen ins Haus einzuladen.

Psychisch auffällige Nutzerinnen und Nutzer

> „Kunden, die offensichtlich psychisch krank sind, verunsichern selbst die ‚taffsten Bibliotheksveteranen' und bringen sie immer noch durcheinander."[54]

Das oben genannte Zitat versetzt nicht in Verwunderung, und Bibliotheksmitarbeiterinnen und -mitarbeiter stehen hiermit auch nicht allein: Obgleich etwa Polizeibeamte eine gründliche und ganz andere Ausbildung erfahren und im Berufsalltag häufig Extremsituationen bewältigen müssen, wird von ihnen der Umgang mit psychisch auffälligen Menschen als besonders belastend erlebt, wie Studien offenbart haben.

Bunke berichtet aus ihrem Arbeitsalltag in der *Zentral- und Landesbibliothek Berlin*: „Psychisch Labile oder geistig Kranke brauchen besonders intensive Zuwendung. Manche bitten um Unterstützung gegen einen ‚Verfolger', andere wiederum sind stark deprimiert und kämpfen mit den Tränen, wenn ihnen zum Beispiel am Opac oder im Internet nicht das gelingt, was sie sich wünschen."[55] Hier ist der Bibliotheksmitarbeiter also besonders gefordert.

Es muss nicht gesagt werden, dass auch Menschen mit psychischen Störungen prinzipiell in Bibliotheken willkommen sein sollten – und auch niemand selbst vor psychischen Krankheiten gefeit ist. Einige psychisch auffällige Menschen kommen regelmäßig in Bibliotheken und genießen dort die ihnen vertraute Umgebung. Mit Blick auf schwerwiegende Störungen stellen Hammer/Plößl klar:

---

54 Willis: Dealing, S. 31 (Übs. M. E.).
55 Bunke: Wozu sind Sie, S. 739.

„Jeder Mensch hat das Grundrecht auf freie Entfaltung seiner Persönlichkeit (Grundgesetz, Artikel 2, Absatz 1). Dieses gesetzlich verankerte Recht gilt auch für Menschen mit Persönlichkeitsstörungen. Umgekehrt ist niemand gesetzlich verpflichtet, ein sympathischer Mensch zu sein. Man darf durchaus unfreundlich, rücksichtslos, konfliktunfähig und einzelgängerisch sein, solange man nicht mit dem Gesetz in Konflikt gerät."[56]

Tatsächlich ist es so, dass in den letzten Jahren immer mehr Menschen mit psychischen Störungen in die Bibliotheken kommen. Aber im gesamten öffentlichen Leben trifft man auf Menschen, die offenkundig psychisch gestört sind, die teilweise bizarre Verhaltensmuster an den Tag legen. Denn heutzutage ist es nicht mehr die Regel, Menschen mit sozial halbwegs verträglichen Störungen in Kliniken unterzubringen. Vielmehr haben Behandlungsfortschritte, ein Paradigmenwechsel in der Wissenschaft (und hier und da vielleicht auch die leeren Kassen) dazu geführt, dass Menschen mit psychischen Störungen sich soweit wie möglich in die Gesellschaft integrieren und am „normalen" Leben teilhaben sollen. So kommt es, dass man immer wieder Menschen auch mit psychischen Störungen trifft, die eine Bibliothek gewissermaßen als Lebensort wählen. Das ist eine der Folgen der Enthospitalisierung.

„Bei der Beurteilung von Verhaltensweisen von psychisch gestörten Menschen werden die Einschätzungen von Laien und Fachleuten meist übereinstimmen. Bei der Beurteilung alltäglicher Verhaltensweisen wird die Einschätzung schon schwieriger. Hier wird der Laie oftmals eine unerwartete Reaktion seines Gegenübers als unnormal oder eine Widersprüchlichkeit seines Verhaltens als schizophren bezeichnen, ohne dass hier eine wirkliche psychische Erkrankung vorliegt."[57] Das Bild der psychischen Störungen ist so vielfältig, dass dem Bibliotheksmitarbeiter die meisten gar nicht auffallen – und auch gar nicht auffallen müssen.[58] „Da bei vielen Menschen alles, was vom Gewohnten, ‚Normalen' abweicht, leicht Unsicherheit und Angst auslöst und Vorurteile bewirkt, ist bedauerlicherweise auch der Umgang mit psychisch gestörten Menschen häufig durch Vorurteile erschwert."[59] Latent ist die Angst vorhanden, dass der „merkwürdige" Nutzer schneller gewalttätig wird und er nicht berechenbar ist. Aber: „Selbst wenn ein psychisch Auffälliger *sprachlich* aggressiv ist, ist die Wahr-

---

56 Hammer/Plößl: Irre verständlich, S. 147.
57 Haselow/Walkowiak: Psychologie, S. 203.
58 Die Erscheinungsbilder psychisch kranker Menschen werden zusammengefasst in der *International Statistical Classification of Diseases and Related Health Problems, 10th Revision*; kurz: *ICD-10*. Genannt sind hier beispielsweise: Demenz, Verhaltensstörungen durch Alkohol und Drogen, Schizophrenie oder Kleptomanie.
59 Füllgrabe: Mitbürger, S. 5 f.

scheinlichkeit gering (zumindest nicht höher als bei einem ‚Normalen'), daß er unprovoziert gewalttätig wird."[60] Psychisch auffällige Personengruppen sind keineswegs besonders gefährlich und gewalttätig, wie Füllgrabe hervorhebt.[61] „Gewarnt werden muß allerdings vor der vielleicht gut gemeinten Einstellung: ‚Daß ich keine Vorurteile gegen psychisch auffällige Menschen habe, beweise ich am besten dadurch, daß ich sie genauso wie jeden anderen Menschen behandle.'"[62] Folgendes ist also zu beachten:

Die Kommunikationstechniken, wie sie bereits dargestellt wurden, können auch bei psychisch auffälligen Menschen zum Erfolg führen. „Wenn Wahrnehmungs- und Denkprozesse verzögert und/oder verzerrt ablaufen, wie bereits bei Betrunkenen zu beobachten, dann stellen schon schnelles Reden, die Verwendung schwieriger Begriffe oder plötzlich einsetzende Bewegungen eine Überforderung dar. Wie mit einem fremden verängstigten Kind, das man auf der Straße aufliest, sollte man mit einem psychisch Kranken in allem sehr behutsam vorgehen und entsprechend kommunizieren."[63]

Tauschen Sie sich mit Ihren Kollegen über Stammkunden aus, die offenbar psychische Probleme haben. Wenn Sie auf die jeweils typischen Auffälligkeiten vorbereitet sind, nimmt es ggf. den Schrecken. Beachten Sie, dass psychisch kranke Menschen häufig unter sogenannten Schüben leiden oder auch mal ihre Medikamenteneinnahme vergessen haben können. Auch Ihnen schon geläufige Bibliotheksnutzer mit offenkundig psychischen Störungen können Ihnen mal so und mal anders gegenübertreten.

Entgegen der Empfehlungen im Umgang mit anderen Nutzerinnen und Nutzern in Konfliktsituationen empfiehlt es sich bei psychisch auffälligen Menschen, wenn nur ein Mitarbeiter der Bibliothek als Ansprechpartner auftritt, – andere sich im Hintergrund halten. Dieser eine Mitarbeiter sollte Ruhe und Sicherheit vermitteln und seinem Gesprächspartner besonders viel Zeit lassen. Sein Auftreten sollte freundlich, aber bestimmt sein. Die (relative) Ruhe, die in Bibliotheken gemeinhin herrscht, begünstigt den entspannenden Umgang mit psychisch kranken Menschen.

Manchmal hat ein bestimmter Bibliotheksmitarbeiter einen „guten Draht" zu einem bestimmten psychisch auffälligen Nutzer. Vielleicht erkennen seine Kolleginnen und Kollegen, warum dies so ist, und sie können sich „etwas abgucken".

Wenn Sie es mit einem psychisch auffälligen Stammkunden zu tun haben, sollte es möglichst, wenn im Dienst, immer derselbe Bibliotheksmitarbeiter sein,

---

60 ebd., S. 20.
61 ebd., S. 6.
62 ebd.
63 Schmalzl: Kranke, S. 123.

der sich um diesen Nutzer kümmert. Das kann ein Vertrauensverhältnis aufbauen und die Situation entkrampfen. Richten Sie sich darauf ein, dass Sie Ihre Bitten, Hinweise oder Forderungen mehrfach artikulieren müssen. Nehmen Sie Ihr Gegenüber ernst, vermeiden Sie es, auch wenn Sie in einer ungewohnten Situation stecken, hintergründig zu grinsen. Fassen Sie sie oder ihn nicht an (Ausnahme: Erste Hilfe).

Halten Sie ihr oder ihm eine Fluchtmöglichkeit offen. Positionieren Sie sich selbst nicht zwischen dem auffälligen Nutzer und dem Ausgang.

Psychisch kranke Menschen, die Drogen konsumiert haben, glauben sich schnell in einer Situation, die ihre Selbstverteidigung notwendig macht.

Bei Menschen mit Psychosen ist ein starker Realitätsverlust festzustellen; sie leiden unter Denk-, Gefühls- und Verhaltensstörungen. Schizophrenie wird zu den Psychosen gezählt. „Insgesamt erlebt ungefähr 1 % aller Menschen mindestens einmal im Leben eine schizophrene Episode."[64] Schizophrene Menschen sind zeitweise in ihrem Wahnsystem gefangen. Sie haben eine eigene Wirklichkeit. Es liegt auf der Hand, dass es fehl am Platz ist, Äußerungen, die sich auf ihre Wahnvorstellungen beziehen, lächerlich zu machen, die Äußerungen abzuwerten oder zu versuchen, sie „rational" zu widerlegen. Wie wenig dies angebracht wäre, wird dem deutlich, der beispielsweise die empfehlenswerten Filme *A Beautiful Mind* mit Russell Crowe (2001) oder *Das weiße Rauschen* mit Daniel Brühl (2002) gesehen hat. Beide Filme sind auch in der Fachwelt anerkannt.

„Wahninhalte sind in den seltensten Fällen ‚korrigierbar'. Das bedeutet, dass der Erkrankte seinem verzerrten wahnhaften und in den meisten Fällen extrem angstbesetzten Denken und Erleben ausgeliefert ist. Er kann sich somit ‚vernünftigen' Argumenten nicht öffnen. Sein Zustand ist irrational."[65]

Hören Sie aktiv zu, lenken Sie das Gespräch auf ein anderes Thema. Formulieren Sie z. B.: „Ich bin jetzt hier Ihr Ansprechpartner. Ich möchte Ihnen helfen" oder „Ich kann nicht völlig nachempfinden, wie es Ihnen geht. Aber ich sehe, dass Sie leiden. Ich möchte Ihnen helfen."

Eigentlich ist es hilfreich, im Gespräch mit schizophrenen Menschen eine ruhige Umgebung zu schaffen und die Anwesenheit weiterer Personen einzuschränken. Nun, beides wird in Bibliotheken nicht immer in die Tat umzusetzen sein. Wahren Sie eine größere räumliche Distanz zu Ihrem Gesprächspartner als gewohnt: Rechnen Sie damit, dass der Nutzer abrupt sein Verhalten ändert. Es ist nicht ratsam, ihn zu bedrängen: „Schizophrene Patienten sind nicht häufiger gewalttätig als gesunde Personen. Wenn sie allerdings zu Aggression und Gewalt neigen, unterscheiden sie sich von Nichtkranken. Die Verhaltensweisen können

---

64 Härter/Heßlinger: Notfälle, S. 159.
65 Dubbert: Kommunikation, S. 101.

von einer Sekunde auf die nächste abrupt umschlagen, der zunächst friedlich wirkende Patient ist plötzlich aggressiv, umgekehrt, der zunächst aggressive liegt zwei Minuten später völlig ruhig auf seiner Couch."[66] Fremde, ohne persönliche Beziehung zum Kranken, sind so gut wie nie das Opfer schizophrener Menschen.[67]

Füllgrabe räumt ein: „Es mag nun sein, daß die Begegnung mit derart aus dem Rahmen des Gewohnten fallenden Personen verschiedene negative Gefühle auslösen kann – wie im Kontakt mit allem Ungewohnten: Irritation, Angst, Unsicherheit darüber, wie man sich verhalten soll, oder sogar Abscheu."[68] Er empfiehlt in solchen Situationen, einen „inneren Monolog" zu beginnen, in dem man sich selbst z. B. einredet: „Er will vermutlich, dass ich wütend werde, aber ich werde konstruktiv reagieren!" oder „Solange ich gelassen bleibe, habe *ich* die Situation unter Kontrolle!"[69]

Ziehen Sie schließlich, wenn Ihnen die Situation über den Kopf wächst, professionelle Hilfe zurate.[70] Ambulante Krisendienste etwa bieten in persönlichen und psychiatrischen Krisensituationen professionelle Soforthilfe, die Sie an den betreffenden Nutzer vermitteln können. Nehmen Sie Kontakt zum Betreuer des Nutzers auf, falls er einen zur Seite gestellt bekommen hat.

Wenn Sie einen psychisch kranken Menschen aus dem Haus weisen müssen, weil er den ordnungsgemäßen Betrieb der Bibliothek stört, so formulieren Sie zum Beispiel: „Guten Tag. Ich arbeite in dieser Bibliothek. Ihr Verhalten verstört unsere anderen Besucher. Es gab schon Beschwerden. Ich muss Sie deshalb jetzt auffordern, unser Haus zu verlassen!" Verabschieden Sie die Person vielleicht mit den Worten: „Sie dürfen gerne wiederkommen, wenn es Ihnen besser geht." So tragisch es ist: Sowohl für obdachlose Menschen also auch für Menschen mit auffälligen psychischen Erkrankungen gehört es zum Alltag, weggeschickt zu werden. Daher ist die Reaktion darauf oft gar nicht so ausgeprägt wie befürchtet. Während sich die Bibliotheksmitarbeiterin vielleicht sehr überwinden muss und sich vor einer langen Diskussion fürchtet, ist die Aufforderung zum Gehen für den Betroffenen oder die Betroffene „normal" und wird hingenommen.

Der Fachmann hat einen eigenen Blick auf Menschen: „Wenn man als Psychiater und Psychotherapeut abends die Nachrichten sieht, ist man regelmäßig irritiert. Da geht es um Kriegshetzer, Terroristen, Mörder, Wirtschaftskriminelle,

---

66 Gestrich/Hermanutz: Umgang 7, S. 15.
67 Steinert: Aggression, S. 16.
68 Füllgrabe: Mitbürger, S. 19.
69 ebd.
70 Flankierend sei auch besonders ans Herz gelegt der Band *Irre verständlich* von Hammer/Plößl.

eiskalte Buchhaltertypen und schamlose Egomanen – und niemand behandelt die. Ja, solche Figuren gelten sogar als völlig normal. Kommen mir dann die Menschen in den Sinn, mit denen ich mich den Tag über beschäftigt habe: rührende Demenzkranke, dünnhäutige Süchtige, hochsensible Schizophrene, erschütternd Depressive und mitreißende Maniker, dann beschleicht mich mitunter ein schlimmer Verdacht: Wir behandeln die Falschen! Unser Problem sind nicht die Verrückten, unser Problem sind die Normalen!"[71] Und „Respekt vor dem eigenen Hau" empfiehlt eine deutsche Band mit dem skurrilen Namen Ostzonensuppenwürfelmachenkrebs 1998 im gleichnamigen Lied.

„Übermäßig geschwätzige" Nutzerinnen und Nutzer

> „Das sind Dinge, von denen ich gar nichts wissen will. Lass mich doch in Ruh und texte mich nicht zu. Das sind Dinge, von denen ich keine Ahnung haben will. Behalt den Kram für dich, es interessiert mich nicht."[72]

Ein Drittel der deutschen Arbeitnehmerinnen und Arbeitnehmer der Dienstleistungsbranche fühlen sich von Kunden genervt, welche „nicht zum Punkt kommen".[73] Bibliotheksmitarbeiter sind in ihrer Arbeit zudem relativ gebunden ans Pult oder an die Theke, deshalb stellen sie bisweilen ein beliebtes „Opfer" für Menschen dar, die ein extremes Mitteilungsbedürfnis haben.

Es kann sich für Mitarbeiter sehr kräftezehrend darstellen, wenn sie einer Person quasi ausgesetzt sind und auf sie über längere Zeit eingeredet wird. Eine „Kommunikationsduldungsstarre"[74] hilft nicht weiter. Häufige Redundanz, Abschweifungen oder Polemik des Gegenübers machen es dem Mitarbeiter nicht leichter. Das kann die Arbeitsleistung und -motivation des Bibliotheksmitarbeiters auf längere Zeit beeinflussen. Eco gilt als Buch- und Bibliotheksliebhaber und als Freund der klaren Sprache. Drastisch formuliert er: „Der Blöde redet immer zur Unzeit."[75]

Wie kann man also mit in dieser Weise außergewöhnlich hartnäckigen Nutzerinnen und Nutzern umgehen?

„Unterbrechen! Wenn man es mit einem Gesprächspartner zu tun hat, der die Zuhörbereitschaft seiner Mitmenschen übermäßig strapaziert, dessen Mit-

---

71 Lütz: Irre, S. XIII.
72 *Die Ärzte* in ihrem Lied „Dinge von denen" (2003).
73 GEWIS-Studie für *Freundin* 3 (2006): 94
74 Evers: Berlin, S. 182.
75 Eco: Zukunft, S. 181.

teilungsfreude größer ist als seine Sensibilität und Wahrnehmungsfähigkeit, ob sein Zuhörer gerade ein offenes Ohr für ihn hat, dann sollte sich neben die Bereitschaft zum geduldigen Zuhören auch eine Portion Wehrhaftigkeit dazugesellen, um nicht in eine Komplizenschaft für ein ungünstiges Kontaktmuster zu geraten. Beherztes Unterbrechen ist dann keine Unhöflichkeit, sondern ein Liebesdienst, um einen guten Kontakt zu retten. Wenn ich merke, dass meine innere Zuhörbereitschaft unter eine kritische Schwelle sinkt, sollte ich diesen Zustand nicht allzu lange hinnehmen – nicht nur im Interesse der eigenen Vitalität, sondern auch um dem anderen kein falsches Interesse vorzuspielen", pointiert Schulz von Thun.[76]

Machen Sie sich etwa in Beschwerdesituationen provokativ Notizen zu dem, was Ihr Gesprächspartner sagt. Wenn er sich wiederholt, können Sie auf Ihre Aufzeichnungen verweisen: „Das haben Sie schon einmal gesagt. Ich habe es hier stehen. Ich möchte jetzt viel eher von Ihnen wissen, wie ...?"

Verlassen Sie das Pult ggf. kurzzeitig und ziehen Sie sich aus dem Publikumsbereich zurück. Lassen Sie etwas fallen, heben Sie es in aller Ruhe auf und nutzen Sie dies als Zäsur.

Bereiten Sie für solcherlei Fälle einen Ordner vor mit Aufgaben, die Sie irgendwann einmal erledigen müssen. Holen Sie diesen mit großer Geste hervor und sagen Sie: „Sie sehen, ich habe hier noch sehr viel vor mir!" Oder verabreden Sie mit Kollegen geheime Zeichen, um sich anrufen zu lassen und Telefongespräche zu simulieren. Dann wendet der Nutzer vielleicht die Aufmerksamkeit von Ihnen ab. Sie können auch den Eingang eines Anrufes über Ihr Mobiltelefon simulieren, der sich nur mit Vibrationsalarm bemerkbar gemacht hat.

„Wenig vertraute Menschen anzufassen zählt in Deutschland zu den großen Tabus. Wollen Sie, salopp gesprochen, eine Person loswerden, kann jedoch eine kurze, leichte Berührung am Arm die Methode der Wahl sein. Sie gilt als Signal: Ich gehe zwar weg, versichere sie aber gleichzeitig des Interesses am Kontakt. So können Sie sogar die ungewünschte Anbahnung eines Kontakts unterbinden", stellt Bonneau in Aussicht.[77]

Nennen Sie laut und deutlich den Namen des Nutzers, sofern Sie ihn kennen, schlägt Welling vor, – und das immer wieder: „Der Name eines jeden Menschen ist integraler Bestandteil seines Lebens und seiner Persönlichkeit. Er ist immer positiv für ihn besetzt."[78] Wenn der Nutzer seinen Redefluss also nicht unterbricht, sprechen Sie, jeweils ein wenig lauter, seinen Namen aus. Welling ist

---

76 Schulz von Thun: Klarkommen, S. 246.
77 Bonneau: Smalltalk, S. 62.
78 Welling: Handbuch, S. 54.

überzeugt: „Nutzen Sie dieses Vorgehen – es ist in der Praxis erprobt und klappt bestimmt."[79]

Blicken Sie provokant auf Ihre Armbanduhr. Täuschen Sie den Eingang einer wichtigen E-Mail vor. „Wenn Sie einen zähen, trägen, einschläfernden Langweiler aufhalten wollen, müssen Sie ihm geradewegs in die Augen blicken, ohne zu blinzeln. Richten Sie Ihre Augen genau auf das Dreieck zwischen den Augen und der Stirnmitte und zucken Sie nicht mit der Wimper. Sie werden überrascht sein, wie schnell der Langweiler verstummt."[80]

Mit „übrigens" oder „kurzgefasst" können Sie versuchen, zu einem anderen Thema überzuleiten.

Unsere Gesellschaft ist einer Vereinzelung unterworfen. Wir dürfen nicht vergessen, dass – trotz aller sozialer Medien – viele Menschen keinen mehr zum Reden finden.

Ein paar Formulierungshilfen:
- „Das ist alles interessant, aber ich muss jetzt wirklich weiterarbeiten! Bitte lassen Sie mich jetzt allein, sonst bekomme ich noch Ärger mit meiner Vorgesetzten"„Ich muss Sie nun bitten, mich wieder allein zu lassen. Ich habe auch auf die anderen Nutzerinnen und Nutzer ansprechbar zu wirken!"
„Es tut mir leid, meine Chefin hat mir gerade ein Zeichen gegeben. Ich soll zu ihr kommen."
- „Ich habe noch eine Minute Zeit für Sie."
- „Was also ist Ihr Fazit?"
- „Mit diesen Informationen kann ich arbeiten. Das reicht mir, danke."
- „Ich muss ehrlich sagen, dass mich Ihr Redeschwall förmlich erdrückt."
- „Ich denke, der wesentliche Punkt ist mir klar geworden."
- „Haben Sie ein Anliegen an die Bibliothek? Wenn nicht müsste ich jetzt weiterarbeiten."
- „Ich finde, wir haben jetzt alles besprochen!"
- „Ich bin offen für Ihr Informationsbedürfnis, aber nicht offen für Ihre Biografie."

Mobiltelefone

Die Nutzung von Mobiltelefonen führt zu einer Überschwemmung mit Privatheit, an die sich die Gesellschaft erst langsam gewöhnt. Ungewollt wird die Umwelt

---
79 ebd.
80 Kuhnke: Körpersprache, S. 97.

in Privatsphären hineingezogen. Ab einer gewissen Lautstärke kann dies zudem den ordnungsgemäßen Betrieb einer Bibliothek stören. Wenn Sie Ihre Nutzer mittels ihrer Klingeltöne identifizieren können, ist schon einiges schiefgelaufen.

Die Stadt New York hat seit 2003 den Gebrauch von Mobiltelefonen in Theatern, Kinos und Museen unter Strafe gestellt. Wer erwischt wird, muss 50 $ zahlen.

Warum sind wir oft so genervt von Gesprächen am Mobiltelefon? „Mitgehörte Handytelefonate werden als störender empfunden als Gespräche zwischen zwei Menschen ... ‚Nicht zu wissen, worum es in einem Gespräch geht, macht Handytelefonate störender'", zeigte eine US-amerikanische Studie auf.[81] Über ein weiteres Forschungsergebnis kann sich nur wundern, wer nicht mit Menschen unter 25 Jahren zu tun hat: „Vor ein paar Jahren baten Wissenschaftler 102 junge Leute, zwei Tage lang ihr Handy nicht zu benutzen. 82 ließen sich auf den Versuch ein, aber nur 12 hielten bis zum Ende durch. Für die anderen war es offenbar nicht möglich, auch nur 48 Stunden ohne ihr Nokia oder iPhone auszukommen."[82] Diese Entwicklung schreitet voran und hat schon lange nichts mehr mit dem Alter zu tun.

Rasche vertritt die Ansicht, es gebe „keinen Grund, ein generelles Handy-Verbot in der Bibliothek zu verhängen. Derjenige, der lauthals an der Informationstheke telefoniert, sodass die Kommunikation zwischen Bibliothekar und Kunde nicht mehr möglich ist, kann unter Hinweis auf die Hausordnung gebeten werden, die Störung zu unterlassen. Warum sollte man auch demjenigen das Telefonieren verbieten, der sich in eine Ecke zurückzieht und keine Störung verursacht? In der Regel wird es ausreichen, störende Besucher auf ihr Verhalten hinzuweisen und sie um ein anderes Verhalten zu bitten. Erst, wenn diese Maßnahmen nicht greifen, kann man aufgrund von Verstößen gegen die Hausordnung ein Hausverbot erlassen."[83] Wichtig ist allein der Hinweis darauf, dass die Nutzer den Klingelton auszuschalten haben.

In der Fachöffentlichkeit hat einst bundesweit das restriktive Vorgehen der *Staatsbibliothek zu Berlin – Preußischer Kulturbesitz* für Furore gesorgt. In einer Information hieß es: „Rote Karte für Handybenutzer! Regelmäßigen Leserinnen und Lesern von ‚Neues aus der Benutzung' mag es wie ein Fortsetzungsroman erscheinen, so oft haben wir an dieser Stelle die Handybenutzung in unseren Lesesälen thematisiert. Doch ob wir es nun mit einem Appell an die Rücksichtnahme der Handybesitzer oder mit einem strengen Verweis auf unsere Benutzungsordnung, die jeder mit dem Betreten des Hauses anerkennt (§ 6, Abs. 8: die

---

81 *Tagesspiegel* vom 14.3.2013: 29.
82 Schäfer: Wir sind, S. 73.
83 Rasche: Hausverbot, S. 736.

kontrollierten Bereiche dürfen nur mit *abgeschaltetem* Handy betreten werden), versucht haben – es ist uns nie gelungen, tatsächlich alle Leserinnen und Leser zu erreichen. Das Klingeln eines Handys, das geführte Gespräch und auch das eilige Durchqueren der Lesesäle zur Entgegennahme eines mittels Vibrationsalarms angekündigten Gesprächs – zur Not auch in der Toilette – sind trauriger [sic] Alltag in der Bibliothek."[84] Seit einem Stichtag im Jahr 2005 jedenfalls sprach die Bibliothek eintägige Hausverbote bei Nichtbeachten des Handy-Verbots aus: „Dabei werden wir die Benutzerausweisnummern und ggf. die Personalien notieren und im Wiederholungsfall auch längere Hausverbote aussprechen ... Das Handybenutzungsverbot gilt generell für alle kontrollierten Bereiche in unseren Häusern."[85] Das Hinweisblatt endet: „Abschließend können wir Ihnen nur empfehlen, auch nicht versehentlich mit einem eingeschalteten Handy die Eingangskontrolle zu passieren, denn Ausnahmen können wir im Interesse unserer konzentriert arbeitenden Leserinnen und Leser – also für das Fairplay im Lesesaal – künftig nicht mehr machen ..." Die Entscheidung zu diesem Vorgehen haben sich die Mitarbeiterinnen und Mitarbeiter der *Staatsbibliothek* nicht leicht gemacht, wie sich bei Nelson-Busch nachlesen lässt. Sie hebt in ihrem Artikel auch hervor, dass die Nutzerinnen und Nutzer der *Staatsbibliothek* zu 80 % mit dem konsequenten Einschreiten einverstanden seien.

Forsch ging u. a. eine ostdeutsche Universitätsbibliothek gegen uneinsichtige Nutzer vor: Sie drohte telefonierenden Besuchern in den Ausführungsbestimmungen zu ihrer Benutzungsordnung, dass sie Mobiltelefone befristet einziehe und zur Not auch Benutzer von der Benutzung ausschließe.

Formulieren Sie im Kundengespräch sachlich: „Bitte machen Sie Ihr Mobiltelefon aus. Danke!" Das „vorauseilende Danke" beeinflusst nachweislich. Unter Einsatz von Charme und Augenzwinkern könnten Sie auch weiterkommen mit: „Ich will Ihnen das Handy doch nicht wegnehmen müssen!"

Kunden, die telefonierend oder mit Kopfhörern dem Dienstleister entgegentreten, nerven in vielen Branchen. „Wir leben in einer von Neugier und Geschwindigkeitssucht geprägten Zeit. Also ist der neue Anrufer immer interessanter als der direkte Gesprächspartner. Schließlich weiß man bei dem einen nie, was er wollen könnte. Der andere ist durch seine bloße Anwesenheit eigentlich schon abgehakt."[86] Stellen Sie Ihre Arbeit ein, wenn nötig, und halten Sie dem Nutzer entgegen: „Ich brauche bitte Ihre volle Aufmerksamkeit!"

---

84 Benutzungsabteilung der Staatsbibliothek zu Berlin, Hg. „Neues aus der Benutzung" 71 (2005).
85 ebd.
86 Sack: Manieren, S. 73.

Sollten Sie einmal einen Bibliothekskongress aufsuchen, so achten Sie bitte darauf, wie häufig in Veranstaltungen das Mobiltelefon von Kollegen klingelt. Das stimmt milde, was Ihre Bibliotheksnutzer angeht.

Probleme ganz anderer Art machen Mobilgeräte, wenn vornehmlich Jugendgruppen während des geselligen Beisammenseins in der Bibliothek sie kreisen lassen, auf denen *Happy-Slapping*- und *Snuff*-Videos gezeigt werden. *Happy Slapping*, ein Euphemismus, übersetzt etwa „Fröhliches Draufeinschlagen", wird von einigen Jugendlichen betrieben, um sich mit gefilmten „Extremhandlungen" zu brüsten: Sie suchen hierfür wahllos Opfer und üben an diesen Gewalt aus, während andere die Aktion mit Mobilgeräten aufnehmen. Dieses Filmmaterial wird dann in großer Zahl verbreitet.

Snuff-Videos (*to snuff out* bedeutet u. a. „ein Leben auslöschen") finden sich im Internet. „Die Inhalte dieser Dateien reduzieren sich meist auf kurze, zusammenhangslose Tötungsdarstellungen. Dabei handelt es sich entweder um Ausschnitte von Film-/Video-Produktionen oder um Dokumentationen tatsächlicher Tötungen ..."[87]

Die Verbreitung von *Happy-Slapping*, Porno- und *Snuff*-Videos über Mobilgeräte ist ein Phänomen, das sich der Kenntnis Erwachsener oft entzieht. Wenn Sie solcherlei in Ihrer Bibliothek mitbekommen, sollten Sie die Polizei einschalten, denn es liegt der Verdacht einer Straftat vor. Informieren Sie ggf. die Eltern der betroffenen Kinder oder Jugendlichen. Sie dürfen die gespeicherten Inhalte auf den Mobilgeräten nicht ohne Zustimmung der Besitzerin bzw. des Besitzers einsehen. Das verstieße gegen den Datenschutz.

Sachbeschädigungen

„Vandalen sind in der Regel frustrierte Jugendliche, an denen die Pfadfinderbewegung vorbeigegangen ist", behauptet Browning.[88] Damit liegt er nicht ganz richtig, denn es sind nicht immer nur Jugendliche, die sich der Sachbeschädigung widmen. Der Alkoholkonsum lässt auch Lebenserfahrenere bisweilen aktiv werden.

Vandalismus, den hat es früher doch nicht gegeben! Oder doch? Lorenz zeichnet dieses Alltagsphänomen nach und zeigt, dass selbst *Graffiti* nichts Neues

---

[87] Infoblatt „Gewaltvideos auf Schülerhandys" der *Polizeilichen Kriminalprävention der Länder und des Bundes*, o. J.
[88] Browning: Grapefruit, S. 239.

sind. „Klagen über Vandalismus sind in allen Phasen der deutschen Geschichte Bestandteil des Alltags."[89]

Bibliotheken fast jeder Größe leiden unter Sachbeschädigungen; nicht nur Großstädte sind betroffen. „Bei Beschädigung von Gegenständen der Bibliothek liegt eine gemeinschädliche Sachbeschädigung vor (§ 304 Strafgesetzbuch), da es sich um Gegenstände handelt, welche zum öffentlichen Nutzen dienen, sodass hier kein Strafantrag erforderlich ist."[90] Das Delikt wird auch ohne Antrag verfolgt. Schon der Versuch einer Sachbeschädigung, auch einer einfachen, ist übrigens strafbar. Die gemeinschädliche Sachbeschädigung ist kein Kavaliersdelikt: Sie *kann* mit bis zu drei Jahren Freiheitsstrafe geahndet werden.

Keine strafrechtliche Relevanz besitzt ein klassischer Konfliktpunkt in der Bibliothek: das Essen und Trinken. Benutzungsordnungen/Hausordnungen verbieten in der Regel beides. Was diese Regel angeht, so können Sie eine „doppelte Zustimmung" des Benutzers erzielen, wenn Sie ein entsprechendes Piktogramm auf die Eingangstüren kleben. „Doppelt" bedeutet: durch das Anerkennen der Benutzungsordnung mittels Unterschrift, um den Benutzerausweis zu erhalten, sowie durch die vorausgesetzte Wahrnehmung des Aufklebers. Das erleichtert die Argumentation im Fall der Nichtbeachtung des Verbots.

Am Rande: Es gibt in der Fachwelt durchaus Stimmen, die das Verbot des Essens und Trinkens in Bibliotheken kippen würden. Natürlich müssen Rara, historische Sammlungen und der Präsenzbestand geschützt werden. Aber womit sich der Benutzer während des Lesens eines entliehenen Buches beschäftigt, entzieht sich dem bibliothekarischen Einfluss. Er kann also zu Hause genauso gut essen und trinken, während er sich der Lektüre hingibt. Große Buchhandlungen ermöglichen es schon oft, unbezahlte Bücher mit in die angegliederten Cafés zu nehmen und über einen etwaigen Kauf zu befinden. Das *Café-within-the-library*-Konzept aus Singapur wird in der *Best-Practice*-Recherche im Rahmen der *Bibliothek 2007* hervorgehoben: „Angeordnet in einem zentralen Bereich der jeweiligen Bibliothek werden die Besucher bewirtet, während sie Bücher oder Zeitschriften lesen ..."[91]

Beliebt ist es, Bibliotheken als Bildarchiv zu nutzen und die benötigten Seiten oder Abbildungen aus Büchern herauszutrennen oder auszuschneiden. Auch dies stellt eine gemeinschädliche Sachbeschädigung dar, die als Offizialdelikt von der Staatsanwaltschaft verfolgt werden kann. Aber dafür muss die Sachbeschädigung den Verfolgungsbehörden bekannt gegeben werden. Die Bibliothek sollte auch auf dem Weg eines Zivilprozesses Schadensersatzansprüche durchsetzen,

---

89 Lorenz: Vandalismus, S. 119.
90 Rasche: Hausverbot, S. 736.
91 *Bertelsmann Stiftung*: Bibliothek, S. 72.

wenn der oder die Täter bekannt geworden sind. Beschädigte Bücher dienen als Beweismittel, makulieren Sie sie also nicht gleich.

Sublime Bibliotheksleiter und -mitarbeiter mögen das Ausstellen zerstörter Medien als Negativwerbung auffassen, es kann aber unter den Benutzern auch die Akzeptanz für Sicherungsmaßnahmen oder die Aufmerksamkeit für das Problem fördern.

Ein skurriler, aber mehrfach geschilderter Fall tritt ein, wenn ein Bibliotheksnutzer in der Bibliothek uriniert, *ohne* zuvor die Toilette aufgesucht zu haben. Wenn sich der Urin also über den Bodenbelag Ihrer Bibliothek ergießt, stellt dies juristisch leider keine Sachbeschädigung dar. Vielleicht ließe sich der Vorgang als Beleidigung fassen. Sie sollten ihn jedenfalls zur Anzeige bringen und dem Verursacher Hausverbot erteilen. Sie lernen nun, den Vorteil von Teppichfliesen zu schätzen.

In Thüringen erschien ein junger Mann im Foyer einer Universitätsbibliothek, gebärdete sich wild, brüllte herum und zerriss ein Buch. Dann ergriff er die Flucht. Die verstörten Bibliotheksmitarbeiter beugten sich besorgt über das zerstörte Medium, stellten fest, dass es nicht zum Bestand zählte, und fanden einen Zettel, der darüber aufklärte, dass es sich um eine studentische Mutprobe gehandelt habe.

Manche Verhaltensweisen fallen nicht nur in Bibliotheken auf, sondern sind darüber hinaus bekannt. In der Stadtbibliothek einer Stadt im Osten Thüringens machten sich Bibliothekare akribisch auf Spurensuche, da ein Nutzer bzw. eine Nutzerin eine besondere Art der Sachbeschädigung beging: Mit genau dieser Einschränkung riss er Frauenköpfe von eher hageren Frauen aus Schwarz-Weiß-Abbildungen in Büchern. Mit fachlichem Interesse stellten die Kollegen fest, dass der Täter bzw. die Täterin keine Schere benutzte, sondern sich eine besondere Technik angeeignet hatte. Die Köpfe waren „ohne Zugang" von außen herausgerissen, kreisrund, aus der Seitenmitten weg. Es konnte seitens der Bibliothekare nicht festgestellt werden, ob die Person ihre Tat in der Bibliothek oder an ausgeliehenem Bestand beging. Die Polizei nahm sich der Sache an und schickte ein paar der beschädigten Bücher zur kriminaltechnischen Untersuchung ein – ergebnislos. Von der Polizei erfuhren die Bibliotheksmitarbeiter, dass auch der lokale Buchhandel unter dieser besonderen Form der Sachbeschädigung litt. Wenn das nicht als Anfang für einen Kriminalroman taugt! Hoffen wir, dass nichts Folgenreiches dahintersteckte.

Hochgelegte Füße, ob nackt oder in Schuhen, ob auf dem Tisch oder dem Stuhl, erregen in Bibliotheken, und nicht nur dort, Ärgernis. Binder beschreibt einen Trick, der hier und da helfen kann: Bieten Sie dem etwas ungehobelten Nutzer eine ausgediente Zeitung oder Plastiktüte als Unterlage für seine Füße an. Das soll zum Erfolg führen, denn meist nehmen die angesprochenen Personen die Füße gleich ganz runter.[92] Weitere Interventionsmöglichkeiten klingen etwa so: „Verzeihen Sie! Die Sitzmöglichkeiten in unserer Bibliothek sind begrenzt. Ich möchte Sie bitten, nur einen Stuhl zu benutzen.", „Wir können es generell nicht dulden, wenn Besucher die Füße hochlegen." oder auch: „Verzeihen Sie! Wir möchten, dass die Möbel in der Bibliothek lange ansehnlich bleiben. Ich muss Sie bitten, Ihre Füße vom Stuhl zu nehmen."

Für die einen ist es *Streetart*, für die anderen Vandalismus: *Graffiti* heißt eine Form der Sachbeschädigung, die seit den 1960er Jahren in den USA praktiziert wird und sich in Deutschland zunehmender Beliebtheit vor allem männlicher Jugendlicher und junger Männer erfreut. Es geht um das Beschriften oder Bemalen von Gegenständen mithilfe von Spraydosen oder Faserschreibern. Es mag die Aufgebrachtheit der Bibliotheksmitarbeiter und Bibliotheksbenutzer besänftigen, wenn man sich bewusst macht: „Die Erfahrung ,Narrenhände beschmieren Tisch und Wände' ist freilich älter als die moderne Mauer[- und Möbel]malerei. Die Ritzungen und Farbaufschriften, die bei den Ausgrabungen von Pompeji gefunden wurden, zählen im vierten Band des *Corpus Inscriptionum Latinarum* 10.913 Nummern. Es sind lokalpolitische Wahlparolen, Huldigungen von Gladiatoren, Suchanzeigen für entlaufene Haustiere, Beschimpfungen von Nachbarn ..."[93]

Die Außenwände von Bibliotheken sind genauso betroffen wie die anderer Gebäude. Aber auch innerhalb der Bibliotheksräume sind *Graffiti* ein Problem. Bibliotheken, die als Treffpunkt von Jugendlichen fungieren, erkennt man häufig an den dort von ihnen hinterlassenen sogenannten *Tags*, eine besondere Form der *Graffiti*. Diese sind die Schriftzüge der jeweiligen Decknamen, welche die Jugendlichen massenhaft auf Wänden und anderen Gegenständen hinterlassen. Sie arbeiten an der Vervollkommnung der *Tags* und üben sich darin, sie mit wasserfesten Faserschreibern (*Permanent Marker*) so schnell wie möglich zu schreiben. Die Markenzeichen finden sich auch zahlreich auf den Toiletten und Einrichtungsgegenständen der betroffenen Bibliotheken, man kennt sie ebenso aus den öffentlichen Verkehrsmitteln und dem übrigen Stadtbild. Die Wände von Toiletten müssen ja nicht unbedingt weiß sein; Sie beugen *Graffiti* vor, wenn Sie die Wände beispielsweise dunkelblau streichen lassen, denn helle Faserschreiber sind nicht so verbreitet.

Auch das Sprayen oder das Kritzeln von *Tags* stellt eine Sachbeschädigung oder gemeinschädliche Sachbeschädigung dar.[94] Wenn Sie eine Sachbeschädi-

---

92 *Tagesspiegel* vom 25.9.2005.
93 Demandt: Vandalismus, S. 20.
94 Mit Wirkung vom September 2005 sind die Sachbeschädigungsparagrafen § 303 f. StGB verschärft worden. *Graffiti* wurden zuvor nur geahndet, wenn durch sie eine „Substanzverletzung"

gung durch *Graffiti* feststellen und niemanden auf frischer Tat ertappen und somit die Polizei rufen konnten, stellen Sie Strafanzeige gegen unbekannt. Das kann durchaus, wenn auch mit zeitlicher Verzögerung, zur Ergreifung und zur Haftung des Täters führen. Die Chance dafür lässt sich von Nichtfachleuten schlecht einschätzen; überlassen Sie das der Polizei. *Tags* beispielsweise sind immer einem Täter zuzuordnen (das ist ja deren Sinn). Wenn dieser einmal gefasst wird, kann die Staatsanwaltschaft versuchen, ihm gleich mehrere Taten nachzuweisen. Die Polizei verzeichnet einen Anstieg der Strafanzeigen gegen Sprayer und *Tagger*; die Toleranz der Bürgerinnen und Bürger wurde wohl überstrapaziert. In größeren Städten gibt es mittlerweile Ermittlungsgruppen der Polizei, die sich nur mit *Graffiti* befassen und die Szene dementsprechend kennen.

Es empfiehlt sich nicht, Sprayer, die auf frischer Tat ertappt werden, stellen zu wollen. Die Gewaltbereitschaft in der Szene hat zugenommen, macht der Leiter der Sonderkommission „*Graffiti* in Berlin" deutlich: „Eine gut organisierte Crew lasse sich von Passanten oder Wachschützern nicht mehr vertreiben, ‚die verteidigen sich, bis sie ihr Werk vollendet haben' – und zwar mit Waffengewalt."[95] Welche Strategie ist also von Erfolg gekrönt?

„Sechs Jahre lang war die Hansa-Bibliothek in [Berlin-]Tiergarten von oben bis unten beschmiert. Dann wurde das Gebäude gereinigt. Eine Woche später waren 23 Quadratmeter erneut verschandelt. Sofort kam wieder der Maler und tünchte über. Eine Woche danach wiederum wurde die Fassade noch einmal mit Sprühdosen traktiert, wieder rückte der Maler an, wieder also wurde das Geschmiere schnell überstrichen – mit dauerhaftem Erfolg."[96] Als beste Prävention gilt die schnelle Beseitigung der Schriftzüge und Bilder. Es liegt im Interesse der Jugendlichen und jungen Männer, ihr Werk so lange wie möglich im Stadtbild zu sehen, sich möglichst zu „verewigen". Dazu muss man auch wissen, dass Spraydosen und auch *Permanent Marker*, sofern sie gekauft werden, recht teuer sind. Die Bibliotheksleitung sollte also tatkräftig klarstellen, dass ihre Bibliothek keine guten Voraussetzungen für die dauerhafte Selbstdarstellung mittels *Graffiti* bietet. Ist eine Wand ganz konsequent nach jedem Besprühen zeitnah in ihren Ursprungszustand zurückversetzt worden, suchen sich Sprayer und *Tagger* andere Betätigungsfelder.

Lassen Sie für Ihre Bibliothek keine Duldungskultur aufkeimen. Kriminologen sprechen vom *Broken-Windows*-Paradigma, welches besagt, dass ver-

---

auf dem Untergrund nachweisbar war. Hierfür waren Gutachten nötig. Jetzt macht sich bereits derjenige einer Sachbeschädigung strafbar, der „unbefugt das Erscheinungsbild einer fremden Sache nicht nur unerheblich und nicht nur vorübergehend verändert".
95 Marko Moritz zit. i. *Tagesspiegel* vom 17.2.2005: 10.
96 *Tagesspiegel* vom 17. 2.2005: 10.

gleichsweise harmlose Phänomene zu einem hohen Grad der Verwahrlosung von Gebäuden führen können. Einem Dominoeffekt ähnlich führen kleinere Vorschädigungen von Gegenständen oder Gebäuden zu weiteren Beschädigungen oder auch zu Diebstählen; sie wirken enthemmend.[97]

Es gibt mittlerweile Malerfirmen, welche das Entfernen von *Graffiti* innerhalb von 24 Stunden garantieren. Die Firmen haben diverse Techniken, auch präventiver Natur, entwickelt, die sehr effektiv sind.

Wohnungsbaugesellschaften können sich diesen Service vielleicht leisten, Bibliotheken indes davon meist nur träumen. In Zeiten knapper Kassen kommt hier auch die Eigeninitiative ins Spiel: Wenn sich eine Bibliothek beispielsweise nicht von der weißen Wand im Vorraum zu den Toiletten trennen möchte (oder trennen darf), ist es nur pragmatisch, ein Schraubglas mit abgefüllter Wandfarbe unter dem Pult zu haben und die *Tags* jeden Abend mit einem kleinen Pinsel überzutupfen. Aber vielleicht haben Sie auch einen Hausmeister, der sich der Sache annehmen kann?

Es gibt auch Versicherungen gegen *Graffiti*, die innerhalb der Wohngebäudeversicherung abgeschlossen werden können.

Die Tuschen der *Permanent Marker* der Firma *edding* beispielsweise lassen sich von geschlossenen Oberflächen (Glas, Metall, Kunststoff) mit dem *Verdünner V100* entfernen. Auf offenporigen Oberflächen wie Lack, Beton oder Textilien hilft nur der Alkohol Isopropanol oder aber Teerentferner.[98] Mittlerweile bietet der Fachhandel auch *Graffiti-Killer* an, die auf allen Oberflächen wirken sollen.

Ätz-Graffiti (*Glass Etchings*) traten in den USA im Jahre 2000 erstmals auf, in Deutschland dann etwa zwei Jahre später. In der Szene werden ab und an mit Flusssäure gefüllte Stifte eingesetzt. Mit ihnen lassen sich *Tags* dauerhaft in Glas ätzen. Die farblose Säure ist sehr giftig, die Gesundheitsgefahr groß. Auch in getrocknetem Zustand ist der Kontakt mit der betroffenen Fläche zu vermeiden. Körperstellen und Kleidung müssen sofort mit Wasser abgespült werden, wenn es zu einer Berührung kam.

Begrünte oder bunte Fassaden schrecken Sprayer ab. Vor diesen Maßnahmen müssten Sie sich ggf. die privatrechtliche und manchmal städtebauliche Erlaubnis einholen. Unter Umständen hat der Architekt des Gebäudes bzw. dessen Erben noch Rechte an dem Bibliotheksbau; dann müssen Sie den Architektenvertrag sichten (lassen) und ggf. mit dem Architekten verhandeln. Wenn

---

[97] vgl. Streng: Broken.
[98] Bei Verwendung von Teerentferner sollte die Stelle mit Lackreiniger nachpoliert werden. Es ist zudem immer wichtig, den Reiniger an einer verdeckten Stelle zu testen (wegen der Farbechtheit). Für die o. g. Auskünfte danke ich der Firma *edding*.

seine Rechte erloschen sind, müssen Sie mit Ihrem Vermieter sprechen (z. B. dem Stadtbauamt).

Ebenso wirkungsvoll kann es sein, wenn Sie einen Sprayer engagieren, der für Sie legal einen sogenannten *character* an Ihre Wand sprüht, die anspruchsvollste Form eines *Graffitos*. Das sind großflächige, farbenfrohe und kunstvolle Bilder. Sie könnten ein bibliotheksbezogenes Motiv in Auftrag geben und würden durch die moderne Kunstform an Ihrer Wand zugleich Jugendlichkeit signalisieren.[99] Aktuell ist eine deutliche Tendenz ablesbar, dass Schäden durch *Graffiti* im öffentlichen Raum zurückgehen. Die ergriffenen Maßnahmen zeigen Erfolg. Fazit: Das wirkungsvollste Konzept gegen *Graffiti* lautet „Ade": Anzeigen – Dokumentieren – Entfernen.

Diebstahl

Eines der drängendsten Probleme der Bibliotheken ist nach wie vor und wohl für immer: der Diebstahl – und nicht nur der durch Nutzer. Zumindest was den Einzelhandel angeht, so sagt man, dass für etwa 25 % der Diebstähle Mitarbeiterinnen und Mitarbeiter verantwortlich sind.[100] Sind Verkäuferinnen und Verkäufer „schlechtere Menschen" als Bibliotheksmitarbeiterinnen und -mitarbeiter? Oder lassen sich die Zahlen auch grob auf Bibliotheken übertragen? Schon Eco warnte: „Es gibt Menschen von guter Bildung, zufriedenstellender wirtschaftlicher Lage, öffentlichem Ansehen und so gut wie makelloser Reputation, die Bücher klauen."[101]

Wir müssen folglich unterscheiden zwischen Gelegenheits-, Plan- und Innentätern.

Menschen stehlen aus vielerlei Gründen: wegen der Suche nach einem Nervenkitzel, aus Geldnot, pathologischen Gründen, wegen Armut, als Beschaffungskriminalität suchtkranker Menschen. Dass Gelegenheit Diebe macht, weiß der Volksmund. „Täglich werden aus den Regalen der deutschen Supermärkte und Kaufhäuser Waren im Wert von mehr als sechs Millionen Euro gestohlen."[102]

---

99 Jedoch: Kopenhagen, Oslo oder Helsinki haben positive Erfahrungen mit dem „Null-Toleranz-Prinzip" gemacht; hierzu zählt, dass gar keine Flächen für *Graffiti* zur Verfügung gestellt werden. Das Engagieren von *Graffiti*-Künstlern soll dort zu einer weiteren Ausbreitung auch im illegalen Bereich geführt haben (*Tagesspiegel* vom 11.11.2006: 11).
100 Manz: Ladendiebstahl, S. 1.
101 Eco: Kunst, S. 37.
102 *Tagesspiegel* vom 20.6.2012: 15.

In der Hotellerie wird das Wort „Diebstahl" durch „Schwund" ersetzt, und dieser ist beträchtlich: Jeder dritte Hotelgast lässt etwas mitgehen.

Was den Diebstahl am eigenen Arbeitsplatz angeht, so ist er nach gültiger Rechtsprechung des *Bundesarbeitsgerichts* Grund zu fristloser Kündigung. In der Nationalbibliothek eines unserer Nachbarländer beispielsweise haben nicht alle Mitarbeiter die Berechtigung, die geschlossenen Magazine zu betreten, was auch andere Gründe haben mag.

Heeg, als Vertreter des Bibliotheksverbandes, vertrat gegenüber der Wochenzeitung *Die Zeit* diesen Standpunkt: „Der Durchschnittsdieb klaut ein Buch, weil er es braucht",[103] was wahrscheinlich seiner persönlichen Einschätzung entspricht und keine gesicherte Erkenntnis ist. Dass Juristen und Theologen die meisten Bücher stehlen, gilt in der Bibliothekswelt als „gesicherte Erkenntnis". Diese hat es gar in ein Standardwerk zur Kriminologie geschafft.[104]

„Bei strafbaren Handlungen der Benutzer, zu denen die Tatbestände: Diebstahl, Unterschlagung, Sachbeschädigung des bzw. am Bibliotheksgut zählen, gehört es zu den Pflichten der Bibliothek, solche Straftaten zur Anzeige zu bringen", ist schon im Lehrbuch zu lesen.[105]

Wenden wir uns ein paar belegten Kriminalfällen aus der Praxis zu: Paul Raabe etwa, einer der bedeutendsten Bibliothekare seiner Generation, berichtet in seinen Memoiren von einem Vorfall, der sich in den 1950er Jahren in der *Landesbibliothek Oldenburg* zutrug: „Im Alltag der Bibliothek gab es aber auch Zwischenfälle. Eines Nachmittags meldete der Hausmeister dem Chef, daß an der Seitenfront des Zeughauses Bücher aus dem zweiten Stock hinausgeworfen und unten in einen Handwagen gepackt würden. Der Mann hatte, als er entdeckt wurde, das Weite gesucht. Aber im Hause mußte noch der Dieb sein, der die Bücher hinauswarf."[106]

Dem *Spiegel* war es eine ganze Seite wert: Ein Bibliothekar deckte eine Diebstahlsserie auf, die seiner Bibliothek einen Schaden von 250 000 € eingetragen hatte. Im Gericht: „Um 15 Uhr tritt der Bibliothekar der Universitätsbibliothek auf, ein leiser Mann, fünf Stunden lang hat er draußen gewartet. Er berichtet, wie er im Frühjahr 1998 zum ersten Mal bemerkte, dass wertvolle Bände seiner Bibliothek durch Attrappen ersetzt worden waren, so genannte Placebos. Wie er daraufhin Dutzende Auktionskataloge durchsuchte, bis er am Ende in Königstein im

---

103 http://www.zeit.de/studium/hochschule/2012-03/buecherdiebe-bibliotheken (29.9.2014).
104 Schwind: Kriminologie, S. 42.
105 Ewert/Umstätter: Lehrbuch, S. 131.
106 Raabe: Bücherjahre, S. 140.

Taunus fündig wurde – und auf den Namen eines Professors stieß."[107] Auf diese Art verschwanden über 100 Bücher.

Ein Beispiel aus dem Jahre 2001, als DVDs noch vergleichsweise teuer waren: „Gerade mit DVDs, also Videodiscs, hat Ursula Seibel, Amtsleiterin der Bezirksbibliothek im Einkaufszentrum ‚Forum Neukölln', schlechte Erfahrungen gemacht. Von den 200 Spielfilm-DVDs, die nach den Schulferien einsortiert wurden, seien gleich am ersten Tag 28 geklaut worden. ‚Die Diebe haben die Schatullen gewaltsam aufgebrochen.' Doch genug Personal für Kontrollen habe sie nicht."[108] Hier können sich Bibliotheken am Einzelhandel orientieren: Waren, die am diebstahlträchtigsten sind, werden im Sichtbereich der Kassen zum Verkauf angeboten (z. B. Zigaretten, Kondome, Batterien oder Rasierklingen).

Aber der entstandene Schaden lässt sich noch steigern: An der *Universitätsbibliothek Erlangen-Nürnberg* verschwanden über einen Zeitraum von 20 Jahren zoologische und botanische Bücher aus dem 18. und 19. Jahrhundert. Diese waren zusammen mindestens 800 000 € wert und wurden vom Hausmeister entwendet. Er verkaufte die Bücher an einen Hehler, dieser leitete sie an namhafte Auktionshäuser weiter, welche sich an der Provenienz nicht störten und reichlich Gewinn machten. Der entstandene Schaden fiel im Jahr 2004 auf, und die Revision eines Teilbestandes brachte der Direktion Klarheit.[109]

2008 berichteten Medien von einem Angestellten, der vom rechten Weg abgekommen war: „Er musste kein Schloss knacken, weil er in der Bibliothek wohnte und alle Schlüssel besaß. Jahrelang stibitzte ein Hausmeister der Uni Erlangen-Nürnberg wertvolle Werke, die ein Bekannter bei Auktionen zu Geld machte. Gesamtwert der Bücher: mehr als 100.000 Euro."[110]

Im Jahr 2010 sorgte ein Innentäter in der deutschen Fachwelt für Gesprächsstoff, der die historischen Bestände der *Niedersächsischen Staats- und Universitätsbibliothek Göttingen* dezimiert hatte. Er nutzte seine dienstliche E-Mail-Adresse, um Antiquariaten wertvolle Bücher anzubieten. Somit hatte das Ganze einen offiziellen Anstrich. Der leitende Bibliothekar flog erst auf, als ein niederländischer Buchhändler wegen einer zu günstigen Offerte stutzig wurde.[111]

Ein berühmter US-amerikanischer Historiker, sein Spezialgebiet waren die US-Präsidenten, von denen er auch einige persönlich interviewte, flog 2011 als

---

107 Goos: Placebo, S. 54.
108 *Tagesspiegel* vom 10.10.2001: 10.
109 Krischer: Stehlen, S. 48.
110 http://www.spiegel.de/unispiegel/studium/dreister-diebstahl-hausmeister-verhoekerte-buecherschaetze-aus-bibliothek-a-557170.html (17.11.2014).
111 http://www.goettinger-tageblatt.de/Nachrichten/Goettingen/Uebersicht/Vor-Prozess-gestorben (7.11.2014).

Dieb auf.[112] Der aus dem Fernsehen bekannte Wissenschaftler nutzte seine Prominenz aus, um etwa 10 000 Dokumente und Objekte in Bibliotheken zu stehlen. Der Schaden belief sich auf mehrere Millionen Dollar. Es war nicht nur die Strahlkraft seiner Erscheinung, perfiderweise brachte der Dieb gern Kuchen für das Bibliothekspersonal mit. Während sich die Kollegen über den Kuchen hermachten, räumte er mit einem Komplizen die Bestände. Vorsicht also, wenn Nutzerinnen oder Nutzer mit Kuchen kommen.

Ähnliche Fälle sorgen auch immer wieder im deutschsprachigen Raum für Furore: Ein promovierter Geowissenschaftler und Mitarbeiter des hessischen Wissenschaftsministeriums etwa entwendete in Bibliotheken rund 24 000 Bände und hortete diese in seinem Einfamilienhaus. Das älteste Buch stammte aus dem 16. Jahrhundert. Der Mann betrieb sein „Hobby" in vierzig deutschen und sogar zehn ausländischen Bibliotheken. Zu allem Ärger lagerte er die Bestände noch nicht einmal sachgerecht.[113] Diebe sind unauffällig oder freundlich; ein auffälliger und als unflätig bekannter Mensch wird als Dieb wenig erfolgreich sein, weil ihn seine Zeitgenossen argwöhnisch beäugen. Über den besagten Geowissenschaftler heißt es: „,Ein höflicher Mann, ... hervorragende Umgangsformen. Sonst wäre er bei uns ja auch nie so weit gekommen' ... ,Wir wussten nie genau, ob er nun eigentlich dienstlich oder privat hier war', sagte die Bibliothekarin. Das gehörte wohl zu seiner Masche."[114]

Ein umfangreicher Diebstahl ist ein Schlag ins Kontor und führte beispielsweise 2011 für Perus Nationalbibliothek sogar zu einer vorübergehenden Schließung.

In der Gelsenkirchener Stadtbibliothek sind 2013 zwei Kinder mit mehreren Playstation-Spielen aus einem Fenster im ersten Stock gesprungen. Sie entkamen unerkannt, aber nach Zeugenaussagen nicht unverletzt. Bei ertappten Kindern hat das Anzeigen hoffentlich einen pädagogischen Effekt; in der Regel müssen sie von ihren Eltern von der Polizeidienststelle abgeholt werden. Thiess weist auf eine Besonderheit hin, wenn Sie Kinder beim Diebstahl erwischt haben: „Werden Kinder als ,Täter' ermittelt und angehalten, so dürfen sie anschließend unter keinen Umständen ohne Genehmigung eines Erziehungsberechtigten allein nach Hause geschickt werden! Ist kein Erziehungsberechtigter erreichbar, ... so ist immer und ausnahmslos die Polizei anzufordern, der das Kind übergeben wird."

---

112 http://www.spiegel.de/unispiegel/wunderbar/millionen-beute-historiker-klaut-sich-durch-die-us-geschichte-a-814029.html (19.9.2014).
113 http://www.welt.de/regionales/frankfurt/article13906769/Wissenschaftler-klaut-riesige-Bibliothek.html (22.9.2014).
114 http://www.welt.de/print/wams/kultur/article13901901/Die-Rache-der-geraubten-Buecher.html (29.9.2014).

Somit soll verhindert werden, dass Kinder aus Angst nach der Tat weglaufen oder Schlimmeres unternehmen. Es ist übrigens ein weitverbreiteter Irrtum, dass man „Kinder nicht anfassen darf". Sie haben das Recht, ein auf frischer Tat ertapptes Kind bis zum Eintreffen der Polizei festzuhalten, falls seinerseits Fluchtgefahr besteht. Sie dürften sogar Gewalt anwenden. Aber achten Sie ganz besonders auf die Verhältnismäßigkeit!

Jedem Bibliotheksmitarbeiter ist klar: Nicht jedes Buch, das nicht an seinem Platz steht, ist gestohlen worden. Die *Universitätsbibliothek Augsburg* beschäftigt seit 2010 daher beispielsweise „Bücherdetektive", die Verstecke ausheben und verstellte Bücher wieder korrekt einstellen sollen, worüber gar die Tagespresse berichtete.[115]

Ja, Bibliotheken verfügen über attraktive Medien. Wenn ich als Diebin oder Dieb vor der Entscheidung stehe, wo ich beispielsweise eine aktuelle DVD stehle, so werde ich eine Bibliothek und nicht den Elektronikfachmarkt aufsuchen. Denn im Elektronikfachmarkt sind die Sicherungsmaßnahmen wesentlich besser. Damit können Bibliotheken gar nicht konkurrieren.

Im Vorfeld können Bibliotheken trotzdem vieles tun, um sich gegen Diebstahl zu schützen, und sie haben darin Erfahrung. Früher gebrauchten sie Bücherflüche und Kettenbücher, heute kommen unter anderem Buchsicherungsanlagen zum Einsatz. Doch das hilft nicht, wenn die kriminelle Energie groß und die Täter geschickt sind.

Prävention beginnt im Kleinen: Wenn Sie verhindern möchten, dass einzelne Seiten aus Tageszeitungen entwendet werden, können Sie diese zusammentackern. Selbst Toilettenpapier wird in Bibliotheken häufig entwendet, hin und wieder Seife abgefüllt und davongetragen.

Schaffen Sie, sofern es baulich irgend geht, ausreichend Möglichkeiten, dass die Nutzerinnen und Nutzer ihre Taschen und Mäntel ablegen können: Zu wenig Schließfächer oder mangelnde Kapazitäten der Garderobe führen schnell dazu, dass der erste Teil der Besucher ablegen muss, der zweite dazu keine Gelegenheit mehr hat und so eintreten darf. Solch Ungleichbehandlung der Nutzer kann der Stimmung in der Bibliothek schaden. Die Sinnhaftigkeit einer Garderobenpflicht lässt sich in Zweifel ziehen, spätestens, wenn eine Bibliothek mit einer Buchsicherungsanlage ausgestattet ist und sie über wenig kostbaren Sonderbestand verfügt.

Diebstahl lässt sich teilweise schon durch eine sparsame Körperbewegung verhindern: durch Kopfnicken. Falls es die Anzahl Ihrer Bibliotheksnutzer zulässt, ist es empfehlenswert, ein freundliches Nicken zur Begrüßung einzusetzen. Der

---

115 http://www.augsburger-allgemeine.de/augsburg/Test-Diebstahl-in-der-Unibibliothek-id9696366.html (19.9.2014).

ehrliche Nutzer fühlt sich damit positiv angenommen, der mit bösen Absichten fühlt sich wahrgenommen und beobachtet. Auch Schlagfertigkeit kann helfen: In Mittelfranken kam ein Mann grußlos in eine Bibliothek, die über nennenswerten Altbestand verfügt. Der Unbekannte eröffnete das Gespräch mit der Frage: „Was ist denn da in dem Panzerschrank?" Die diensthabende Bibliothekarin entgegnet lapidar: „Och, nur alte Bücher!", worauf der Mann auf dem Hacken kehrt macht.

Besonders in den ruhigeren Tagesabschnitten wird gestohlen. „Das sind Zeiten, in denen Mitarbeiter gerne private Informationen austauschen. Sie sollten lernen, den Alltag bewusster zu erleben. Sie sollten sich zur richtigen Zeit unterhalten ...", rät die Polizei.[116] Gerade in den frühen und späten Öffnungsstunden Ihrer Bibliothek bieten sich daher kleine Rundgänge durch ihre Räume an.

Erfahrene Kaufhausdetektive wissen zu berichten, dass der Sicherungsblick unmittelbar vor der Tat als untrügliches Zeichen für einen bevorstehenden Diebstahl gilt. Wer seinen Arm an den Körper presst, könnte etwas unter der Oberbekleidung verbergen. Die meisten Diebe stecken sich das Diebesgut in die Kleidung.

Falls Sie den begründeten Verdacht haben, dass ein Besucher etwas in Ihrer Bibliothek gestohlen hat, so sprechen Sie ihn an, und äußern Sie diesen Verdacht höflich und ruhig. Sagen Sie besser nicht: „Sie haben etwas gestohlen!", denn auch juristisch bewegten Sie sich nun auf dünnem Eis. Vermeiden Sie die Begriffe „Dieb" und „Diebstahl". Wenden Sie sich an den Nutzer, die Nutzerin, mit zum Beispiel: „Entschuldigen Sie bitte, wir müssen eine Unstimmigkeit klären. Bitte begleiten Sie uns." oder mit: „Dürfte ich bitte einmal in Ihre Handtasche schauen?". Sie können sich im übertragenen Sinn auch hinter anderen Nutzern verstecken, sich selbst aus der „Schusslinie" nehmen und sagen: „Ein anderer Nutzer glaubt beobachtet zu haben, dass Sie etwas eingesteckt haben." Halten Sie Abstand, um einem jetzt möglichen Angriff zu entgehen. Vermeiden Sie es, den in Verdacht geratenen Nutzer bloßzustellen: Bitten Sie ihn, jedoch nie allein, in einen separaten Raum, um seine Taschen zu öffnen. Ist er unter den Augen der Öffentlichkeit ob seiner Tat peinlich berührt, so kann dies heftige Aggressionen auslösen.

Übrigens ist auch der versuchte Diebstahl strafbar, Sie können und sollten ihn zur Anzeige bringen.

Wenn es in der Benutzungsordnung bzw. den AGB bzw. der Hausordnung eine Klausel gibt, die Taschenkontrollen androht, so sind diese bei einem konkreten Anlass auch von Mitarbeitern durchzuführen.[117] Der mutmaßliche Täter kann eine etwaige und nötige Einwilligung zur Durchsuchung jederzeit, auch während

---

116 *Landesrat für Kriminalitätsvorbeugung*: Ladendiebstahl, S. 13 f.
117 zur rechtlichen Einordnung vgl. Holland: Taschenkontrollen.

der Durchsuchung, widerrufen. Nur die Polizei darf indes *ohne* die Zustimmung des Verdächtigen in seine Taschen sehen. Eine Leibesvisitation des mutmaßlichen Diebes durch Bibliotheksmitarbeiter kommt keinesfalls infrage; sie wäre auch viel zu gefährlich. Und: „Ein Kunde, der eine Kontrolle verweigert, wenn es an einem konkreten gegen ihn gerichteten Verdacht fehlt, kann auch nicht wegen Störung des Geschäftsbetriebes mit einem Hausverbot belegt werden."[118]

Fordern Sie etwaiges Diebesgut mit einer unterstreichenden Geste zurück: mit der ausgestreckten Hand. Unter Stress reagieren wir besonders auf Körpersprache, und Sie haben dergestalt zumindest das Medium gerettet, falls der Dieb anschließend flieht. Wenn Sie sich persönlich bestohlen fühlen, weil Sie sich so sehr mit Ihrer Bibliothek und dem Bestand identifizieren, kann die Situation mit einem ertappten Dieb besonders schnell eskalieren.

Ist der Dieb sofort geständig oder zumindest nicht auf Konfrontation aus, so warten Sie gemeinsam auf die gerufene Polizei. Holen Sie sich einen Kollegen hinzu und ziehen Sie sich in einen eigenen Raum zurück. Handelt es sich um eine Dieb*in*, so ist es ratsam, eine Kolleg*in* während des Wartens auf die Polizei dazu zu bitten. Bei erfahrenen Diebinnen laufen Sie als Mann sonst unter Umständen Gefahr, dass Sie anschließend grundlos der sexuellen Belästigung beschuldigt werden.

Gehen Sie immer *hinter* einem Tatverdächtigen und wahren Sie Abstand. Es ist nicht ratsam, ihn anzufassen. Die Erfahrung lehrt, dass die meisten ertappten Diebe auf das Eintreffen der Polizei warten. „Normale Bürger", und die meisten Diebe sind als solche zu bezeichnen, fliehen nicht. Falls der ertappte Dieb bereit ist, Ihnen seine Papiere und das Diebesgut auszuhändigen, so können Sie auf die Polizei verzichten. Notieren Sie seine Personendaten, und veranlassen Sie die Bibliotheksleitung, Anzeige zu erstatten.

Entwerfen Sie für Ihre Bibliothek ein Formular, das Sie mit „Strafanzeige wegen Diebstahls" überschreiben und vermerken Sie hier als Erstes: „Hiermit erstatten wir Strafanzeige wegen Diebstahls und stellen zugleich Strafantrag (§ 77 StGB)." Zu den zu notierenden Angaben zum Beschuldigten zählen: vollständiger Name, Adresse, Geburtsdatum und -ort, Staatsangehörigkeit, Ausweis- bzw. Pass-Nummer, dessen Ausstellungsort mit Datum, ferner Tatort, Tatzeit, Aufzählung der entwendeten Medien oder Gegenstände, Schilderung des Vorgangs, Zeugen mit Anschrift und Unterschrift, Unterschrift des Beschuldigten, Stempel der Bibliothek sowie Unterschrift des ausfüllenden Bibliotheksmitarbeiters.

Der dringende Tatverdacht reicht nach herrschender Meinung *nicht* aus, einen vermeintlichen Dieb festzuhalten. Hier sind Sie auf seine Kooperation

---

[118] vgl. *Bundesvereinigung Deutscher Bibliotheksverbände*: Entscheidungssammlung, S. 188.

angewiesen. Es ist ja ohnehin denkbar, dass er sein eigenes, in die Bibliothek mitgebrachtes Buch eingesteckt hat.

Wenn Sie eine Diebin oder einen Dieb indes auf frischer Tat erwischen, was selten genug vorkommt, dann haben Sie das Recht, sie bzw. ihn bis zum Eintreffen der Polizei festzuhalten – für den Fall, dass Fluchtgefahr besteht. In der *Strafprozessordnung* heißt es in § 127 Abs. 1 zur vorläufigen Festnahme: „Wird jemand auf frischer Tat betroffen oder verfolgt, so ist, wenn er der Flucht verdächtig ist oder seine Identität nicht sofort festgestellt werden kann, jedermann befugt, ihn auch ohne richterliche Anordnung vorläufig festzunehmen."

Wenn Ihre Diebstahlsicherungsanlage anspricht, bedeutet dies auch „auf frischer Tat", und der vermeintliche Dieb müsste festgehalten werden.[119] Hierbei dürften Sie sogar Gewalt anwenden. Doch dies sollten Sie sich wohl überlegen! Oftmals ist es sicherlich in Ihrem eigenen Interesse, sich dem Dieb nicht in den Weg zu stellen, wenn er die Flucht ergreift. Ziehen Sie bei Ihrer Überlegung auch in Erwägung, dass Diebe bei ihrer Tat einen hohen Stresspegel haben, der sie mitunter schnell unberechenbar werden lässt, wenn sie erwischt werden. Deswegen ist es ohne einen Sicherheitsdienst in der Bibliothek auch vollkommen untauglich, automatisch verriegelnde Türen am Ausgang zu installieren, die sich bei der Auslösung der Buchsicherungsanlage für eine gewisse Zeitspanne nicht öffnen lassen.

Man kann hoffen, dass eine Buchsicherungsanlage abschreckende Wirkung zeigt. Denn Bibliotheksmitarbeitern bereitet sie eigentlich nur Probleme: Solange die Anlage nicht anspricht, können sie ruhig ihrer Arbeit nachgehen. Was aber, wenn der Alarm aktiviert wird? „Eine Sicherungsanlage ist keine Diebesfanganlage."[120] In einigen Bibliotheken, so kann jeder beobachten, wird nicht einmal mehr hochgesehen; die Nutzer verlassen unbehelligt die Bibliothek. In anderen hingegen wird jedes Mal ein Alarmprotokoll ausgefüllt, das der Nutzer unterschreiben muss.

Die Mitarbeiter am Tresen können einen von der Buchsicherungsanlage angezeigten Diebstahl noch verhindern, wenn sie dem potenziellen Dieb hinterhergehen und rufen: „Bitte warten Sie: Wir haben vergessen, etwas zu verbuchen." Ohne sein Gesicht zu verlieren, kann der Dieb, so er einer ist, dann umkehren und das Medium verbuchen lassen oder zurückgeben. Dieses Vorgehen hat außerdem präventiven Charakter.

Effektiver ist eine Buchsicherungsanlage nur, wenn auch Sicherheitspersonal zur Verfügung steht, um auf ein Alarmsignal zu reagieren.

---

119 Rasche: Hausverbot, S. 737.
120 Wegner: Mediensicherung, S. 78.

Auch der Zugang zu den Toiletten muss durch eine Buchsicherungsanlage geschützt werden, damit Nutzerinnen und Nutzer keine Medien in die WCs schleusen können, um sie dort für einen Diebstahl zu präparieren.

Nur am Rande: Die Wirtschaftlichkeit einer Buchsicherungsanlage sollte, auf die jeweilige Bibliothek zugeschnitten, ohnedies gut abgeschätzt werden. Eine Revision ist aufwendig,[121] könnte jedoch Hinweise darauf geben, wie hoch die Diebstahlquote überhaupt ist. Überragen die Kosten einer Buchsicherungsanlage samt Sicherungsstreifen für jedes Medium nicht den finanziellen Verlust der wahrscheinlich gestohlenen Medien um ein Vielfaches? Ähnlich scheint der deutsche Einzelhandel zu kalkulieren: „Nicht einmal 10 Prozent der Läden sind in Deutschland mit einer Warensicherungstechnologie ausgerüstet. In mittelständischen Betrieben sind sie die Ausnahme. Deutschland unterscheidet sich insofern deutlich von den USA, Frankreich oder den Niederlanden ..."[122]

Ist es sinnvoller, sich um die Attrappe einer Buchsicherungsanlage zu bemühen, in der Annahme, dass sie abschreckend wirkt?

Der Siegeszug der Radiofrequenz-Identifikation (RFID) wird auch Nutzen im Hinblick auf die Mediensicherung bringen. Bei der RFID „kommuniziert" ein auf dem Medium aufgebrachter Mikrochip (*Transponder*) mit einer Lese-Schreib-Station. „Im Bereich der Mediensicherung können die RFID-Durchgangsschleusen nicht nur ein unverbuchtes Medium anzeigen, sondern auch über eine spezielle Software identifizieren. Dies führt dazu, dass gestohlene Medien nicht länger im Bibliothekssystem als verfügbar registriert sind und die Bibliotheksbesucher vergeblich das Medium suchen. Da bei der RFID-Technologie eine echte Kommunikation zwischen dem Transponderetikett und der Anlage aufgebaut wird, sind Fehlalarme nahezu ausgeschlossen."[123] Dies gilt jedoch nur solange, wie der Dieb den *Transponder* nicht vor dem Entwenden des Mediums zerstört, ablöst oder abschirmt.

Falls Sie einen Nutzer dabei erwischen, wie er einen Sicherungsstreifen oder einen *Transponder* von einem Medium entfernt, können Sie davon ausgehen, dass er es anschließend auch stehlen wollte. Was Sie jedoch beobachtet haben, ist lediglich eine Vorbereitungshandlung zu einem Diebstahl und somit straflos. Die erfolgte gemeinschädliche Sachbeschädigung indes lässt sich ahnden.

Moderne Sicherungssysteme können statt eines akustischen Alarms auch eine Durchsage Ihrer Wahl abspielen. Gut wäre auch hier beispielsweise: „Bitte

---

121 Ein Beispiel: Als sich die *Herzog August Bibliothek Wolfenbüttel* 2004 dazu entschloss, eine Gesamtrevision durchzuführen, ging sie beherzt zur Sache, wohl wissend, dass die letzte im Jahr 1796 angegangen wurde (Stäcker: Altbestandsrevision, S. 68).
122 Manz: Ladendiebstahl, S. 3.
123 Randecker: RFID, S. 12.

gehen Sie noch einmal zur Verbuchung. Unser System hat ein Medium nicht erfasst."

Wenn ein Ergreifen eines Diebes bzw. einer Diebin für Sie ausscheidet, prägen Sie sich die Person so gut es geht ein, um detaillierte Angaben machen zu können. Alarmieren Sie unverzüglich die Polizei. Geben Sie am Telefon an, dass sich die Person vom Tatort entfernt hat: Die herbeieilenden Funkwagenbesatzungen können sie vielleicht während der Anfahrt noch im Umfeld der Bibliothek ausmachen und festnehmen.

Haben Sie, vielleicht aus einem spontanen Impuls heraus, den flüchtenden Dieb festgehalten und trotz Gegenwehr unter Kontrolle gebracht, so lassen Sie auf alle Fälle die Polizei kommen. Wenn der Nutzer so viel aufs Spiel setzt, könnte es gut sein, dass ein offener Haftbefehl gegen ihn vorliegt. So bringen Sie Ihre Bibliothek vielleicht einmal in die Medien ...

Öffentliche Bibliotheken gehen drastischer gegen Diebe vor, sprechen deutlich mehr Hausverbote aus und erstatten häufiger Anzeige als wissenschaftliche Bibliotheken, befindet Wegner.[124] Zeigen Sie *grundsätzlich jeden* Dieb an. Bei Jugendlichen und Erwachsenen wissen Sie nicht, ob bereits wegen ähnlicher Delikte ermittelt wird. Vielleicht handelt es sich bei dem von Ihnen ertappten Dieb ja um einen Serientäter? Vielleicht wurde er schon mehrfach von anderen gutmütigen Kollegen laufen gelassen? Der bibliothekarische Zeigefinger tut es hier nicht. Nehmen Sie Ihre gesellschaftliche Verantwortung ernst, es geht schließlich auch nicht um Ihr privates Eigentum.

Selbstredend kann Ihnen aber auch privates Eigentum in der Bibliothek abhandenkommen. Kennzeichnen Sie es, wie ja auch Inventar gekennzeichnet wird. Einen besonders dreisten Diebstahl musste beispielsweise eine Bibliotheksmitarbeiterin einer öffentlichen Bibliothek im Münsterland über sich ergehen lassen: In den Bibliotheksräumen leistete sie in einem medizinischen Notfall Erste Hilfe. Verständlich, dass sie unter dieser Belastung nicht bemerkte, wie ihr ein Nutzer das Portemonnaie aus der Hosentasche stahl.

Falls eine Bibliothek stark von Dieben frequentiert werden, sollte das Personal darin ausgebildet werden, in Verdachtsfällen oder bei Diebstählen adäquat zu reagieren. Proben Sie im Kollegium mithilfe von praktischen Übungen.

Wenn Sie es mit einem mutmaßlichen Dieb in Ihrer Bibliothek zu tun haben: Sehen Sie davon ab, ihn selbst zu überführen. Diebstahlermittlungen werden professionell von der Polizei durchgeführt. Das Stellen von „Diebesfallen" etwa kann Ihrer Bibliothek zum Nachteil gereichen. Außerdem machen sich selbst ernannte Detektive bei ihren Nachforschungen häufig selbst strafbar. Anders sieht es mit einer gründlichen Dokumentation aus: Markieren Sie auf einer Übersicht Ihrer

---

[124] Wegner: Mediensicherung, S. 79.

Bibliothek, wo Diebstähle aufgefallen sind oder abgerissene Sicherungsstreifen gefunden wurden. Dies kann später helfen. Anhand der entwendeten Medien können Sie vielleicht gar ein „Täterprofil" erstellen, welches der Polizei hilft. Wenn Ihre Probleme überhandnehmen, können Sie auch vorübergehend professionelle Detektive engagieren.

In *Karstadt*-Filialen hängen Hinweisschilder, die kundtun: „Im Interesse unserer ehrlichen Kunden zeigen wir jeden Ladendieb an, fordern wir von jedem Ladendieb Schadenersatz, erteilen wir jedem Ladendieb Hausverbot." Dieses Hausverbot gilt dann für alle Häuser, im ganzen Land. *Galeria Kaufhof* verfährt genauso.

Einbruch

Die technische Kriminalprävention stellt den Einbruchschutz mittels Sicherungstechnik in den Mittelpunkt. Als Informationsquellen gibt es im Internet zahlreiche Angebote, auch der Polizeien oder herstellerneutrale Webauftritte.[125] Spezialisierte Polizeibeamtinnen und -beamte beraten auch vor Ort und besichtigen Ihre Örtlichkeiten. Technische Sicherungsmaßnahmen führen an unserem Thema vorbei. Daher nur am Rande: Eine künstliche DNA wird derzeit erprobt, um Einbrechern und auch Dieben das Leben schwerer zu machen; ihr Entdeckungsrisiko steigt dadurch: Eine durchsichtige Markierungsflüssigkeit ist mit einem individuellen Code und mit codierten Kunststoffplättchen (*Microdots*) ausgestattet. Sichtbar wird dies nur unter dem Licht einer speziellen UV-Taschenlampe. Wertgegenstände können mit dieser Flüssigkeit markiert werden. Ein Abrieb oder eine Kontamination sind ausgeschlossen. Mittels einer Datenbank sind dann Rückschlüsse auf den rechtmäßigen Besitzer möglich, falls das Diebesgut andernorts aufgefunden wird. Für ausgewähltes Inventar ist der Einsatz von Markierungstinktur ein sinnvoller Baustein in der Diebstahlprävention.

Doch richten wir den Blick wieder auf verhaltensorientierte Prävention: Wenn Sie womöglich bei Dienstantritt feststellen, dass in Ihre Bibliothek eingebrochen wurde, so rufen Sie von außerhalb des Gebäudes die Polizei. Sollten Sie sich jedoch schon im Inneren der Bibliothek befinden, wenn Sie einen Einbruch vermuten, so verhalten Sie sich auffällig und machen Sie Lärm, damit Täter, die sich vielleicht noch im Gebäude befinden, fliehen können. Das Stellen von Straf-

---

125 Empfehlenswert ist: http://www.nicht-bei-mir.de (3.12.2014). Falls Sie zu den Entscheidungsträgern gehören, die für die Anschaffung sicherheitsrelevanter Einrichtungen verantwortlich sind (Zutrittskontrollen, Brandschutz etc.) sei Ihnen ein Besuch der etablierten Messe *Security* ans Herz gelegt, die seit über 40 Jahren stattfindet.

tätern gehört nicht zu Ihrem Aufgabengebiet und ist zu gefährlich. Sie wissen nicht, mit welch krimineller Energie die Täter vorgehen, ob nach ihnen aufgrund anderer Delikte bereits gefahndet wird – und sie ein Ergreifen unter allen Umständen verhindern wollen. Lassen Sie sich also nicht vom Jagdfieber packen, sondern bewähren Sie sich als Zeuge. Beobachten Sie, was es zu beobachten gibt: Fluchtweg, Fluchtfahrzeug, Täterbeschreibung.

Tauschen Sie sich im Team *nicht* über Ihre Beobachtungen aus. Die Wahrnehmung von uns Menschen ist ohnehin eingeschränkt. Der Polizei ist nicht geholfen, wenn sie aus mehreren Mündern dieselbe, abgestimmte Zeugenaussage erhält.

Sie kennen es aus jedem Krimi: Berühren Sie nichts im Raum, belassen Sie ihn so, wie er aktuell ist. Räumen Sie nicht auf! Fertigen Sie eine Liste mit Gegenständen oder Medien, die auf den ersten Blick fehlen.

Wenn sich Ihre erste Aufregung gelegt hat, so überlegen Sie schon einmal: Verhielten sich Nutzer vor oder nach der Tat auffällig oder abweichend? Waren in der Bibliothek im Vorfeld der Tat Dienstleister oder Handwerker tätig?

Liefen auffällige Anrufe auf, die vielleicht Ihre Anwesenheit abprüfen sollten?

Einbrüche gehen oft einher mit Vandalismus, ein Beispiel: Täter setzten 2005 eine Bibliothek in Berlin-Wedding in Brand. Das Löschwasser der Sprinkleranlage vernichtete Medien und Mobiliar im Wert von 50 000 Euro, sodass der Betrieb der Bibliothek für längerer Zeit eingestellt werden musste.

(Vermeintlicher) Bombenfund

Vor geraumer Zeit erhielt ich die Mail eines Bibliotheksleiters einer Hochschule in Rheinland-Pfalz. Er schrieb, dass er in der letzten Auflage dieses Ratgebers einen Hinweis vermisst habe, wie mit vermeintlichen Bomben in Bibliotheken umzugehen sei. Er schilderte, wie er zu dem Buch gegriffen habe, nachdem in der Bibliothek ein Gepäckstück aufgefallen war, welches sich so schnell niemandem zuordnen ließ. Der Bibliotheksleiter führte an, dass seine Bibliothek regelmäßig von Gastdozenten oder -studierenden aufgesucht würde und diese häufig Gepäck dabei hätten. Seine Lösung seinerzeit war: „Da uns nichts Besseres einfiel, wir es aber auch nicht auf sich beruhen lassen wollten, habe ich den Koffer letztlich unter Zeugen geöffnet (die Zeugen für den sehr wahrscheinlichen Fall, dass es sich letztlich doch als Privatgepäck erweist). Wirklich schlau war das wahrscheinlich nicht, aber was macht man in einem solchen Fall?"

Das Auftauchen unbekannter Gepäckstücke ist gar nicht bibliotheksuntypisch. Auch wohnungslose Menschen betreten die Bibliothek häufig mit Gepäck.

Eine erste Hürde ist zumeist eingebaut, da ja fast alle Bibliotheken den Zugang mit größerem Gepäck zu unterbinden suchen. In den letzten Jahrzehnten hat sich sicherlich eine Sensibilität auch in der breiteren Öffentlichkeit herausgebildet, was mögliche Sprengstoffanschläge und herrenloses Gepäck angeht. Wer also sein Gepäck über längere Zeit unbeaufsichtigt im öffentlichen Raum zurücklässt und niemanden darüber informiert, der hat die Verantwortung zu tragen, wenn sich ein größerer Apparat in Bewegung setzt.

Was also ist zu tun bei Verdacht auf einen sprengfähigen Gegenstand in Ihrer Bibliothek?

Wir wissen, dass Bibliotheken nicht als primäres Angriffsziel für Terroristen gelten. Anschläge kamen bislang nicht vor. Doch es birgt stets ein Risiko, von der Vergangenheit auf die Gegenwart zu schließen. Der Fachmann sagt klipp und klar: „Jeder verdächtige Gegenstand ist so lange als gefährlich anzusehen, bis die Ungefährlichkeit eindeutig nachgewiesen ist. Dieser Nachweis wird ausschließlich durch entsprechend geschultes Fachpersonal erbracht ..."[126]

Sperren Sie den Fundort weiträumig ab, – und das lieber einmal zu viel als einmal zu wenig.

Greifen Sie zum Telefon und rufen Sie die Polizei. Sie interessiert sich dafür, wie das Gepäckstück bzw. der Gegenstand aussieht, wo er sich befindet, wie lange er schon am Ort liegt, ob Geräusche oder Gerüche wahrnehmbar sind, welche Versorgungsleitungen in der Nähe des Fundorts sind, welche anderen Gefahrenquellen sich in seiner Nähe befinden und ob sich verdächtige Personen in der Nähe aufhalten.

Interessant könnte hierbei sein, ob sich das Verhalten eines Anwesenden von dem der anderen unterscheidet. Beim Sprengstoffanschlag auf den Marathon in Boston im Jahr 2013 beispielsweise verließ einer der Täter gemächlich den Tatort, wohl in dem Glauben, er verhalte sich unauffällig – während um ihn herum das Chaos tobte und die Menschen panisch in alle Richtungen rannten. Videoaufnahmen belegen dies.

Positionieren Sie Einweiser, die den eintreffenden Polizeibeamten schnell den Weg zeigen können.

Bitte glauben Sie nicht, dass Sprengsätze zu ticken haben, auch wenn das in Zeichentrickfilmen immer der Fall ist. Sie können durchaus ticken (Uhrzünder), müssen es aber nicht.

Die Größe des Gegenstandes sagt auch nichts über seine Gefährlichkeit.

Berühren Sie das Fundstück nicht und verändern Sie nicht seine Lage. Legen Sie es schon gar nicht „zur Sicherheit" in Schubladen oder Schränke. Solcherlei ver-

---

126 Preuß: Sprengstoffe, S. 116.

dämmende Behältnisse würden im Ernstfall die Druckwelle bei einer Detonation stark erhöhen.

Anders als bei einem Brand sollten die Fenster und Türen im Gebäude geöffnet werden, um ggf. einen Druckausgleich zu ermöglichen.

Unterlassen und unterbinden Sie die Kommunikation mit Mobiltelefonen in der Nähe des Gegenstandes.

Der Gegenstand darf keinen unnötigen Umwelteinflüssen ausgesetzt werden (Temperatur, Licht, funk- oder elektromagnetischen Wellen von Computern oder Telefonen).

Es könnte durchaus sein, dass sich mehrere verdächtige Gegenstände im Gebäude befinden.

Personenschutz – also auch der Eigenschutz – geht vor Sachschutz, was besonders Bibliothekspersonal ins Stammbuch geschrieben werden muss. Lassen Sie die Inkunabel Inkunabel sein.

Überlassen Sie alles Weitere den Profis, gerade auch die Risikoeinschätzung.

Beleidigungen

Beleidigungen kränken, und in dem Verb steckt nicht ohne Grund das Adjektiv „krank". Es geht an niemandem spurlos vorbei, wenn er häufig beleidigt wird.

Wer Sie provoziert, hat unter Umständen Übung darin, Zeitgenossen zu provozieren. Das Ignorieren etwaiger Provokationen kann seinerseits provozieren. Zeigen Sie also gleich klar und gelassen die Grenzen auf, wenn ein Nutzer anfängt, Sie persönlich anzugreifen oder zu beleidigen. Provokationen oder Aggressionen zu ignorieren, signalisiert Ihrem Gegenüber, dass Sie es nicht ernst nehmen. „Provokationen sind besonders dort häufig, wo ein starkes Machtgefälle besteht, und sie erfolgen im Normalfall von unten nach oben. Der unangefochten Überlegene braucht keine Provokation, um seine Macht zu beweisen."[127] Als Mitarbeiter einer Bibliothek, als Mitarbeiterin des öffentlichen Dienstes sitzen Sie öfter am längeren Hebel, als es Ihnen vielleicht bewusst ist. Auch Sie sind mit Macht ausgestattet.

Das Strafgesetzbuch bleibt die Antwort schuldig, was als Beleidigung aufzufassen ist; darüber befinden Gerichte. Hierfür müssten Sie ggf. einen Strafantrag stellen; von der Amtsanwaltschaft werden Ermittlungen wegen Beleidigungsdelikten aber mit großer Wahrscheinlichkeit eingestellt, weil eine alleinige Beleidigung nicht groß ins Gewicht fällt. Aber die Antragstellung *kann* Signalwirkung

---

[127] Paris: Stachel, S. 68.

für den beleidigenden Nutzer haben. Dies gilt auch für Österreich. Eine Privatanklage beim Strafgericht ist hier möglich.

Es gibt Bibliotheksmitarbeiterinnen und -mitarbeiter, denen es regelrecht den Atem verschlägt, wenn sie von Nutzern beleidigt werden. Sie geben an, dass sie dann wie paralysiert seien. In der Tat ist eine Beleidigung ein Reiz, der starke körperliche und unfreie Reaktionen hervorrufen kann. Beleidigungen und dumme Sprüche lassen sich auch auffassen als „Test auf Opfertauglichkeit"[128].

„Damit eine Provokation gelingt, ist es zweckmäßig, den anderen zu überraschen. Wenn sie ihn unvorbereitet, sozusagen aus heiterem Himmel trifft, wird er unwillkürlich so reagieren, daß er sich entlarvt. Provokationen bedürften eines Elements spontaner Überwältigung, einer Inszenierung von Plötzlichkeit, ohne dass ihre Erfolgschancen rapide sinken. Wer eine Provokation erwartet, lässt sich nicht so leicht provozieren."[129] Erwarten Sie sie also. Wer sich ein dickeres Fell zulegt, kann gelassener bleiben, vielleicht sogar mit einem souveränen Lächeln auf die Beleidigung kontern oder ironisch fragen: „Was kann ich für Sie tun?". Es existieren zahlreiche Reaktionsmöglichkeiten, die auf eine Beleidigung folgen können. Reden Sie sich zunächst ein, dass Beleidigungen nur Worte sind, die Sie nicht wirklich (=körperlich) verletzen können. Führen Sie sich vor Augen, dass Sie selbst von sich ganz genau wissen, dass Sie keine „Thekenschlampe" oder kein „Bürokratenarsch" sind.

Am Rande: Der bibliothekarische Beruf zählt zu den ältesten der Menschheit.[130] Nun lässt sich attestieren, dass in der Sprachgeschichte, je älter ein Beruf ist, es umso mehr Schimpfwörter für ihn gibt.[131] Der Bibliothekar steht hier außen vor, im Gegensatz zu anderen alten Berufen (z. B. Arzt, Geistlicher, Prostituierte). Es zeigt sich wieder einmal, dass dem bibliothekarischen Berufsstand allgemein nicht viel Aufmerksamkeit entgegengebracht wird.

Auf der Erde leben derzeit über 7 Milliarden Menschen. Wenn Ihnen ein Nutzer Kummer macht, Sie ärgert und in Ihren Augen ein „Idiot" ist, so haben Sie es folglich nur mit einem Siebenmilliardstel der Menschheit zu tun. Wenn das nicht tröstlich ist ...

Die Bibliothekarin einer Großstadtbibliothek demonstriert, wie „kreativ" und scheinbar schlagfertig man auf Beleidigungen reagieren kann, wenn man sich mental darauf vorbereitet hat: Der sogenannte „Mutterfluch" ist auf der ganzen Welt verbreitet, er wird jedoch besonders häufig von in patriarchalischen Gesellschaften aufgewachsenen Männern benutzt. Der Bibliothekarin wurde also

---

128 Krefft: Austeilen, S. 31.
129 Paris: Stachel, S. 60.
130 Rost: Bibliothekar, S. 7.
131 Kiener: Wort, S. 159.

verschiedentlich an den Kopf geworfen: „Ich f**** Deine Mutter!" Sie log, wie ich finde, entwaffnend: „Dafür müssen Sie auf den Friedhof gehen. Viel Spaß!" und erntete verdutzte Sprachlosigkeit. Auf diese Art legte sie sich einen Schutzschild parat, den sie fortan ergreifen kann, wenn ihr diese Beleidigung an den Kopf geworfen wird.

Situationsunabhängig können Sie auf eine Beleidigung auch entgegnen:
- „Oh, können wir diesen Teil überspringen?"
- „Gibt es Sie auch in ‚nett'?"
- „Wissen Sie, ich entscheide immer noch selbst, wer mich beleidigen kann. Sie stehen da nicht auf meiner Liste!"
- „Ist ja mal was ganz anderes!"
- „Diese Beleidigung habe ich noch nie gehört."
- „Darüber habe ich mir schon früher ein mildes Lächeln nicht verkneifen können."
- „Das passt nicht in diesen Raum!"
- „Mit Ihnen habe ich nichts zu besprechen!"
- „‚Dämlich', sagen Sie? Was verstehen Sie darunter?"

Wenn Sie mit (Ihrem!) Humor reagieren, bewegen Sie sich auf einem schmalen Grat. Eine humorvolle Reaktion kann durchschlagenden Erfolg haben oder aber vollkommen missverstanden werden. Nichts beschleunigt Konflikte mehr, als wenn sich Ihr Kommunikationspartner nicht ernst genommen fühlt. Es existiert daher kein Patentrezept.

Berckhan wirft in ihrem empfehlenswerten Buch *Die etwas intelligentere Art, sich gegen dumme Sprüche zu wehren* auf: „Der ganz alltägliche Angriff ist dumm, dreist und unhöflich. Zeichen von Intelligenz und Tiefsinn werden Sie nicht finden. Also warum wollen Sie sich mit der Antwort besondere Mühe geben? Warum sollten Sie Ihre persönlichen Rohstoffe wie Intelligenz, Gefühl und Aufmerksamkeit verschwenden?"[132] Daher schlägt sie vor, den „Angreifer" ins Leere laufen zu lassen. Berckhan macht deutlich, dass zwar auf jede Beleidigung reagiert werden muss. Dies kann aber, durchaus wirkungsvoll, wortlos oder zweisilbig erfolgen. Sie schlägt unter anderem diese beiden Strategien vor: Keine Antwort kann auch ein Zeichen von Souveränität sein, ihre wortlose Strategie daher: Starren Sie Ihr Gegenüber nach einer Beleidigung an, als stünde ein Außerirdischer vor Ihnen. Entgegen Sie nichts. Sie können dem Nutzer auch freundlich zulächeln, als träfen Sie einen alten Bekannten wieder. Entgegen Sie nichts. Sie können lächeln, als seien Sie soeben erleuchtet worden. Entgegen Sie nichts.

---

[132] Berckhan: Art, S. 34.

Ferner rät sie zur zweisilbigen Strategie, durch die „Kontra-Worte": „Aha!", „So, so!", „Oh je!" oder „Ach, was!"

Diese Strategie ist sehr effektiv, wie auch Paris beipflichten würde: „Ihren Sinn erfüllt die Provokation nur, wenn der andere auch tatsächlich provoziert wird, wenn er auf die Provokation reagiert. Ohne die Reaktion verpufft der Übergriff einfach und endet in Peinlichkeit. Ein Provokateur, der mit seiner Provokation alleine bleibt, ist eine komische, manchmal tragische Figur."[133]

Wenn ein Nutzer Sie beleidigt hat, und Ihnen entfährt unwillkürlich eine beleidigende Erwiderung, so ist das zumindest strafrechtlich nicht relevant. Aber ein „Zurückbeleidigen" sollten Sie besser unterdrücken; Ihre Vorgesetzte bzw. Ihr Vorgesetzter würde es auch nicht gern sehen.

Falls Sie sich selbst im Ton vergriffen haben, bleibt Ihnen nur übrig, sich sofort zu entschuldigen und sich beispielsweise so zu erklären: „Es tut mir leid. Das hätte ich nicht sagen dürfen. Ich hatte heute schon drei sich beschwerende Nutzer und dieselbe Diskussion. Das rechtfertigt jedoch meinen Ausfall nicht. Und deshalb kann ich nur noch einmal sagen: Es tut mir leid!"

Sollten Sie übrigens verbeamtet sein, stehen Sie nicht besser da als Ihre übrigen Kolleginnen und Kollegen: Die Existenz eines Tatbestandes „Beamtenbeleidigung" ist ein populärer Irrtum.

Sollte Sie eine Beleidigung ins Mark getroffen haben und geschah dies nicht zum ersten Mal, so fertigen Sie eine Unfallanzeige: „Die unverzügliche Erstattung einer Unfallanzeige durch den Arbeitgeber beim zuständigen Unfallversicherungsträger bzw. Dienstherrn (Beamte) ist notwendig, um den Versicherungsfall zu melden. Speziell für die Bearbeitung von Versicherungsfällen mit psychischen Gesundheitsschäden haben viele Unfallversicherungsträger Experten ausgebildet, die den Betroffenen entsprechende Hilfsangebote vor Ort unterbreiten können."[134] Schwerwiegende Beleidigungen können Sie per Unfallanzeige aktenkundig machen.

Wenn ein Nutzer räumlich Distanz gewinnt und noch eben eine Beleidigung ausstößt, so hat das eine andere Qualität, als wenn er dies vis-à-vis macht. Wer im Büro arbeitet und regelmäßig schwirige Kundenkontakte hat, weiß, dass Menschen gern mit Türen knallen, wenn sie ihren Willen nicht durchsetzen konnten. Mit diesem akustischen Signal soll der eigene Selbstwert wiederhergestellt werden. Auf dem Flur möchte sich der Kunde dem Gefühl hingeben, dass er es dem Sachbearbeiter im Büro „richtig gezeigt" habe. Eine ähnliche Funktion erfüllt das Ausstoßen einer Beleidigung im Weggehen.

---

[133] Paris: Stachel, S. 62.
[134] *Unfallkasse Nordrhein-Westfalen:* Gewaltprävention, S. 48.

In seltenen Fällen kann es auch sein, dass ein Nutzer, von dem Sie sich beleidigt fühlen, das Tourettesyndrom hat.

Auch das Bibliothekspersonal beleidigt Nutzer manchmal, ohne es zu ahnen: Wenn eine 80-jährige Nutzerin seit 70 Jahren Ihre Bibliothek besucht und erstmalig gemahnt werden muss, so wird sie das unter Umständen als Beleidigung auffassen und für die Zukunft fernbleiben.

Werden Sie von Bibliotheksnutzern angespuckt, und mir liegen viele Schilderungen vor, dass solcherlei passiert, so stellt dies keine Körperverletzung dar, sondern es wird als sogenannte „tätliche Beleidigung" gefasst. Dies ist wiederum ein Antragsdelikt[135], das Sie anzeigen können. Nur in Ausnahmefällen, in denen das Anspucken beim Opfer zu *erheblichem* Unwohlsein und zu Erbrechen führt, wird von einer Körperverletzung ausgegangen werden. In Österreich gilt Anspucken als „Ehrenbeleidigung"; Sie könnten Privatanklage beim Strafgericht einreichen.

Haben Sie im Blick, dass es hoch ansteckende Krankheiten gibt, die sich über ein Anspucken übertragen können. Lassen Sie sich im Vorfeld unter Umständen zum Thema Impfung beraten.

Bedrohungen

„Von der gesetzlichen Regelung des Straftatbestands der Bedrohung (§ 241 StGB) sind die meisten Menschen enttäuscht ... Das Androhen von Schlägen ist keine Bedrohung, da es sich hierbei nicht um einen Verbrechenstatbestand handelt, was Voraussetzung für eine Bedrohung ist. Dazu gehören zum Beispiel auch nicht die einfache oder die gefährliche, wohl aber die schwere Körperverletzung. ‚Wenn ich dich in die Finger kriege, haue ich dir eins auf die Fresse', ist keine Bedrohung. Dagegen ist: ‚Warte nur, wenn ich dich erwische, schlage ich dich tot', eine Bedrohung. Es genügt, wenn der Bedrohte die Bedrohung ernst nimmt."[136]

Lassen Sie sich von der Polizei beraten; so manche Bedrohungssituation lässt sich zumindest oder auch als Nötigung aufnehmen. „Wenn Sie in einer Bedrohungssituation Anzeige erstatten wollen, so ist der Tatbestand, auf den Sie sich beziehen, gar nicht das Entscheidende. Es reicht, wenn Sie dem Beamten nachdrücklich mitteilen, daß Sie eine Anzeige erstatten wollen, und den Sachverhalt schildern. Welche strafrechtliche Zuordnung er dann vornimmt, ist im Moment

---

135 Die Strafverfolgungsvoraussetzung liegt darin, dass der Verletzte selbst den Strafantrag stellt. Die Staatsanwaltschaft kümmert sich sonst nicht darum, da kein öffentliches Interesse vorliegt.
136 Kautz: Handeln, S. 135.

nicht so wichtig. Wichtig ist, daß der Sachverhalt in Form einer Anzeige amtlich bekannt wird", rät der ehemalige Kriminalbeamte Reinhard Kautz.[137]

Wenn Sie in abstrakter Form bedroht werden, verlangen Sie eine Konkretisierung der Drohung. Bekommen Sie vom Nutzer zu hören: „Warte nur, wir sehen uns noch! Dann kannst Du was erleben …!", so fragen Sie beispielsweise: „Ich verstehe nicht recht. Was meinen Sie? *Was* kann ich denn erleben?" Auf diese Weise kann es zur Verwirrung des Drohenden kommen oder, falls er vor Zeugen konkreter wird, zu strafrechtlich relevanten Aussagen führen. Sie können auch entgegnen: „Das habe ich schon vermutet, dass Sie mir Böses wollen! Ich habe das jetzt vermerkt. Wenn mir etwas passiert, weiß mein Team, wer es war!" Morddrohungen immerhin sind die am seltensten umgesetzten Drohungen.

„Drohungen werden selten von einer Position der Macht aus gesprochen. Die einzige Macht, über die der Drohende verfügt, beruht auf der Verunsicherung und Angst, die er bei seinem Opfer auslöst. Deshalb bestimmt die *Reaktion des Opfers*, wie mächtig und wirkungsvoll die Drohung ist. Bleibt der Adressat ungerührt, bleiben die Drohungen leere Worte. Wird der Adressat blass, beginnt er zu zittern oder bittet er um Vergebung, hat der Drohende maximale Macht. Deshalb ist es selbst dort, wo Drohungen ernst zu nehmen sind, wichtig, niemals Angst zu zeigen und niemals dem Drohenden zu signalisieren, dass man seinen Worten große Bedeutung einräumt", rät der Polizeipsychologe Füllgrabe.[138]

Ein Trick hilft, wenn ein Nutzer dem Personal kleinerer Bibliotheken gedroht hat und sein neuerliches Auftreten gefürchtet wird. Bringen Sie vorübergehend einen Zettel an der Tür an: „Das Türschloss ist defekt. Bitte klingeln Sie!"

Amok

Hochschulen müssen heutzutage auf Amoklagen vorbereitet sein. Wenn Sie in einer Bibliothek arbeiten, die auf einem Campus errichtet wurde, so wissen Sie im Idealfall bereits über Ihre Hochschule, was zu tun wäre. Unter Umständen haben Sie dann sogar schon mal an einer Übung oder Begehung teilgenommen.

---

[137] ebd. S. 136.
[138] Füllgrabe: Risiko, S. 154.

Bis Ende der 1990er Jahre schien es sich bei Amok um ein Thema zu handeln, das vor allem die USA betraf. Ins kollektive Gedächtnis eingebrannt haben sich dann Taten in Deutschland, z. B. in Erfurt[139], Emsdetten[140] und Winnenden[141].

Wie definieren Wissenschaftler „Amok"? „Bei einem Amoklauf handelt es sich um die (versuchte) Tötung mehrerer Personen durch einen einzelnen, bei der Tat körperlich anwesenden Täter mit (potenziell) tödlichen Waffen innerhalb eines Tatereignisses ohne Abkühlungsperiode, das zumindest teilweise im öffentlichen Raum stattfindet."[142]

Wer stünde Ihnen gegenüber? Bei Amokläufern „handelt sich fast ausschließlich um männliche Täter mit einer (sich entwickelnden oder bereits ausgeprägten) Persönlichkeitsstörung, selten jedoch um psychisch kranke Täter."[143] Nicht selten haben sie ihre Tat jahrelang durchdacht und geplant. In ihrem äußeren Erscheinungsbild ähneln sie sich: Sie bevorzugen (mindestens zur Tatzeit) schwarze Kleidung, manchmal Uniformen. Wenn Täter tatsächlich mit Vorliebe schwarze Kleidung tragen, so weiß jeder, dass dasselbe ebenso gilt für z. B. so einige Architekten und Fotografen, für Anhänger der *Gothic*-Szene, für Personen der Sicherheitsbranche. Es ist also selbstredend kein hinreichendes Merkmal. Leider gibt es sonst kaum Augenfälliges, was bei Außenstehenden auf eine Tat hinweisen könnte: „Die Wahrnehmung der Täter im Zeitraum vor der Tat differierte deutlich."[144]

Wie bei einem Brand, so stehen Sie bei einem Amoklauf in der Verantwortung, sich sowohl um die Nutzerinnen und Nutzer zu kümmern als auch dafür zu sorgen, dass Ihnen selbst nichts passiert. Das ist ein Spagat. Wie in allen Notsituationen wäre blinder Aktionismus fehl am Platz.

Wenn Ihnen ein Nutzer glaubhaft einen Amoklauf meldet, gibt es keinen Grund, das zu überprüfen. Vertrauen Sie ihm und handeln Sie, denn Sie haben wenig Zeit.

Falls Sie es sind, der die Polizei anruft, so informieren Sie darüber: Von wem geht die Bedrohung aus? Kennen Sie die Anzahl der Täter? Wie verhält sich der Täter? Gibt es Erkenntnisse zur Bewaffnung? Gibt es Auffälligkeiten des Täters (Maskierung, Kleidung, Gepäck)?

---

139 Im Jahre 2002 erschoss ein 19-Jähriger an einem Erfurter Gymnasium innerhalb weniger Minuten zwölf Lehrer, zwei Schüler, eine Sekretärin, einen Polizisten und dann sich selbst.
140 Ein weiterer Amoklauf an einer Schule ereignete sich hier im Jahre 2006. Der Täter erschoss sich, nachdem er 37 Personen verletzt hatte.
141 Der Täter erschoss im Jahre 2009 in seiner ehemaligen Schule und auf der Flucht 15 Menschen, bevor er Suizid beging.
142 Bondü/Scheithauer: Amoklauf, S. 15.
143 Bannenberg: Amok (2013), S. 99.
144 Bergmann: Drohungen, S. 270.

Fordern Sie die Nutzer *nicht* auf, das Gebäude zu verlassen. Sie könnten dem Täter in die Arme getrieben werden und zu Schaden kommen. Ein Amokalarmsignal im Haus muss sich daher von einem Feueralarmsignal unterscheiden und mit anderen Handlungsanweisungen einhergehen.

Leiten Sie die Nutzer in sichere Räume, die abgeschlossen und verbarrikadiert werden können. Sie sollten ins Kalkül ziehen, dass Holz- oder Gipskartonwände nicht schusssicher sind.

Bringen Sie ggf. große, leserliche Zettel an den Fenstern an mit Hinweisen für die Polizei (Raumnummer, mögliche Erreichbarkeit, Personen- und Verletztenanzahl, Schwere der Verletzungen).

Alle Personen, auch Sie, sollten sich schließlich auf den Boden legen. Warten Sie ab, verhalten Sie sich still, aber kommunizieren Sie weiterhin mit den Anwesenden.

Polizeibeamte, die vor Ort eintreffen, schreiten sofort ein. Sie warten nicht auf die Ankunft parallel alarmierter Spezialeinheiten. Sie können also auf schnelle Hilfe hoffen.

Polizeibeamte in Zivil können Sie von etwaigen Tätern unterscheiden, da diese unter Umständen Westen bzw. Schutzwesten oder Armbinden mit dem Aufdruck „Polizei" tragen. Auch Helme könnten ein Hinweis sein.

Damit das Netz nicht zusammenbricht, sollten nur im Ausnahmefall Telefonate mit dem Mobilgerät geführt werden.

Um nicht selbst versehentlich für einen Täter gehalten zu werden, sollten Sie Polizeibeamten ggf. mit sichtbaren, leeren Händen begegnen. Nehmen Sie keine herumliegenden Waffen in die Hand, da Sie sonst ebenfalls für einen Täter gehalten werden könnten.

Einzig die Polizei darf eine Evakuierung des Gebäudes anordnen.

Erinnern Sie sich an Zirkusvorstellungen, die Sie vielleicht einmal besucht haben? Bei Raubtiervorführungen verharren die Zuschauer bewegungslos, was nicht nur mit etwaiger Spannung zusammenhängt. Bei Gefahr erstarren auch Menschen, bevor sie womöglich versuchen zu fliehen oder zu kämpfen. Das hängt damit zusammen, dass viele unserer ursprünglich natürlichen Feinde auf Bewegung reagieren. Das Erstarren hatte also einen evolutionären Vorteil. Sollten all Ihre Maßnahmen bei einem Amoklauf nicht genutzt haben und sollten Sie unter Umständen einem Amokläufer in einer Gruppe gegenüberstehen, kann Ihr Erstarren vielleicht dafür sorgen, dass Sie die Aufmerksamkeit nicht auf sich ziehen. Ferner ist vom militärischen Nahkampf und von Exekutionen bekannt, dass der Blick in die Augen des Opfers beim Angriff abschreckt.

Aber hoffen wir mal, dass es soweit nie kommt. Die Chance ist recht gering: „Amokläufe sind sehr seltene Ereignisse. In Deutschland wird statistisch etwa eine vollendete Tat pro Jahr durch junge Männer begangen."[145]

Bewaffneter Raubüberfall

In den Kassen, die Bibliotheken im Tresen- oder Pultbereich zu verwalten haben, ruhen gemeinhin nicht die Summen, die unbedingt den Eintritt eines bewaffneten Raubüberfalls vermuten lassen. Aber bei Bibliotheksmitarbeiterinnen und -mitarbeitern existiert die Sorge vor einer solchen Straftat durchaus. Deshalb seien hier einige Hinweise gegeben, die im Vorfeld beachtet werden sollten:

Wenn Nutzer kurz vor Betriebsschluss die Bibliothek betreten, sollten Sie erhöhte Wachsamkeit an den Tag legen.

Stellen Sie eine gute Beleuchtung in der Bibliothek sicher. Wechseln Sie defekte Lampen zügig aus.

Schweigen Sie gegenüber Dritten über alle Sicherheitsaspekte Ihrer Bibliothek, erst recht, wenn Sie wertvollen Altbestand haben.

Zeigen Sie die Geldbestände nicht offen und nehmen Sie die Kassenabrechnungen in geschützten Bereichen vor. Auch der Weg, den Sie ggf. mit der Kasse zurücklegen müssen, um die Abrechnung durchzuführen, sollte sicher sein und Zufluchtsmöglichkeiten bieten.

Während eines Überfalls empfiehlt sich Folgendes: Bewahren Sie Ruhe und atmen Sie tief durch. Nehmen Sie den Täter immer ernst und leisten Sie keine Gegenwehr! Geben Sie nur das Geld heraus, das der Räuber auch gesehen hat. Dasselbe gilt für andere Wertgegenstände oder wertvollen Altbestand.

Prägen Sie sich das Aussehen und die Stimme des Täters ein. „Scannen" Sie ihn von unten nach oben ab, denn besondere Aufmerksamkeit verdienen seine Schuhe und seine Hose. Während er sich auf der Flucht leicht seiner eventuellen Maskierung und Oberbekleidung entledigen kann, wird er seine Schuhe und Beinkleider wohl eher anbehalten. Achten Sie auf die Fluchtrichtung.

Nach einem etwaigen Überfall sollten Sie so vorgehen: Informieren Sie umgehend die Polizei. Bitten Sie etwaige Zeugen, die Bibliothek nicht zu verlassen. Notieren Sie Ihre eigenen Eindrücke vom Täter. Tauschen Sie sich nicht mit anderen Zeugen über die Beobachtungen aus. Entfernen Sie das Raubopfer vom Tatort und lassen Sie die betroffene Kollegin, den betroffenen Kollegen nicht allein. Hören Sie ihr bzw. ihm aktiv zu. Sorgen Sie für eine angemessene bzw.

---

145 Bannenberg: Amok (2010), S. 25.

professionelle Betreuung des Raubopfers und schicken Sie es nicht allein nach Hause.

„Bibliotheksverfolger", Stalker und sexuelle Belästigung

Bibliotheksmitarbeiterinnen und -mitarbeiter agieren im öffentlichen Raum. Während sie Stammkunden der Bibliothek durchaus bekannt sind, kennen sie selbst ganz gewiss nicht alle Nutzerinnen und Nutzer. Sie arbeiten in Großstädten mit einer zum größten Teil „anonymen Masse", während sie selbst im Licht einer Öffentlichkeit stehen. Diese Rolle hat ihre Schattenseiten: Es gibt zum Beispiel „Bibliotheksverfolger: Dieser Typus kann dem (weiblichen) Fachpersonal den Aufenthalt in der Bibliothek vermiesen und es zwingen, die Arbeiten in der Bibliothek außerhalb der Öffnungszeiten zu machen. Ein Bibliotheksverfolger ist wie durch Zauber da, wenn man in die Bibliothek kommt, glotzt einen nur an oder gewöhnt sich auch an, Fragen zu stellen, denen man anmerkt, daß sie im Moment erfunden wurden. Der Bibliotheksverfolger nervt und verleidet einem den Umgang mit den anderen Benutzern."[146] Starrende Blicke sind aufdringlich und wirken mitunter wie Berührungen auf Distanz. Wenn sich ein Nutzer dergestalt rüde verhält, so können Sie ihn direkt ansprechen und ihn fragen, ob etwas nicht in Ordnung sei? Wenn er versichert, dass alles in Ordnung sei, so können Sie betont sachlich und höflich weiter fragen: „Wozu sollen Ihre aufdringlichen Blicke dann dienen?" Oder Sie gehen gleich etwas gröber vor: Blicken Sie dem Nutzer einige Sekunden böse (Augenbrauen heruntergezogen) auf die Nasenwurzel. Die Nasenwurzel böse anzublicken fällt Ihnen leichter, als böse in seine Augen zu schauen. Ist Ihnen schon einmal aufgefallen, dass wir Menschen uns gar nicht in die Augen blicken können? Wir können unserem Gegenüber stets nur in eines seiner Augen blicken, wir müssen uns also für eines entscheiden. Sollten Sie es in einer Konfrontation wagen, Ihrem Gegenüber „in die Augen" zu sehen – und das wäre wirkungsvoll –, dann müssen Sie sich für eines entscheiden. Wechseln Sie dann nicht mehr zwischen seinem rechten und linken Auge hin und her, denn das wirkt unsicher.

Wendet der belästigende Nutzer jetzt nicht beschämt den Blick ab, so fragen Sie ihn machohaft: „Ist was?". Havener gibt gute Tipps zum Beenden eines (unter Umständen einseitigen) Flirts; er zeichnet dieses Bild: Ein „Mann hat einen Blick, mit dem Sie ihn nur kurz streiften, gleich als Einladung verstanden. Männer und Frauen messen nämlich denselben nonverbalen Signalen unterschiedlichen

---

146 Jürgen Plieninger. „Typologie von Benutzern: eine Realsatire". http://homepages.uni-tuebingen.de/juergen.plieninger/typen.htm (28.1.2015).

Flirt-Wert bei: Männer interpretieren ein bestimmtes Verhalten öfter als sexuell, wobei es nur freundlich gemeint war." Was kann eine Frau nun unternehmen? Von all seinen Hinweisen eignet sich für den Arbeitsplatz am ehesten: „Praktizieren Sie die ‚Subtile Invasion': Machen Sie sich groß. Frauen beanspruchen beim Flirten weniger Raum für sich, um dadurch attraktiver zu wirken, Männer erweitern dagegen beim Flirten ihr Revier ... Runzeln Sie die Stirn: Das ist ein Zeichen von Misstrauen, und außerdem eine gute Möglichkeit, passend unattraktiv zu erscheinen ... Bewegen Sie sich schnell: Frauen bewegen sich beim Flirt langsamer als Männer, auch bleiben ihre Gesten nah am Körper. Machen Sie daher schnelle, ausladende Bewegungen, das wirkt rasch befremdlich."[147] Wenn das nicht reicht: Widmen Sie ihm darüber hinaus *keinerlei* Aufmerksamkeit. Versuchen Sie ihn gänzlich zu ignorieren und schrecken Sie bei weitergehender Belästigung nicht vor einem Hausverweis bzw. Hausverbot zurück. Der Übergang zu sexueller Belästigung ist fließend.[148]

In einer westdeutschen Großstadt gelang es einem Nutzer, gehörigen Einfluss auf das Leben einer Bibliotheksmitarbeiterin zu nehmen. Er war dafür bekannt, dass er vor allem Belletristik und wissenschaftliche Literatur über Gewalttaten an Frauen lieh, – was vielleicht zu seiner Masche gehörte. Er stellte jedenfalls der Kollegin nach und versetzte sie so in Angst, dass sie sich über einen Zeitraum von zwei Jahren (!) nach Dienstschluss von ihrem Vater abholen ließ. Probleme, die während der Dienstzeit entstehen, sollten auch ausgehend vom Arbeitgeber bzw. Dienstherrn gelöst werden.

Nicht jeder „Bibliotheksverfolger" ist gleich ein *Stalker*. Als *Stalking* wird das wiederholte und willentliche Belästigen und Verfolgen einer Person bezeichnet. *Stalking* bezieht sich gerade nicht nur auf Prominente, auch wenn diese Fälle am häufigsten von den Medien aufgegriffen werden. *Stalker* sind fast immer männlich und gehen sehr fantasiereich und ausdauernd vor. Helfende und lehrende Berufsgruppen unterliegen einem erhöhten Risiko, Opfer von *Stalkern* zu werden. *Stalker* handeln beispielsweise aus Liebeswahn oder aus Rache.

Bei *Stalkern* gälte: Fühlen Sie sich stark von einem Nutzer belästigt, so schalten Sie die Bibliotheksleitung und ggf. die Polizei ein. Auch für *Stalker* gibt es Fachleute bei den Polizeien. Protestieren Sie, falls das Problem bagatellisiert werden sollte. Stalking hat erst im Jahr 2007 Eingang ins Strafgesetzbuch gefunden (§ 238 StGB, „Nachstellung"). Es kann seither juristisch besser gefasst und härter bestraft werden (mit bis zu drei Jahren Haft). Das Wissen der Polizei zum

---

147 Havener: Worte, S. 146 ff.
148 Die Zahlen sprechen eine deutliche Sprache: „72 Prozent der berufstätigen Frauen und jeder fünfte Mann geben an, am Arbeitsplatz schon einmal sexuell belästigt worden zu sein" (*Bundeszentrale*: Was, S. 7).

Thema *Stalking* war vor ein paar Jahren noch dürftig,[149] aber das hat sich weitestgehend geändert. *Stalking* ist jetzt ein erforschtes Massenphänomen. Informieren Sie sich hierüber.[150]

Sagen Sie dem *Stalker* nur einmal, aber in aller Deutlichkeit, dass Sie keinen Kontakt wünschen. Lassen Sie die Dienstpläne umschreiben.

Bleiben Sie gelassen, denn der *Stalker* zieht seine Befriedigung auch aus den Angstgefühlen, die er bei seinem Opfer hervorruft. Er möchte unbedingt von ihm wahrgenommen werden, egal ob im Guten oder Schlechten. Reagieren Sie nie auf ihn: Diese vermeintliche Ohnmacht ist die eigentliche Macht des Opfers.

Dokumentieren Sie alles, denn die Beweislast liegt auf Ihren Schultern. Reden Sie mit Kolleginnen und Kollegen über das Problem. Sensibilisieren Sie sie. Je mehr Zeugen Sie haben, desto erfolgreicher können Sie gegen den *Stalker* vorgehen. So können Sie auch darauf hinwirken, dass Ihre Kolleginnen und Kollegen keinerlei Informationen über Ihre Person an den *Stalker* herausgeben.

Kränken und demütigen Sie den *Stalker* nicht, so beugen Sie einer möglichen Eskalation vor.

Lassen Sie dem *Stalker* sofort Hausverbot erteilen. Wenn ein Benutzer so aufdringlich ist, dass er Sie nach Dienstschluss etwa mit dem Auto verfolgt, fahren Sie, mit ihm „im Schlepptau", direkt zur Polizei. Aber auch dazu sollten Sie bereits wissen, wo Ihre nächste Polizeidienststelle liegt.

Vermeiden Sie Routinen, wählen Sie immer wieder andere Routen auf dem Weg zur Arbeit oder wenn Sie Besorgungen machen.

Die sogenannte Gefährderansprache zeigt häufig Wirkung: Bitten Sie die Polizei, den *Stalker* direkt anzusprechen und ihn auf sein Fehlverhalten hinzuweisen. Ebenso von Erfolg gekrönt kann es sein, wenn ein Anwalt einen scharf formulierten Brief an den *Stalker* schreibt. Ein anwaltliches Schreiben mit der Aufforderung, die störenden Handlungen zu unterlassen, kann ein erster Schritt sein. Manchmal reicht das schon.

Das Gewaltschutzgesetz bekämpft das Nachstellen und *Stalking*: „So können auf Antrag des Opfers z. B. dem Täter durch das Gericht Aufenthalts-, Kontakt- und Näherungsverbote auferlegt werden ... Bei Verstößen gegen Anordnungen nach dem Gewaltschutzgesetz macht sich der Täter strafbar."[151]

Opfer von *Stalkern* leiden psychisch; das kann gar zu schweren Traumata führen, die später professionell behandelt werden müssen. Reagieren Sie also schnell und professionell.

---

[149] Weber: Stalking, S. 19.
[150] Hilfsangebote und Tipps bieten z. B. die Internetauftritte: http://weisser-ring.de, http://www.stalking-info.net oder http://www.stalkingforschung.de der *TU Darmstadt* (7.2.2015).
[151] *WEISSER RING*: Handbuch, S. 32.

"Immer wenn jemand sexuelle Dinge tut oder über Sex spricht und die Beschäftigten das nicht möchten, nennt man das sexuelle Belästigung ... Viele der Handlungen, die sexuelle Belästigung genannt werden, sind auch strafbar."[152] Ihre Frauenbeauftragte wird Ihnen Hilfsmöglichkeiten aufzeigen können.

Sprechen Sie den Täter einmalig an und sagen Sie deutlich, dass Sie sein Verhalten inakzeptabel finden. Kündigen Sie weitere Schritte an und geben Sie ihm ggf. Gelegenheit, sein Verhalten zu überdenken und zu korrigieren. Verheimlichen Sie sexuelle Übergriffe nicht, ziehen Sie vielmehr Personen Ihres Vertrauens hinzu. Holen Sie zeitig anwaltlichen Rat ein.

Formulieren Sie im Ernstfall unmissverständlich: „Stopp! Hören Sie sofort auf! Ich bin nicht interessiert und will nicht, dass Sie mich anfassen!" oder „Was Sie da machen stört mich! Lassen Sie das!" Sorgen Sie für Öffentlichkeit: „Eine Frau ergriff in der U-Bahn die Hand eines Belästigers, hielt sie hoch und fragte laut: ‚Wem gehört diese Hand hier? Ich habe sie auf meinem Hintern gefunden!'"[153]

In der Stadtbücherei einer Großstadt am Rhein beschweren sich Nutzerinnen immer wieder, dass sie in der Damentoilette auf einen Voyeur trafen. Lange Zeit konnte dieser nicht gestellt werden. Schließlich ging er aufmerksamen Kollegen ins Netz. Auf frischer Tat erwischten sie den Voyeur: mit Kopftuch verkleidet, mit einem Spiegel und einem Vierkantschlüssel ausgerüstet und, wie sich später herausstellte: 84 Jahre alt. Die Bibliotheksleitung erwirkte ein Hausverbot.

Wenn Sie im Dienst ein obszöner Anruf überrascht, so legen Sie schnell, aber möglichst sanft auf. Zeigen Sie keinerlei Reaktion, üben Sie sich in Selbstbeherrschung. Eine heftige Reaktion ist vom Anrufer gewollt; tun Sie ihm diesen Gefallen nicht. Machen Sie sich vielmehr Notizen mit einer Beschreibung der Stimme, des Inhalts, mit Datum und Zeitpunkt des Anrufs. Wenn Sie über längere Zeit terrorisiert werden, hilft Ihnen vielleicht der Einsatz einer Trillerpfeife oder aber der bei einem Anruf an eine imaginäre Kollegin gerichtete Satz: „Anna, das mit der Fangschaltung hat doch geklappt, oder?"

Das Betrachten pornografischer Seiten im Internet wird von volljährigen Nutzern in wissenschaftlichen Bibliotheken gerne mit wissenschaftlichem Interesse, mit einem Forschungsvorhaben begründet. Darauf brauchen Sie sich nicht einzulassen. Das Betrachten ist verboten (§ 184 StGB), denn zum einen könnten sich Personen in der Bibliothek aufhalten, die noch nicht volljährig sind, zum anderen muss sich niemand gegen seinen Willen pornografisches Material ansehen, – also beispielsweise auch keine Mitarbeiterin oder ein vorüberge-

---

[152] zitiert aus der Broschüre *Mit mir nicht! Das Beschäftigtenschutzgesetz in leichter Sprache*, herausgegeben vom *Bundesministerium für Familie, Senioren, Frauen und Jugend*; http://www.mit-mir-nicht.de (26.4.2007).
[153] Graff: Mit mir nicht, S. 128.

hender Nutzer. Rufen Sie ggf. die Polizei, erstatten Sie Anzeige, sprechen Sie ein Hausverbot aus.

„40 % der Frauen sind schon einmal einem Exhibitionisten begegnet."[154] Treffen Sie in der Bibliothek auf einen, so zeigen Sie ihn an. Exhibitionismus ist ein Antragsdelikt, d. h. es wird nur auf Antrag des Opfers verfolgt. Laut Strafgesetzbuch können lediglich Männer den Tatbestand des Exhibitionismus erfüllen. Es „besteht in jedem Fall, also nicht nur auf Antrag, eine Strafbarkeit nach § 174 bzw. 176 StGB für Männer und Frauen, die sich vor Schutzbefohlenen und Kindern exhibitionistisch verhalten (sexueller Missbrauch)."[155]

Was treibt einen Exhibitionisten um? Brettel erklärt: „Die subjektive Intention zielt auf das Erschrecken oder aber eine positive Reaktion des Opfers im Sinne von Neugier oder Faszination ab, in etwa der Hälfte der Fälle wird durch masturbatorische Bewegungen eine Erektion unterstützt. Falls die gewünschte Reaktion des Opfers nicht erfolgt, neutrale Objektivität demonstriert oder gar eine abschätzige Bemerkung gemacht wird, löst sich dieser Spannungszustand schlagartig und lässt Beschämung zurück. Meist wird zur Schaupartnerin physisch Distanz gehalten und kein weiterer Kontakt zu ihr gesucht; körperliche Berührungen oder Aggressionen finden sich nur äußerst selten."[156]

Die Begegnung mit einem Exhibitionisten ist für gewöhnlich ein seltenes Ereignis, sodass sie zumindest irritiert. Frauen und Männer trauen gleichermaßen ihren Augen nicht und sind überrascht. Adäquat reagieren Sie nur, wenn Sie sehr abgeklärt und schlagfertig sind – oder aber mit einem Zusammentreffen rechnen mussten und sich somit mental vorbereiten konnten. „Reagieren die Frauen ... verschreckt, panisch oder mit Ekel, steigert dies die Erregung des Exhibitionisten, denn das Erschrecken der Frau wird als Beweis für die Macht des Phallus erlebt und als orgastischer Triumph gefeiert."[157] Es frustriert „einen Exhibitionisten, wenn ein vermeintliches Opfer selbstsicher und geringschätzig reagiert (‚Wat, so'n Kleener?') oder wenn es sich gar erheitert zeigt", ergänzt Duerr in seinem aufschlussreichen Buch *Gewalt und Obszönität*.[158]

---

154 Vetter: Pervers, S. 74.
155 ebd. S. 186.
156 Brettel: Exhibitionismus, S. 536 f.
157 Vetter: Pervers, S. 186.
158 Duerr: Obszönität, S. 158.

Nutzer mit offenbar pädophiler Neigung

Jedes vierte bis fünfte Mädchen und jeder neunte bis zwölfte Junge macht bis zu seinem 18. Geburtstag Erfahrungen mit sexueller Gewalt. Es handelt sich also keineswegs um eine Ausnahmeerscheinung. „Etwa ein Prozent aller Männer zwischen 18 und 70 Jahren gelten nach Hochrechnungen der Sexualwissenschaftler und Schätzungen internationaler Medizingremien als pädophil. Das sind allein in Deutschland rund 290.000 – fast ebenso viele, wie an Parkinson erkrankt sind."[159] Was häufig übersehen wird: Es gibt zwar ganz überwiegend Täter, aber durchaus auch Täterinnen. Beide Gruppen stammen aus allen Alters-, Gesellschafts- und Bildungsschichten.

Sexuelle Gewalt ist nicht zu verharmlosen, wie Brückner verdeutlicht: „Wie korrekt oder inkorrekt die einzelnen Angaben über das Ausmaß sexuellen Missbrauchs auch sein mögen, sexueller Missbrauch geschieht auf jeden Fall in einem Umfang, der Anlass genug bietet, ihn zu bekämpfen und die Opfer zu schützen. Sexueller Missbrauch ist für die betroffenen Mädchen (und Jungen) in den meisten Fällen eine lebensgeschichtliche Katastrophe; sexuelle Übergriffe verlaufen überwiegend traumatisch. All diese Kinder verdienen in jedem Einzelfall gesellschaftlichen und individuellen Schutz. Das gilt auch dann, wenn der Missbrauch selbst nicht mit Gewalt einhergeht ..."[160]

In einer großen Stadtbibliothek in Sachsen-Anhalt beispielsweise fand sich nachmittags öfter ein Mann ein, der, offenbar direkt von der Arbeit kommend, denn noch in Arbeitskleidung steckend, in die Kinderbibliothek ging. Es dauerte eine gewisse Zeit, bis den Bibliotheksmitarbeiterinnen auffiel, dass er mit seinem Mobilgerät kleine Mädchen ablichtete, die sich in die Leseecke zurückgezogen und es sich dort gemütlich gemacht hatten. Nachdem er einmal hatte fliehen können, wurde er dann doch noch mit Hilfe von Bibliotheksmitarbeitern der Polizei übergeben. Er war bereits einschlägig in Erscheinung getreten.

Die Schilderung einer meiner Seminarteilnehmerinnen hat mich besonders beeindruckt: In einer thüringischen Großstadt hat diese Bibliotheksmitarbeiterin einer öffentlichen Bibliothek vorbildhaft, umsichtig und zivilcouragiert gehandelt. Auf dem Spielplatz vor der Bibliothek fiel ihr ein Mann auf, der sich offenbar ohne eigenes Kind dort aufhielt. Eben dieser Mann kam anderntags mit einem etwa 4-jährigen Mädchen in die Bibliothek, beide gingen in den ersten Stock, wo sich die Toiletten befinden. Die Bibliotheksmitarbeiterin hörte auf ihr Bauchgefühl und ging hinterher. Mann und Mädchen waren in einer Kabine verschwunden. Die Kollegin sprach den Mann durch die Tür an. Da eine Reaktion ausblieb,

---

159 Schrep: Sexualität, S. 54.
160 Brückner: Wege, S. 30 f.

hämmerte sie schließlich mit den Fäusten gegen die Tür und sorgte für Öffentlichkeit. Als er jetzt verschreckt öffnete, befand sich der Slip des Mädchens schon in dessen Kniekehlen. Der Unbekannte rannte an der Frau vorbei und floh. Die Polizei konnte ihn dennoch ermitteln, da er als Nutzer der Bibliothek ausgemacht werden konnte. Bei der Verhandlung stellte sich heraus, dass es sich auch hier um einen Wiederholungstäter handelte.

Bibliotheksbereiche für Kinder und Jugendliche müssen einem besonderen Schutz unterstehen. Die hier tätigen Bibliotheksmitarbeiterinnen und -mitarbeiter sollten sich mit dem Problemkomplex des sogenannten sexuellen Missbrauchs[161], das heißt der sexuellen Gewalt und der Pädophilie, vertraut machen und einen wachsamen Blick auf vor allem männliche Nutzer haben, die ohne Kinder in die Kinder- und Jugendbibliothek kommen. Hüten Sie sich allerdings vor vorschnellen Urteilen: Der ohne Begleitung in der Kinderbibliothek auftauchende Mann kann genauso gut ein Vater sein, der ein Medium für sein Kind aussuchen möchte.

Wenn Sie sich Ihrer Sache relativ sicher sind, dass ein Nutzer die Kinder- oder Jugendbibliothek als „Kontakthof" nutzen möchte, Kindern nachstellt, sie belästigt oder auch „nur" verfolgt und beobachtet, so sprechen Sie ihn unverfänglich an mit zum Beispiel: „Guten Tag. Ich arbeite in dieser Bibliothek. Kann ich Ihnen helfen? Was suchen Sie hier?" Allein das kann schon Wirkung zeigen.

Notfalls legen Sie in Absprache mit Ihren Vorgesetzten vorübergehend fest, dass Männer, die nicht in der Begleitung von Kindern erscheinen, nicht mehr in der Kinder- und Jugendbibliothek geduldet werden. Lassen Sie sich von der Polizei beraten.

Schalten Sie jedenfalls immer die Polizei ein, wenn Nutzer auf Ihren Rechnern oder in Ihren Räumen Bild- und Filmmaterial konsumieren, das allgemein „Kinderpornografie" genannt wird. Dieser verharmlosende Begriff steht für den Konsum von Missbrauchsabbildungen oder vielmehr für den Konsum von Abbildungen von sexueller Gewalt. „Auch das Zeigen oder gemeinsame Betrachten pornografischer Bilder oder das Entblößen von Geschlechtsteilen sind Missbrauchshandlungen. Sexuelle Handlungen an oder mit Kindern sind immer strafbar."[162]

---

[161] Der Begriff „sexueller Missbrauch" ist nicht unumstritten, da er suggeriert, dass es neben dem „sexuellen Missbrauch" auch einen sachgemäßen „sexuellen Gebrauch" von Kindern und Jugendlichen gäbe.
[162] Programm Polizeiliche Kriminalprävention: Missbrauch, S. 7.

Kindesmisshandlung und -vernachlässigung

In öffentlichen Bibliotheken entstehen oftmals enge Beziehungen zwischen den Bibliotheksmitarbeiterinnen oder -mitarbeitern und den die Bibliothek besuchenden Kindern. Manchmal werden Bibliotheksmitarbeiter auf diese Weise gar zu Vertrauenspersonen. Es lässt tief blicken, wenn eine Bibliotheksmitarbeiterin beispielsweise nach drei Wochen von einem Kind mit „Mama" angesprochen wird. Kindesmisshandlung und -vernachlässigung gehen nicht immer Hand in Hand. Körperliche Vernachlässigung macht sich u. a. bemerkbar, wenn Kinder unzureichend mit Nahrung oder sauberer Kleidung versorgt werden. Hinzu kommt eine erzieherische oder emotionale Vernachlässigung. Unter Verwahrlosung leidet ein Kind vielleicht, wenn es regelmäßig ungepflegt wirkt oder um Essen bettelt. „In den Industrieländern sterben jedes Jahr 3.500 Kinder unter 15 Jahren an den Folgen körperlicher Vernachlässigung. Jede Woche sind dies allein in Deutschland zwei Todesfälle."[163]

Im *Bürgerlichen Gesetzbuch* ist seit einiger Zeit erst geregelt, dass Kinder ein Recht haben auf gewaltfreie Erziehung. Körperliche Bestrafungen, seelische Verletzungen und andere entwürdigende Maßnahmen sind unzulässig (§ 1631 Abs. 2).

Eine psychische Schädigung von Kindern wird Ihnen bei sporadischen Begegnungen in der Bibliothek nicht immer auffallen; physische Schädigungen hingegen sind eher wahrzunehmen. Regelmäßig sichtbare Verletzungen (blaue Flecken, ein blaues Auge, Abschürfungen, Brandwunden etc.) deuten auf Gewaltanwendung hin.

Wenn bei Ihnen der Verdacht entsteht, dass ein Kind misshandelt oder vernachlässigt wird, ist es an der Zeit, rasch tätig zu werden. Sprechen Sie als Erstes mit Ihren Kolleginnen und Kollegen, um Ihre Wahrnehmung zu überprüfen.

Ziehen Sie dann keine falschen Schlüsse, wenn Sie vermeintlichen Täterinnen oder Tätern in der Bibliothek, etwa beim Abholen oder Bringen des Kindes, begegnen: Kindesmisshandlung tritt in allen sozialen Schichten auf, sie wird sowohl von Frauen als auch von Männern begangen und findet zu einem erheblichen Teil innerhalb der Familie statt.

Ermitteln Sie nicht selbst und stellen Sie die von Ihnen verdächtigte Person nicht zur Rede. Schalten Sie vielmehr das Jugendamt, Fachleute der Beratungsstellen oder auch die Polizei ein. Dies können Sie notfalls, jedenfalls besser als gar nicht, auch anonym tun. Blinder Aktionismus schadet. Aber: „Kinder, die von Misshandlung oder sexuellem Missbrauch betroffen sind, brauchen aufmerksame Erwachsene, die ihre Situation erkennen, ihnen Unterstützung geben und

---

163 http://www.unicef.de/3181.html (22.10.2006).

ihnen weitere Hilfe vermitteln."[164] Manchmal hat ein Kind nur einen einzigen Menschen, der ihm das Leben rettet.

Hausverweis und Hausverbot

> "Just because we are a ‚public building' doesn't mean you can build a camp fire in the middle of non-fiction."[165]

Der Hausverweis stellt sozusagen den „Rausschmiss" bei akuter Betriebsstörung dar und soll die Störung beenden. Die Person könnte aber durchaus am nächsten Tag wieder vor der Tür stehen. Das Hausverbot hingegen sanktioniert und wirkt zugleich präventiv. Es wird für einen bestimmten Zeitraum ausgesprochen und schriftlich erklärt. Hierfür sollten Sie juristische Unterstützung in Anspruch nehmen.

Sie sollten unter Ihren Kolleginnen und Kollegen Einigkeit darüber erzielen, dass Sie stets, soweit überhaupt vertretbar, nur zweimal vorwarnen, bevor Sie Unruhestifter dazu auffordern, die Bibliothek zu verlassen. Das gilt ausdrücklich nicht für offenkundig alkoholisierte oder berauschte Nutzer, die ohne Vorwarnung hinauskomplimentiert werden sollten, – soweit Sie sich Ihrer Sache ganz sicher sind. Immerhin gibt es auch Krankheiten, die Menschen betrunken wirken lassen, ohne dass Alkohol im Spiel ist.

Wenn störendes Verhalten überhandnimmt, greifen Sie drastisch durch und erteilen Sie einen Hausverweis. Das spricht sich bisweilen herum und führt dazu, dass sich die Wogen wieder glätten. Lassen Sie sich nicht auf Verhandlungen ein („Nur noch fünf Minuten, dann gehe ich sowieso!"), denn das führt erfahrungsgemäß zu nichts. Während ein Mitarbeiter schließlich die Aufforderung zum Gehen ausspricht und zum Ausgang zeigt, sollten sich die Kollegen sichtbar im Hintergrund aufstellen. Es ist teamstärkend und dem Erfahrungsschatz der einzelnen Mitarbeiter zuträglich, wenn nicht immer der „ranghöchste" Bibliothekar in Konfrontation mit dem betreffenden Nutzer geht. Wenn der Störer die Bibliothek trotz Aufforderung nicht verlässt, begeht er einen Hausfriedensbruch. Dies wäre ein Fall für die Polizei. Es hat sich bewährt, den Nutzer dann höflich auf die juristische Sachlage hinzuweisen. „Verlesen Sie ihm seine Rechte", wie im amerikanischen Krimi: „Wenn Sie die Bibliothek jetzt nicht verlassen, obwohl ich Sie dazu

---

[164] Martina Huxoll auf: http://www.familienhandbuch.de/cmain/f_Programme/a_Angebote_und_Hilfen/s_441.html (22.10.2006).
[165] Graham: Black, S. X.

aufgefordert habe, begehen Sie einen Hausfriedensbruch. Das ist eine Straftat. In Ihrem eigenen Interesse sollten Sie nun besser gehen!" Hausfriedensbruch wird nur auf Strafantrag hin verfolgt.

„Ein Verwaltungsakt – also auch der Ausschluss von der Bibliotheksbenutzung – kann sowohl mündlich als auch schriftlich gegenüber dem Betroffenen kundgetan werden. In jedem Fall muss der Adressat eindeutig über seine Rechte und Pflichten informiert werden."[166] Wer jedoch die Bibliothek besucht, ohne als Benutzer registriert zu sein, dem ist mit dem Ausschluss von der Bibliotheksbenutzung selbstredend nicht beizukommen. Hier greift das Hausverbot. Dieses darf die Bibliotheksleiterin bzw. der Bibliotheksleiter aussprechen; aus praktischen Erwägungen ist das Hausrecht auch an eine Chefin bzw. einen Chef vom Dienst, an Zweigstellenleiter, Hausmeister, sonstige Mitarbeiter oder an den vertraglich gebundenen Sicherheitsdienst zu übertragen. Es gibt auch Bibliotheken, in denen ausdrücklich alle Bibliotheksmitarbeiterinnen und -mitarbeiter das Hausrecht wahrnehmen und Hausverweise aussprechen dürfen. Das hat nicht nur Vorteile, ist aber trotz allem empfehlenswert. Hierzu ist ein großes Vertrauen der Bibliotheksleitung in die Mitarbeiter nötig, und es kann dergestalt nur funktionieren, wenn sich im Team kein Heißsporn findet.

Das krasse Gegenteil liegt vor, wenn das Hausrecht einer Hochschulbibliothek einzig vom Rektor der Hochschule oder vom Präsidium der Universität – und noch nicht einmal von der Bibliotheksleitung – in Anspruch genommen werden darf. Solcherlei gibt es und sollte im Interesse der Bibliotheksleitung und ihres Personals dringend geändert werden. Ein zeitnahes Durchsetzen von Maßnahmen ist andernfalls unmöglich. Autorität kann im Fall der Fälle nur auftreten, wer Autorität besitzt.

In manchen Benutzungsordnungen ist festgelegt, dass das Mitführen des Bibliotheksausweises während des Aufenthalts in der Bibliothek Pflicht ist. Wer den Ausweis auf Aufforderung nach einem Konflikt nicht vorlegen kann, wird des Hauses verwiesen. Ein Hausrechtsbeauftragter sollte in jeder Bibliothek stets greifbar und beim Personal bekannt sein.

Auch im Hinblick auf die Kundenfreundlichkeit sollten die Mitarbeiter der Bibliothek als solche zu erkennen sein. Das muss ja nicht unbedingt durch Uniformen erreicht werden, wie sie zum Beispiel in der *Bibliotheek Rotterdam* zum Einsatz kommen. Aus Sicherheitsgründen, etwa wegen der Gefahr des *Stalkings*, sollten Sie das Für und Wider von Namensschildern abwägen. Der *Corporate Identity* zuträglich wären auch Ansteckschilder mit dem Logo der Bibliothek und der Aufschrift „Auskunft 1", „Auskunft 2", „Ansprechpartner/-in" oder „Bibliotheksmitarbeiter/-in". Falls eine Nutzerin oder ein Nutzer Hilfe braucht,

---

166 Rasche: Hausverbot, S. 735.

– und dies nicht nur im Notfall, kann er die Mitarbeiter schnell als solche ausmachen. Außerdem signalisiert das Schild dem Nutzer, wer ggf. einen Hausverweis aussprechen darf.

Die Zugbegleiter der *Deutschen Bahn* dürfen sich seit Kurzem ein Pseudonym aussuchen und auf ihr Namensschild setzen. Das hat nicht nur mit *Stalking* zu tun, sondern leider auch mit verbalen Angriffen bei ausländischen oder ausländisch klingenden Namen.[167] Mit diesem Vorgehen steht die *Deutsche Bahn* nicht allein.

Ein Hausverweis ist immer dann möglich, wenn objektiv eine Störung des ordnungsgemäßen Betriebs der Bibliothek stattfindet oder die Sicherheit von Personen gefährdet wird. Die Messlatte der Berechtigten, die ein Hausverweis aussprechen dürfen, sollte soweit wie möglich auf einer Höhe liegen.

Erteilen Sie einem Nutzer Hausverbot, so bedenken Sie, dass dies einen Eingriff in dessen Grundrechte bedeutet (Informationsfreiheit: Art. 5 Abs.1 GG), also ein hohes Gut antastet. Die Dauer des ausgesprochenen Hausverbots muss daher mit der Art der Betriebsstörung zusammenpassen: Es kommt auf die Verhältnismäßigkeit an. Daher wird es auch schwer durchzusetzen sein, ein lebenslanges Hausverbot für einen besonders problematischen Nutzer zu erreichen, auch wenn Mitarbeiter sich dies immer wieder wünschen. Vom Hausverbot ausgenommen ist der eine Besuch, der für den Ausgeschlossenen nötig ist, um die ggf. noch entliehenen Medien zurückzubringen. Schreiben Sie einen Vermerk über den Vorfall und benennen Sie Zeugen.

Wenn Sie für einen Vorfall keinen Zeugen haben, sollte Sie dies allein nicht davon abhalten, eine Anzeige zu erstatten. Bibliotheksmitarbeiter, immerhin ja auch Beamte oder Beschäftigte im öffentlichen Dienst, stehen nicht im Ruf, Nutzer zu verleumden, fälschlich zu beschuldigen oder von sich aus anzugreifen.

Was das Land Berlin den Schulleiterinnen und Schulleitern an die Hand gibt, lässt sich nicht nur auf andere Länder, sondern auch auf Bibliotheken übertragen: „Aus grundsätzlichen Überlegungen, aber auch aus psychohygienischen Gründen, ist es angeraten, bei Delikten im Bereich der Schule, insbesondere solchen, die sich gegen Schulpersonal in Wahrnehmung ihres Amtes richten, die Strafanzeige vom Schulleiter stellen zu lassen und den Strafantrag vom Leiter der Außenstelle der Schulaufsicht im Bezirk, nicht jedoch vom Geschädigten selbst ... Für Geschädigte und Zeugen sollte als ladefähige Anschrift folglich auch die Dienst- oder Schulanschrift angegeben werden."[168] Das ist seit 2009 durch das 2. Opferrechtsreformgesetz ermöglicht worden.

---

167 http://www.fr-online.de/wirtschaft/zugbegleiter-beleidigt-bespuckt--angegriffen,1472780,4751464.html (22.9.2014).
168 *Senatsverwaltung für Bildung*: Notfallpläne.

Ein Hausverbot in die Praxis umzusetzen, stellt Bibliotheken vor ein Problem: Die betreffenden Nutzer müssen ja wiedererkannt werden, wenn sie die Einrichtung verbotenerweise betreten. Je größer eine Bibliothek ist, je mehr Personal sie hat, desto schwieriger wird dies. Doch auch in kleineren Bibliotheken bleibt die Schwierigkeit. Sie dürfen keine Fotos der Betroffenen machen und sich diese, Steckbriefen gleich, in den Verwaltungstrakt der Bibliothek pinnen. Wenn Ihnen der Name des Störers oder der Störerin nicht bekannt ist, bleibt es Ihnen nur übrig, anonyme Hausverbote zu erteilen. Eine Größenordnung, zum Beispiel: In der Zentralbibliothek einer großen Stadt in Norddeutschland hängen aktuell, im Frühjahr 2015, 20 Hausverbote, anonyme und adressierte, an der Magnetwand im Verwaltungstrakt.

Betritt der Nutzer die Bibliothek und wird wiedererkannt, so ist es in jedem Fall gerechtfertigt, die Polizei zu rufen, denn er begeht einen Hausfriedensbruch. Versuchen Sie jedoch zunächst, ihn „rauszureden". Wenn Sie jemanden, warum auch immer, erfolgreich aufgefordert haben, die Bibliothek zu verlassen, so schließen Sie hinter ihm demonstrativ die Tür oder verharren Sie im Eingangsbereich noch kurze Zeit, um sicherzugehen, dass er nicht gleich umkehrt.

Sie werden selten erleben, dass ein Unruhestifter das Eintreffen der Polizei abwartet. Wenn Sie mit Ihren Mitteln am Ende sind, so kündigen Sie einen Anruf bei der Polizei an. Wenn das störende Verhalten nicht unterlassen wird, so rufen Sie auch tatsächlich die Polizei. Der Drohung muss *immer* der Anruf folgen, sonst verlieren Sie Ihre Glaubwürdigkeit. Oft reicht schon der Griff zum Telefon. Wenn Sie nach Verlassen der störenden Person(-en) sicher sein können, dass Sie die Polizei nicht mehr benötigen, so rufen Sie erneut an und sagen ab. Häufig halten sich die Störer aber noch in der Nähe der Bibliothek auf, um zu sehen, ob Sie wirklich die Polizei gerufen haben.

Machen Sie sich auf jeden Fall klar: Wenn Sie die Polizei „umsonst" gerufen haben, wird das keine Konsequenzen für Sie haben.

Bringen Sie in Erfahrung, wie weit sich Ihr Hausrecht erstreckt. Wo endet es: an Ihrer Eingangstür, auf dem Vorplatz, dem Parkplatz, am Ende des Campus'?

Die Leitung einer großen Bibliothek in Süddeutschland schrieb in einer Informationsschrift an die Mitarbeiterinnen und Mitarbeiter der Benutzungsabteilung: „Die Personen, die derzeit aber Probleme bereiten, sind hinlänglich bekannt, nie abgemahnt und haben sozusagen ‚Gewohnheitsrechte', die abzubrechen juristisch nachgerade unmöglich ist ... Eine gewisse ‚Ausnahmetoleranz' denen gegenüber, die Sie oft schon langjährig und geduldig ertragen, sollten wir uns leisten können. Bitte informieren Sie über diese Menschen und ihre Besonderheiten im Vorfeld alle neuen Mitarbeiter, damit es nicht – unnötigerweise – zu den immer gleichen und unlösbaren Konflikten kommt ... Wir können uns die

Menschen, die unsere Dienstleistungen in Anspruch nehmen, nicht aussuchen und nur in Grenzen ‚erziehen'."

Zumindest den letzten Satz würde ich unterschreiben. Zum Rest habe ich eine andere Position. Wo ein Wille ist, ist ein Weg. Niemand sollte das Recht haben, Arbeitnehmer über Gebühr, bis an die Belastungsgrenze und darüber hinaus in Anspruch zu nehmen. Solcherlei wirkt sich auch gern auf den Krankenstand aus. Im Sinne der Gleichbehandlung halte ich es auch für zweifelhaft, „alten, bekannten" Nutzern mehr durchgehen zu lassen als „neuen".

Dieser Dialog spielte sich wahrscheinlich nicht nur einmal in Bibliotheken ab: „Wissen Sie, ich habe seit fünf Minuten Feierabend …!" „Ja, aber ich bin doch gerade erst gekommen!"

„So, wie Sie arbeiten, möchte ich Urlaub machen!" oder „Einen so frühen Feierabend hätte ich auch gern!" bekommen Kollegen auch manchmal zu hören, wenn Sie das Haus für die Schließung vorbereiten und Nutzer zum Gehen auffordern. Sollten Sie Ihre Nutzer angrinsen und sagen: „Ich mache jetzt Feierabend!", während diese im Examensstress büffeln, so bräuchten Sie sich über die genannten Reaktionen kaum zu wundern. Formulieren Sie eher so, dass Sie Ihre Person gar nicht erst ins Spiel bringen, z. B.: „Die Bibliothek schließt in 20 Minuten. Sie haben jetzt noch genügend Zeit, Ihre Medien zu verbuchen. Wir wünschen Ihnen einen schönen Abend!"

So manches Mal gefällt es Nutzern in der Bibliothek jedoch weiterhin so gut, dass sie nicht bereit sind, das Haus zu verlassen. Bevor Sie alle juristischen Register ziehen, können Sie mit Tricks arbeiten. Tun Sie so, als hätten Sie die betreffende Person übersehen und machen Sie kurz (!) das Licht aus. Der Nutzer sollte sich der Dringlichkeit eines Ortswechsels bewusst werden, – keinesfalls jedoch im Dunkeln durch die Bibliothek irren oder gar stolpern.

Bewegungsmelder können verhindern, dass sich Nutzer in der Bibliothek einschließen lassen.

Noch ein Tipp zum Schluss, – für den Schluss: Es gibt eine Bibliothek, die das Lied „Time to say goodbye" von Andrea Bocelli aus den Lautsprechern erklingen lässt, wenn die Schließung des Hauses naht. Darauf sind Stammkunden mittlerweile „konditioniert". Was die GEMA dazu sagen würde, steht auf einem anderen Blatt.

Kollegiale Unterstützung

Nicht nur in brenzligen Situationen ist kollegiale Hilfe vonnöten, aber hier natürlich besonders. Zeigen Sie Flagge und schalten Sie sich in eskalierende Konflikte z. B. mit den Sätzen ein:

„Greifen Sie meinen Kollegen nicht persönlich an!" oder „Ich möchte nicht, dass Sie so mit meinem Kollegen reden!"

Unersetzlich ist das informelle Gespräch zwischen den Kolleginnen und Kollegen. Zum einen ist es immer gut zu hören, welche Erfahrungen andere im selben Arbeitsumfeld machen, zum anderen hat dieses Erzählen eine Ventilfunktion und bringt emotionale Entlastung. Nehmen Sie Konflikte oder eine schlechte Stimmung möglichst nicht mit in die Pause oder gar in den Feierabend. Das Problem mag über den Arbeitstag hinaus da sein, aber die Erdbeeren am Abend schmecken immer noch wie Erdbeeren.

Die Reflexion der eigenen Arbeit dient unter Umständen der Betriebsoptimierung. Für all das bietet sich ein *Jour fixe* an. Der Austausch mit dem Personal anderer betroffener Bibliotheken der Region ist ebenfalls fruchtbringend, natürlich unter Wahrung des Datenschutzes. In der Universitätsbibliothek einer Großstadt durfte ich die gesamte Benutzungsabteilung schulen. In jedem einzelnen der Seminare berichteten die Kollegen von einem bestimmten Nutzer, der immer wieder für massive Probleme sorgte. Er war allen bekannt. In den Seminaren jedoch wurde dem Kollegium erst gewahr, was sich der Nutzer schon alles in der Bibliothek, mit anderen Nutzern und dem Personal, erlaubt hatte. Ein Hausverbot sollte nun durchgesetzt werden. Ich hatte jetzt schon soviel über diesen einen Nutzer gehört, dass mir sein Name hängen blieb. Als ich ein Jahr später die Benutzungsabteilung der Stadtbibliothek derselben Großstadt habe schulen dürfen, fiel eben dieser Name. Auch hier hatte er es bis zum Äußersten getrieben.

Wenn Sie in Ihrer Bibliothek ohnehin kollegialen Umgang, erst recht im Beisein von Kunden, pflegen, so hat dies eine große Ausstrahlungskraft.

Gewöhnen Sie sich an, nach Betriebsschluss gemeinsam mit den Kollegen die Bibliothek zu verlassen. Es fällt nicht immer leicht, hartnäckige Nutzer wegen des Betriebsschlusses resolut aus der Bibliothek zu „werfen", wenn man weiß, dass man in zehn Minuten selbst und allein auf die Straße tritt.

Bibliotheksmitarbeiter aus kleineren Städten leiden ohnehin mitunter darunter, dass sie als Privatperson im Stadtgebiet immer wieder auch die Nutzer treffen, mit denen es beruflich die größten Probleme gibt. Das ist oft nicht angenehm.

Dokumentation der Vorfälle

Während die eine Bibliotheksmitarbeiterin ihren Kolleginnen vielleicht entrüstet von einer in ihrer Schicht gegen sie ausgesprochenen Bedrohung erzählt, verschweigt der eine Bibliothekar ein ähnliches Vorkommnis im Kollegenkreis. Während bei einer Sachbeschädigung die Polizei ins Haus kommt, stellt bei einer anderen ein Bibliotheksmitarbeiter die Täter zur Rede und wirft sie hemdsärmelig raus. Nicht alle Vorkommnisse sprechen sich rum oder ziehen einen Verwaltungsakt nach sich. Deshalb: Um Risiken einschätzen und ihnen begegnen zu können, ist eine detaillierte Dokumentation der Vorfälle nötig. Hierfür muss ein standardisiertes Meldesystem installiert werden, wie es im Ausland häufig schon existiert. Wie hoch ist die Eintrittswahrscheinlichkeit von Konflikt- und Gefahrensituationen? Welche Rolle spielt „anekdotische Evidenz"? Nur empirische Daten, nur „harte Fakten" können bei knappen Haushaltsmitteln zu sicherheitsrelevanten Anschaffungen, Veränderungen oder Weiterbildungsmaßnahmen führen. Nur durch eine detaillierte Dokumentation kann die ggf. verzerrte Wahrnehmung des Personals widerlegt oder aber eine publikumsferne Bibliotheksleitung von den Problemen überzeugt werden.

Auf den Meldebogen gehören folgende Angaben: Datum, Uhrzeit, detaillierte Ortsangabe, genaue Beschreibung des Vorfalls, die Einordnung der Ernsthaftigkeit des Vorfalls anhand von vier bis fünf Kategorien, Angaben zu den ergriffenen Maßnahmen (Erste Hilfe? Polizei?), die Namen der Betroffenen und der Zeugen, Angaben zum Zeitverlust und Angaben zur Personalstärke zum Zeitpunkt des Geschehens. Ein Auswertungsbogen sollte schließlich darüber Aufschluss geben, in welchem Zeitraum welche der typischen Problemfälle auftreten (Störungen, Sachbeschädigungen, Beleidigungen, Bedrohungen, sexuelle Belästigungen etc. subsumiert unter die Kategorien „selten" bis „mehrmals täglich") und wie gravierend die Problemfälle sind (subsumiert z. B. in die Kategorien „nicht so ernst", „ziemlich ernst", „sehr ernst").

In einer großen Bibliothek in Osthessen sah auch eine Kundin den Nutzen der Dokumentation. Sie führte über viele Jahre eine Art Tagebuch über das Haus, notierte alle Vorkommnisse und Konflikte, die sie selbst mit dem Personal hatte, und holte diese immer wieder hervor.

Ernst erfordert Ernst – Eigensicherung vor Schadenseintritt

Je länger Sie in einer Bibliothek arbeiten, desto mehr wächst hoffentlich auch Ihre Menschenkenntnis. Denn Sie kommen ja in Kontakt mit Menschen aus verschiedenen Alters-, Bildungs- und sozialen Schichten sowie aus verschiedenen Kulturen. Das kann nicht jede Berufsgruppe für sich in Anspruch nehmen.

Rattner gibt zu bedenken: „Menschenkenntnis fehlt an allen Ecken und Enden. Und doch wäre dies die notwendigste und nützlichste Wissenschaft, die es überhaupt gibt. Irrtümer im Umgang mit Sachen, Naturgegenständen mögen bedauerlich sein: Irrtümer in der Menschenkenntnis können unser ganzes Leben verpfuschen oder doch schwer beeinträchtigen. Da der Mensch sein Leben immer in Gemeinschaft mit anderen Menschen führt, besteht ein innerer Zwang, diese anderen zu begreifen: Ein Manko in diesem Bereich ist immer ein großes Übel."[169] Weiter hinten in seinem Buch tröstet der Autor: „Auf Grund mangelhaften Wissens sehen wir die Menschen meist schlechter als sie sind. Die Psychologie jedoch lehrt, daß die Menschen eher unwissend als böse, eher irregeleitet als böswillig sind."[170]

Trotz seiner Menschenkenntnis gerät das Bibliothekspersonal immer wieder in schwierige oder ernste Situationen. Mit einem Augenzwinkern gilt daher der Rat: „Vorsicht vor Leuten!"[171]

Taxifahrer können – wie Bibliotheksmitarbeiter – kaum Einfluss auf die Auswahl ihrer Kundschaft nehmen. Die Bestsellerautorin Karen Duve berichtet aus den 13 Jahren, in denen sie sich als Taxifahrerin verdingte: „Ich hätte nie gedacht, was das für eine narzisstische Kränkung ist, wenn man geschlagen wird."[172]

Die Toleranz der einzelnen Mitarbeiter in schwierigen oder ernsten Situationen differiert naturgemäß. Auch ist die Toleranz wahrscheinlich noch von der Tagesform des Mitarbeiters beeinflusst. Deshalb darf kein Zweifel darüber bestehen, welche Verhaltensformen in der Bibliothek allgemein von den Mitarbeitern akzeptiert werden sollten und welche nicht. Es muss für alle Mitarbeiter verbindlich fest- und schriftlich niedergelegt werden, gegen welche Störung wie eingeschritten werden sollte. Sowohl im Hinblick auf die übrigen Nutzer als auch auf die Arbeitszufriedenheit der Mitarbeiter muss allen klar sein, dass eine Missachtung störenden Verhaltens, eine Vogel-Strauß-Politik, der Atmosphäre in der Bibliothek abträglich ist. Es geht um nichts weniger als um ein *Corporate Behavior*, Teil der *Corporate Identity* eines jeden Unternehmens. Eine schriftliche Ausarbeitung optimiert auch den Prozess des Einarbeitens neuer Mitarbeiterinnen und Mitarbeiter.

Eines kommt nicht infrage: „Störende" oder „schwierige" Nutzer dürfen Sie nicht flach drücken und mithilfe einer Folie mit hoher Anfangsklebekraft folieren. Sie sollten subtiler vorgehen.

In *Buch und Bibliothek* war bereits im Jahr 2000 zu lesen: „Situationen mit gewalttätigen Bibliotheksbenutzern: Gewalttätige Personen zeigen eine hoch angespannte, drohende Körperhaltung und Gesichtsmimik [sic]. Häufig tragen sie auch Waffen bei sich, wie zum Beispiel Messer, Schraubenzieher, Eisenstäbe, mit denen sie bei Widerstand zu drohen versuchen. Da sie vollständig auf ihre

---

[169] Rattner: Mitmensch, S. 12.
[170] ebd., S. 46.
[171] So lautet der Titel eines Romans von Ralf Husmann aus dem Jahr 2012.
[172] Interview in der *FAZ* vom 10.5.2008.

Wut konzentriert sind, fehlt ihnen eine Gesprächsbereitschaft, sodass sie weder zuhören noch auf Fragen reagieren. Ihr Ziel besteht im Provozieren von Angst."[173]

Zückt ein Nutzer ein Messer in Ihrer Bibliothek, ist das auf jeden Fall ein Grund, die Polizei zu rufen. Selbst wenn er „nur" mit seinem Messer spielt oder es zur Schau stellt. Im Jahr 2003 wurde das deutsche Waffenrecht geändert: Faltmesser (sog. *Butterfly*-Messer), Fall- und Faustmesser sowie Wurfsterne beispielsweise sind seitdem verboten. Ihr Besitz ist strafbar.

Laserpointer werden vom Waffengesetz nicht erfasst, ohne Altersgrenze dürfen schon Kinder sie erwerben und mit sich führen, wenn die Laserpointer bestimmte Bedingungen erfüllen. Gleichwohl sind sie gefährlich, wenn sie das menschliche Auge treffen. Sie können die Netzhaut schädigen.

Woran können Sie noch ausmachen, dass Ihr Kommunikationspartner gefährlich werden könnte? Reagieren Sie mit gelassener Wachsamkeit, wenn Ihnen Ihr Gegenüber sprachlich versteckt oder offen droht, wenn der Nutzer Sie gestisch beleidigt, wenn er Ihnen zu nahe kommt und natürlich, wenn er eine Kampfhaltung einnimmt. Bestimmte Anzeichen lassen im eskalierenden Konflikt auf eine gesteigerte Gewaltbereitschaft schließen: Am eindeutigsten ist die erhöhte Atemfrequenz, ein erhöhter Herzschlag (pulsierende Halsschlagader, sichtbar schlagendes Herz bei eng anliegender Kleidung), verengte Pupillen (deutlich sichtbar nur bei heller Iris), hinzukommen unter Umständen: Händezittern, rotes oder blasses Gesicht, Schwitzen, Zittern der Augenlider oder Gesichtsmuskeln, häufiges Schlucken, schnelles Sprechen, Schreien oder Brüllen, intensives Starren oder das Fehlen von Blickkontakt, Anspannen oder Vorschieben des Unterkiefers, Entblößen der Zähne, Ballen der Fäuste, das Ablegen von Kleidungsstücken sowie das Absetzen einer etwaigen Brille. Dieselben Signale erhalten Sie in eskalierenden Konflikten auch von Menschen mit psychischen Störungen. Ein Angriff aus heiterem Himmel erfolgt sehr, sehr selten.

„Trau keinem über 30!", das war einmal. Die Statistiken sagen ganz klar, dass die Gewaltneigung mit dem Alter abnimmt.

Zwei Beispiele aus der Praxis sollen veranschaulichen, dass es auch darauf ankommt, dass sich Bibliotheksmitarbeiter nicht unnötigerweise und unüberlegt in Gefahr bringen: Eine Bibliothekarin aus einer Institutsbibliothek nahe Duisburg störte sich an einem Nutzer, der mehrfach in die Bibliothek kam, um lediglich die Toilette aufzusuchen. Er durchschritt die Bibliothek dafür, ohne zuvor seine Jacke oder seine Tasche einzuschließen. Die Bibliothekarin wollte nicht durch die ganze Bibliothek rufen, sodass ihr der Nutzer mehrfach „durch die Lappen ging". Als er wieder einmal in die Bibliothek kam, entschloss sie sich,

---

[173] Gassner: Ursachen, S. 719.

ihm zu folgen. Sie baute sich vor der Tür zur Herrentoilette auf, um den Mann dort zur Rede zu stellen.

Eine öffentliche Bibliothek nahe Wuppertal erstreckt sich über drei Etagen. Wegen Personalmangels ist das Pult auf der dritten Etage, hier befindet sich die Jugendbibliothek, regelmäßig nicht besetzt. Eines Tages kamen drei Jugendliche aus der dritten Etage herunter und erzählten der Bibliothekarin der zweiten Etage, dass sich oben ein Jugendlicher mit einer Schusswaffe aufhielte. Was erachtete die Bibliothekarin für erforderlich? Sie ging selbst hoch, um mal nachzusehen, ob dies wahr sei! Es wäre keinesfalls übertrieben, in diesem Fall die Polizei zu rufen und nach dem Rechten sehen zu lassen. Bibliotheksmitarbeiter tragen in Bibliotheken die Verantwortung, sie haben eine Rolle zu erfüllen, – aber damit sollten sie es auch nicht übertreiben.

Weil sie die Verantwortung tragen, ist davon auszugehen, dass sich in alltäglicheren Konfliktsituationen Nutzerinnen und Nutzer allein deshalb kaum einschalten werden, wenn Bibliotheksmitarbeiter mit einem anderen Nutzer in eine heftige verbale Auseinandersetzung geraten.

Eine Bibliothek ist ein öffentlicher Raum, wo sich sehr viele Menschen treffen. Eskalieren Konflikte, so wird schon ein anderer Nutzer an die Seite des Bibliotheksmitarbeiters treten und ihm helfen – erst recht, wenn dieser gar angegriffen wird! Ist das so? Leider nicht, denn Forschungsergebnisse förderten zutage: Je mehr Menschen bei einem Unfall, Unglück oder Gewaltangriff anwesend sind, desto geringer ist die Wahrscheinlichkeit, dass überhaupt jemand hilft. Sozialpsychologen sprechen hier vom *Non-Helping-Bystander*-Effekt, der gekennzeichnet ist durch: pluralistische Ignoranz, Diffusion der Verantwortung und Bewertungsangst. Mit anderen Worten: Sind die Menschen in meiner Umgebung während eines der genannten Ereignisse tatenlos, so verhalte ich mich auch gleichgültig. Gibt es mehrere umstehende, beobachtende Menschen, so sehe ich gar nicht ein, mich einzumischen; das könnte jemand anderes ja genauso gut tun! Schauen die anderen bloß zu, so traue ich mich nicht, die Lage anders zu bewerten und ins Rampenlicht zu treten, um aktiv zu werden. Geübte Gewalttäter rechnen dieses Verhalten bei Umstehenden mit ein.

„Wer Zivilcourage zeigen möchte, sollte über den Umgang mit seiner Zeit nachdenken", empfiehlt Weckel. Wie Experimente gezeigt haben, helfen Menschen, die sich in Eile wähnen, seltener. Wer durch sein Leben hetzt, sieht nicht nach links und rechts und steigt auch schon einmal buchstäblich über Hilfebedürftige hinweg – auch experimentell bewiesen.[174]

Fazit: Bibliotheksmitarbeiter können sich in Gefahrensituationen nur (und hoffentlich) auf ihre Kollegen verlassen; jede andere Hilfe wäre willkommen,

---

174 Weckel: Zivilcourage, S. 33 f.

aber der einschreitende, mit Zivilcourage ausgestattete Nutzer bildet, der Wahrscheinlichkeitsrechnung folgend, die Ausnahme.

Rechnen Sie in belasteten Bibliotheken bei allen Konfliktsituationen hingegen damit, dass sich vorher unbekannte Nutzer solidarisieren und Sie sich plötzlich mit mehreren Personen auseinandersetzen müssen.

Rechtssicherheit schafft Verhaltenssicherheit. Widmen wir uns vor diesem Hintergrund also der Notwehr und Nothilfe: Beide beruhen auf dem Grundsatz, dass das Recht dem Unrecht nicht zu weichen braucht. Ein gegenwärtiger Angriff rechtfertigt Notwehr bzw. Nothilfe. Die genaue Definition besagt, dass der Angriff zudem rechtswidrig sein muss, aber davon gehen wir hier aus.

In Notwehrsituationen geht es darum, sich selbst zu schützen, und es gilt der Grundsatz, dass Flüchten vor Zurückschlagen geht. Nur, wer keine Ausweichmöglichkeit sieht, darf sich defensiv (Selbstverteidigung) oder präventiv (vorbeugender Gegenangriff) verhalten. Das Gesetz schützt den Verteidiger schon, wenn der Angriff unmittelbar bevorsteht.

In Nothilfesituationen geht es darum, einem anderen gegen einen Angriff beizustehen.

Während eines Seminars berichtete mir eine Bibliothekarin, dass sie in einer Konfliktsituation mit einem Nutzer aneinandergeriet. Dieser war so aufgebracht, dass er ausholte und nach ihr schlug. Die Ohrfeige ging ins Leere, denn die Bibliothekarin brachte ihr Gesicht mit einer schnellen Meidbewegung in Sicherheit. Der Benutzer schlug also in die Luft. Er versuchte es nicht noch einmal, besann sich eines Besseren und verschwand im Lesesaal. Die Bibliothekarin war sehr irritiert. Was sollte sie nun tun? Er hatte ja nicht getroffen! Obwohl sie aufgebracht war, verließ der Benutzer später unbehelligt die Bibliothek. Gut zu wissen: Allein der Versuch einer einfachen Körperverletzung ist seit 1998 strafbar.

Falls Ihnen Nutzerinnen und Nutzer auffallen, von denen Sie *irgendwie* annehmen, dass Sie etwas im Schilde führen, sprechen Sie sie an: „Guten Tag! Ich arbeite in dieser Bibliothek. Kann ich Ihnen helfen?" Setzen Sie Ihre Freundlichkeit als Waffe ein. Mit dieser kundenfreundlichen Herangehensweise lassen sich kaum Fehler machen. Der Angesprochene weiß nun, dass er wahrgenommen wurde, und er wird, sofern er überhaupt etwas im Schilde führte, wahrscheinlich davon absehen. Verlassen Sie sich hierbei ganz auf Ihr Gefühl. Bibliotheksmitarbeiter haben täglich intensiven Kontakt mit Nutzern, sodass man davon ausgehen kann, dass sie auch ein Gespür für potenzielle Unruhestifter entwickeln. Der Bibliothekswissenschaftler Shuman geht sogar noch weiter: „Vielleicht sollten sich Bibliotheksmitarbeiter etwas paranoid verhalten und sich daran gewöhnen, bei jedem Besucher mit problematischem Verhalten zu rechnen."[175] Davon jedoch würde ich deutlich abraten. Misstrauen macht die Welt nicht schöner.

Abgesehen vom Gebot der Höflichkeit ist es aus demselben Grund auch zweckmäßig, wiedererkannte Bibliotheksnutzer auf dem Weg zur oder von der Arbeit zu grüßen. Hier geht es sowohl um die gegenseitige Wertschätzung als auch um die gegenseitige Wahrnehmung. Durch das Grüßen präsentieren Sie sich außerhalb der Bibliothek als Mensch.

Wenn Sie jemanden ansprechen müssen, um ihn zu bitten, störendes Verhalten zu unterlassen, so gewähren Sie ihm etwas Zeit. Bestenfalls in der Kinderbibliothek werden Sie mit Ihrer Bitte oder Forderung derart Erfolg haben, dass das störende Verhalten *sofort* eingestellt wird. Der oder die Angesprochene muss das Gesicht wahren können und sich den Anschein geben, das Verhalten aus freien Stücken zu ändern. Die Person braucht sowohl Bedenkzeit als auch einen Handlungsspielraum. Sollte der Nutzer dem störenden Verhalten im Sitzen nachgehen, so bauen Sie sich nicht vor ihm auf. Sprechen Sie ihn aus einigem Abstand an, denn es wirkt u. U. bedrohlich, wenn Sie ihn überragen und im wahrsten Sinne von oben herab mit ihm reden.

Ein Ernstfall lässt sich nicht üben. Man kann sich lediglich auf ihn vorbereiten. Die Bundesrepublik Deutschland, das darf man nicht vergessen, gilt als eines der sichersten Länder der Welt. Erfreulicherweise sind Menschen in unserer Gesellschaft daher in der Regel nicht in der Lage, auf Handlungsroutinen zurückzugreifen, wenn sie sich einem Gewaltangriff gegenüber sehen – dafür sind diese zu selten. „Stressimpfung", das heißt, die mentale Vorbereitung auf *mögliche* Ereignisse, hilft bei deren Bewältigung, also wenn eine befremdliche oder bedrohliche Situation in der Bibliothek eingetreten ist. Je größer der Informationshaushalt in einer akuten Gefahrenlage, desto reicher ist die Entwicklung von geeigneten Maßnahmen. Diese Methode ist im Großen und im Kleinen anzuwenden (bei Beleidigung ebenso wie bei körperlichen Angriffen). Durch die mentale Vorbereitung scheint die Situation nicht mehr ganz neu, obwohl sie es faktisch ist. Man kann sich durch mentale Vorbereitung ein Zeitguthaben erarbeiten.

Egal, auf welcher Stufe eines Konfliktes Sie sich befinden, halten Sie immer Blickkontakt. Das gilt vom Moment der Kontaktaufnahme eines ggf. ruhigen Gesprächs bis zum (hoffentlich vermeidbaren) Angriff. So können Sie Ihr Gegenüber am besten einschätzen, und Sie signalisieren die ganze Zeit über Aufmerksamkeit. Starren Sie jedoch nicht. Lassen Sie Ihren Blick ab und zu auf die Hände des Bibliotheksnutzers gleiten, denn von Händen gehen Gefahren aus.

Demonstrieren Sie Selbstsicherheit nach außen, auch wenn sich innerlich Ihr Magen zusammenkrampft. Wenn Sie die eigenen Gefühle verraten, laufen Sie

---

[175] Shuman: Security, S. 82.

Gefahr, Opfer zu werden. Denn Täter suchen Opfer und keine Gegner. „Gewalttäter handeln nach dem Motto: Wer schwach wirkt, wird angegriffen ... Wer Angst zeigt, wird von einem Gewaltbereiten als schwach angesehen und deshalb eher angegriffen", verdeutlicht der Polizeipsychologe Füllgrabe.[176] Aus Sicht der Selbstverteidigung lässt sich ergänzen: „Unbedingt hinweisen wollen wir aber auf die Tatsache, dass der Erfolg [gegen Angreifer] zu mindestens 80 % psychisch bedingt ist! Gerade ein körperlich überlegener Angreifer ist es wahrscheinlich gewohnt, sein Opfer allein durch sein Erscheinungsbild einzuschüchtern. Hat er damit einmal keinen Erfolg, kann schon das alleine möglicherweise einen gewaltsamen Übergriff verhindern."[177]

Wer selbstbewusst und sicher auftritt, aufrecht geht, den Kopf nicht einzieht, nicht ängstlich blickt, der strahlt sogenannte Anti-Opfer-Signale aus. Gezeigte Angst ist schon für Choleriker beispielsweise eine Einladung fortzufahren. Weichen Sie nicht von Ihren Forderungen ab, und weichen Sie körperlich möglichst nicht zurück: Irgendwann kommt in einer Bibliothek immer eine Wand oder ein Regal, und in Bedrängnissituationen ist es nicht gut, in den Ausweich- oder Fluchtmöglichkeiten eingeschränkt zu sein. Wenn Sie zulassen, dass Ihr persönlicher Nahbereich verletzt wird und man Sie bedrängt, sind Sie auf dem besten Weg, sich als Opfer anzubieten. Halten Sie statt dessen Blickkontakt und heben Sie die Arme auf Brusthöhe. Bedeuten Sie Ihrem Gegenüber mit ausgestreckten Armen und geöffneten Handflächen (typische „Stopp-Geste"), dass Sie nicht zulassen, dass er Ihnen zu nahe kommt. Ein klares, ausgesprochenes „Nein!" oder „Stopp!", – je lauter, desto wirksamer –, ist der erste Schritt zur Abwehr. Flüchten Sie nun, falls es Ihnen notwendig erscheint. „Setze ich dem Täter ein Stopp und verlange eine bewusste Veränderung seines Verhaltens, gibt er mir darauf sofort ein Signal. Entweder er hört auf oder macht weiter. Habe ich mich in der ganzen Entwicklung seines Verhaltens geirrt und ist er kein Täter, wird er auch nicht zum Täter. Der Vorteil meines Stopps (z. B. Ich will nicht, dass Sie mich anfassen. Lassen Sie das!) ist, dass sich die Person, wenn sie nun wirklich böse Absichten hat und das Verhalten fortsetzen will, als Täter zu erkennen gibt. Ich bestimme also den Zeitpunkt wann?, was?, wie? weitergeht. Ich warte nicht ab, bis es dem Täter gelingt, meine Distanz so zu verletzen, dass ich womöglich in Verkrampfung, Schock, Starre, Lähmung oder in Panik gerate."[178] Der Täter stellt dergestalt „sehr früh und zu einem Zeitpunkt, wo er sich noch nicht entschlossen hat, sein Ding zu Ende zu bringen, fest, dass er sich in der Auswahl seines vermeintlichen Opfers geirrt hat. Wie mutig ist das Opfer noch? Aber viel wichtiger

---

176 Füllgrabe: Grundlagen, S. 11 f.
177 Marek/Reinisch: David, S. 8.
178 Kautz: Mensch, S. 95.

ist, dass die Täter in dieser Sekunde eine Entscheidung treffen müssen. Machen sie weiter oder nicht. In der Regel brechen sie mit ein paar blöden Sprüchen ihr Vorhaben ab, weil sie in dieser Situation überfordert sind."[179]

Im letzten Jahr war ich mit einem befreundeten Bibliotheksdirektor essen. Es wurde spät, als wir uns trennten. Der 42-Jährige verschwand in einem Berliner U-Bahnhof, ich lief zu Fuß nach Hause. Wie er mir später erzählte, geriet er in eine unangenehme Situation: Schon als er die Treppen hinabstieg, hörte er Geschrei auf dem Bahnsteig, und Fahrgäste kamen ihm entgegen, die offenkundig den Bahnhof deshalb verließen. Unten angekommen musste der Bibliotheksdirektor feststellen, dass ein Mann eine Frau anging, sie anbrüllte und schubste. Der Bahnsteig war jetzt leer, kein Fahrgast weit und breit. Mein Freund dachte nicht lange nach. Es wäre ihm nicht in den Sinn gekommen, auch den Bahnhof zu verlassen. Stattdessen hielt er inne und blickte dem Gewalttäter mit ernstem Gesicht in die Augen. Still stand er da und verharrte. Der Abstand zwischen beiden: etwa 3 m. Der Gewalttäter war abgelenkt und er begann, meinen Freund zu beschimpfen. Wie sich herausstellte, stritt er hier auf dem Bahnhof mit seiner Partnerin. So etwas wird übrigens auch unter „Häusliche Gewalt" subsumiert, auch wenn der Konflikt in der Öffentlichkeit stattfindet. Nun, die Frau mischte sich ein und versuchte, ihren Partner zu besänftigen. Er solle jetzt nicht auch noch den Herrn angreifen. Mein Freund zuckte sich nicht. Schließlich löste sich die Situation auf, und ihm fiel wohl ein Stein vom Herzen.

In den meisten Fällen gilt: Flucht ist ein wahrlich altbewährtes und selbstbestimmtes Mittel, um einer Gefahr zu entgehen. Hören Sie auf Ihr Bauchgefühl, denn es „ist weder eine Laune noch ein sechster Sinn noch Hellseherei noch Gottes Stimme. Es ist eine Form unbewusster Intelligenz. Die Annahme, Intelligenz sei notwendigerweise bewusst und überlegt, ist ein Riesenirrtum."[180]

Machen Sie sich mit den Fluchtwegen in Ihrer Bibliothek vertraut. Sie sollten wissen, wie es hinter welcher Tür weitergeht und Notausgänge auch als solche begreifen. Das ist nicht immer leicht: Die Österreichische Nationalbibliothek hat 1500 Türen. Manche Bibliotheken sind verwinkelt wie ein Fuchsbau. Als Beispiel sei hier die *Stadtbibliothek Lübeck* genannt, die sich Bahn bricht durch drei nebeneinanderstehende Häuser aus verschiedenen Jahrhunderten.

Auch wenn die eine oder andere Fluchttür im Arbeitsalltag vielleicht mit einem Schlüssel geöffnet wird, braucht man im Notfall natürlich nicht nach seinem Schlüssel zu nesteln oder gar zurückzulaufen, um ihn zu holen. Fluchttüren sind ja gerade auch ohne Schlüssel zu benutzen. Machen Sie sich also vertraut mit den Sicherungen Ihrer Fluchttüren.

---

179 ebd.
180 Gigerenzer: Risiko, S. 46.

Überlegen Sie sich, in welchen Raum Sie sich in Bedrängnissituationen flüchten können. Dieser Raum sollte von innen abzuschließen oder von außen per *Codebox* gegen unbefugtes Betreten geschützt sein. Eine Toilette bietet sich an, aber nicht jede ist geeignet. Ist die Toilette quasi nur von Stellwänden umgeben, sodass man mit wenig Mühe unter der Tür durchkriechen bzw. über der Tür in die Kabine klettern kann, so scheidet sie als Zuflucht aus. Sie wären dem Täter auf engstem Raum und unter Ausschluss der Öffentlichkeit ausgeliefert.

Nebenbei bemerkt: Nicht nur in Gefahrensituationen, die von Nutzern ausgelöst werden, sondern auch bei einem Brand etwa kann es zu panikartigen Reaktionen in der Bibliothek kommen. Menschen verhalten sich dann kopflos, zeigen chaotische Fluchtreaktionen und lassen sich mitreißen. Hierbei ist zu beachten, dass sich Menschen in Panik immer an den halten, der am lautesten Anweisungen gibt – unabhängig davon, ob er besonders besonnen und orientiert ist oder nicht.[181] Wenn es also zu einer Panik kommt, brüllen Sie am lautesten, denn schließlich wissen Sie am besten, wo es in Ihrer Bibliothek langgeht. Steigen Sie dazu noch auf einen Stuhl o. Ä. Schon für die komplikationslose Selbstrettung von 200 Personen aus einem größeren Raum sind in der Regel 8 bis 10 Minuten vonnöten.[182] Es geht buchstäblich um Sekunden, wenn ein Feuer ausbricht. „Die meisten Menschen können sich nicht vorstellen, wie wenig man im Falle eines Brandes sehen kann und wie viel mehr Arbeit unser Gehirn deshalb leisten muss."[183] Schon wenige Atemzüge des entstehenden Brandrauchs können zur Bewusstlosigkeit führen, – ein paar mehr, und der Mensch stirbt, noch bevor ihn das eigentlich Feuer erreicht hat. Experten gehen davon aus, dass 80 % aller Menschen, die in einem Feuer umkommen, durch Rauchgasvergiftungen sterben.

Legen Sie für die Bibliothek einen Code fest, wie er auch in Kaufhäusern, Elektronik- und Supermärkten Anwendung findet, etwa: „1000 im Bereich des Magazins ...!" Ähnlich können Sie auch verfahren, wenn Sie von der Polizei reden. In brenzligen Situationen könnten Sie beispielsweise beiläufig zu Ihrem Kollegen sagen: „Du sollst bitte noch ‚Philip' zurückrufen!", um ihn zu veranlassen, ohne weiteres Nachfragen die Polizei zu alarmieren. Taxifahrer wenden denselben Trick (mit anderen Codewörtern) an, wenn sie über Sprechfunk unauffällig um Hilfe bitten. Erfreulicherweise kommen Situationen, in denen Polizei vonnöten ist, in Bibliotheken nicht täglich vor. Eine Eselsbrücke ist hier also hilfreich: Ich wählte im Beispiel „Philip" in Anlehnung an Philip Marlow (Figur aus den Detektivromanen Raymond Chandlers).

---

181 Morgenroth/Ungerer: Analyse, S. 50.
182 So steht es in *Protector: Die europäische Fachzeitschrift für Sicherheit* 12 (2005): 26.
183 Ripley: Survive, S. 106.

Der Gebrauch von Codewörter bleibt dem Störenfried verborgen, und erregt auch weiter kein Aufsehen, was die übrigen Nutzer der Bibliothek angeht.
Die Polizei rät prinzipiell von Bewaffnung ab. Was soll auch ein Tränengasspray im Schubfach des Pultes oder ein Elektroschockgerät unter dem Tresen? Es gibt vielerlei Gründe, die gegen eine Bewaffnung sprechen: Die eigene Waffe kann immer gegen einen selbst eingesetzt werden. Waffen lassen Situationen noch schneller eskalieren. Der Umgang mit Waffen muss geübt werden. Man weiß nie, was sein Gegenüber in der Tasche trägt.

Pfefferspray, auf Cayennepfeffer-Basis, kann überaus effektiv sein, darf jedoch vom Bürger in Deutschland nicht gegen Menschen, sondern nur zur Abwehr von Tieren einsetzt werden. In Österreich und in der Schweiz ist es zum Einsatz gegen Menschen zugelassen.

Das Spray wäre in seiner Wirkung unter Umständen ohnehin eingeschränkt, wenn der Angegriffene Brillenträger, stark alkoholisiert oder psychisch krank wäre. Pfeffersprays, die einen Fadenstrahl aussenden, funktionieren außerdem nach längerer Standzeit unter Umständen nicht mehr. Sie müssten regelmäßig geschüttelt werden. Bei Pfeffersprays, die Sprühnebel ausstoßen, dürfte man die Windrichtung nicht außer Acht lassen. Auch in geschlossenen Räumen gibt es ja unter Umständen einen Lufthauch.

Vielmehr muss das Unterbrechen der Aggressions- und Gewaltspirale oberstes Ziel in einem Konflikt sein; diese Position vertritt auch das *Anti-Gewalt-Projekt* der Berliner Polizei: „Denn wer auf die Gewalt des Täters mit Gegengewalt reagiert, läßt sich auf den Willen des Täters ein. Dies kann während des Tatverlaufs dazu führen, dass das Opfer auf die Reaktionen des Täters reagiert, was bedeutet: Du pöbelst mich an, ich pöbele zurück, du schlägst mich, ich schlage zurück."[184]

Mir liegen Berichte vor, dass in Ausnahmefällen Situationen in Bibliotheken eintreten können, in denen sich diese Spirale nicht anhalten lässt. In diesen Extremfällen gibt es für das Bibliothekspersonal immer noch Handlungsmöglichkeiten. Die körperliche Gegenwehr muss das allerletzte Mittel sein. Mit ihr entsteht eine zusätzliche Gefahr, nämlich die, dass der Angreifer jetzt eine Rechtfertigung zu haben glaubt, seinerseits die Gewalt zu erhöhen, um sich selbst zu wehren. Bibliotheksmitarbeiter sollten sich an die sogenannte *Tit for Tat*-Strategie[185] halten: Sei grundsätzlich freundlich und kooperativ. Danach tue stets das, was der andere Spieler im Zug davor getan hat. Sobald der andere unkooperativ, aggressiv usw. handelt, setze dich *sofort* zur Wehr. Sobald er wieder kooperativ handelt, sei auch wieder kooperativ.

---

184 Kautz/von Strünck: Anti-Gewalt, S. 3.
185 Füllgrabe: Survivability, S. 202 ff.

Für den überaus seltenen Extremfall und unter Berücksichtigung der Verhältnismäßigkeit der Mittel wird hier klar die Position vertreten: Auf einen groben Klotz gehört ein grober Keil. Präventive Besänftigung führt eher in die Opferrolle. „Zahlreiche Untersuchungen von Straftaten dieser Art haben bewiesen, dass heftige Gegenwehr in jeder Form: Schlagen, Treten, Beißen, Kratzen, Schreien in 84 Prozent der Fälle den Täter dazu veranlassten, von seinem Vorhaben abzulassen und zu flüchten ..."[186]

Was haben eine Bibliotheksmitarbeiterin und ein Bibliotheksmitarbeiter also zur Notwehr bzw. Nothilfe in der Nähe, ohne dass sie sich vorher hätten bewaffnen müssen? Um einen offenkundig gewaltbereiten Nutzer zu „schocken", so wird das kurzzeitige Irritieren in der Fachsprache genannt, können Sie ihm etwas vor oder auf die Füße werfen: einen Schlüsselbund, ein „Nach-Schlage-Werk", einen Ablagekorb, einen Locher usw. Der Angreifer wird kurzfristig abgelenkt, – und ein überraschter Mensch ist schon halb geschlagen. Dann können Sie *sofort* die Flucht ergreifen bzw. mit der Aktion zur Flucht verhelfen. Tragen Sie dafür Sorge, dass die genannten Gegenstände für Nutzer nicht leicht zu greifen sind, damit nicht Sie es sind, der hiermit in erhitzten Situationen attackiert wird (Auch das passiert regelmäßig!). Am besten versetzen Sie sich in die Lage eines Menschen, der Sie verletzen möchte und betrachten einmal unter diesem Gesichtspunkt Ihren Arbeitsplatz.

Eine skurrile Idee hatten die Bibliothekarinnen einer norddeutschen Universitätsbibliothek. Dort kam es immer wieder zu bedrohlichen Situationen mit Nutzern. Aus diesem Grund wurde ein Seminar zum Thema geplant. Am Morgen des Seminars sah ich mir die noch menschenleere Bibliothek an. Auf dem zentralen Informationspult fiel mir ein größerer Kaktus auf, der vorn an der Tischkante stand. Ich erkundigte mich, warum um Himmelswillen dort ein Kaktus platziert sei? Als Begründung führten die Kolleginnen an, dass sie sich über das schlechte Benehmen der Studierenden von heute ärgern würden. Diese griffen häufig nach einem Stift, ohne vorher zu fragen. Tatsächlich befand sich hinter dem Kaktus ein Behälter mit Stiften.

Die Zugbegleiter der *Deutschen Bahn* sind seit längerer Zeit schon mit Krawatten ausgestattet, die nicht mehr klassisch gebunden, sondern mit einem Clip befestigt werden. Dazu haben sich die Verantwortlichen entschieden, weil es häufig zu Vorfällen kam, bei denen Fahrgäste die Zugbegleiter mittels der Krawatte gewürgt haben. Heute reißt deren Krawatte einfach ab. Wenn Sie in einer belasteten Bibliothek arbeiten, sollten Sie möglichst auf Krawatten und Halstücher verzichten.

---

[186] Trapski: Präventionskonzept, S. 176.

Falls Sie als Bibliotheksmitarbeiter ein dickes Buch nehmen und es dem Nutzer vor die Füße schleudern oder das dicke Buch lautstark auf den Tisch schlagen, um sich Respekt zu verschaffen, so haben Sie sozusagen einen doppelten Überraschungseffekt auf Ihrer Seite. Zum einen verschreckt der Lärm, zum anderen bröckelt das Weltbild des gewaltbereiten Nutzers: ein Bibliotheksmitarbeiter, der so ruppig mit einem Buch umgeht?

Gewaltbereite bzw. -tätige Menschen lassen sich auch durch das Vortäuschen eines epileptischen Anfalls, plötzlicher Blindheit oder eines Herzinfarkts in Verwunderung versetzen. In ernsten Situationen kann Ihnen eine kleine schauspielerische Einlage zur Flucht verhelfen. Oder Sie täuschen einen Anruf auf Ihrem Mobiltelefon vor. Oder Sie behaupten, dass Sie etwas vor dem Haus, etwas vor dem Zimmer beunruhige und dass Sie mal kurz nach dem Rechten sehen müssten.

Ekel ist eine für uns Menschen wichtige Emotion. Versuchen Sie, bei Ihrem Gegenüber Ekel auszulösen (Würgen, Husten), um somit eine Flucht einzuleiten.

In Notwehrsituationen braucht sich der Betroffene nicht auf einen Kampf mit ungewissem Ausgang einzulassen. Der Angegriffene darf sich „grundsätzlich des Abwehrmittels bedienen, das er zur Hand hat und das eine sofortige und endgültige Beseitigung der Gefahr erwarten lässt ... Ein nicht bloß geringes Risiko, dass das mildere Mittel fehlschlägt und dann keine Gelegenheit für den Einsatz eines stärkeren bleibt, braucht der Verteidiger zur Schonung des rechtswidrig Angreifenden nicht einzugehen"[187].

Alle paar Meter hängen in einer Bibliothek tragbare Feuerlöscher. Diese haben selbstredend keine offizielle Zulassung als Selbstverteidigungsgerät. Es gibt mehrere Arten von Feuerlöschern, wobei in deutschen Bibliotheken zwei Bauarten am häufigsten vorkommen: In der Nähe von Rechnern und von besonders wertvollen Medien sind Feuerlöscher mit dem Löschmittel Kohlendioxid (CO_2) angebracht, weil dieses im Brandfall keine Rückstände hinterlässt. Würde man einen Angreifer mit einem CO_2-Feuerlöscher zu stoppen versuchen, so müsste man Folgendes in Betracht ziehen: Das Löschmittel tritt mit 10 bis 60 bar aus; je kleiner der Abstand zum Angreifer wäre, desto härter würde ihn der Löschstrahl treffen. CO_2 wirkt erstickend, was nur in engen Räumen zu berücksichtigen wäre. Zudem wird das CO_2 beim Ausbringen durch die Düse des Feuerlöschers stark abgekühlt, sodass es zu Erfrierungen führen könnte.

Am verbreitetsten sind Feuerlöscher, welche mit Pulver gefüllt sind (ABC). Dieses Pulver entspricht in der chemischen Grundsubstanz und in seiner Körnung einem haushaltsüblichen Backpulver. Würde der Pulverstrahl auf einen Angreifer gerichtet, so wäre dieser zunächst in seiner Sicht behindert. Zudem würde sich der feine Staub in seine Augen, seine Nase und seinen Mund setzen, was ihn ganz

---

[187] Rupprecht: Rechtsprechung, S. 32.

sicher für Minuten außer Gefecht setzen würde. Im Rahmen der Ersten Hilfe ließe sich das Pulver ausspülen und würde erfahrungsgemäß keine Schäden hinterlassen. Von dem Pulver geht kein gesundheitliches Risiko aus, es ist als vollkommen unbedenklich eingestuft.

Feuerlöscher, die als Löschmittel Wasser oder Schaum verwenden, eigneten sich gar nicht zur Notwehr bzw. Nothilfe. Mehr als eine Irritation ließe sich beim Angreifer damit nicht erreichen.

Es ist für Bibliotheksmitarbeiter prinzipiell von Vorteil, sich mit der Funktionsweise und dem bestimmungsgemäßen Gebrauch von Feuerlöschern vertraut zu machen. Ein Feuerlöscher muss vor Gebrauch entsichert werden. Dann ist er sofort betriebsbereit und voll wirksam. Es ist nicht ganz einfach, einen 11 kg schweren Feuerlöscher von der Wand zu heben, um diesen dann einzusetzen. Aus dem Grund sind im Handel auch Feuerlöscher an Standsäulen oder fahrbare Feuerlöscher erhältlich.

An jedem Tag landet (noch?) eine ganze Reihe von Zeitschriften oder Prospekten auf Ihrem Tisch. Sie bekommen hiermit Waffen an die Hand geliefert, die Sie im Notfall gut einsetzen können. Rollen Sie eine solche Publikation eng zusammen. Wenn Sie damit nun zuschlagen, ähnelt es der symbolischen Waffe eines Kaspers, der Klatsche. Das führt also nicht weiter. Eine gerollte Zeitschrift ist jedoch eine sehr gute „Stichwaffe", die Sie auf den *Solarplexus*, den Magen oder den Genitalbereich des Angreifers stoßen können.

Wesentlich besser, weil es den Angreifer *nicht* verletzen kann, eignet sich ein sogenannter *Flashalarm*, auch als Taschenalarm bekannt. Das ist ein kleines, batteriebetriebenes Alarmgerät, welches in jede Tasche und in jeden Schreibtisch passt. Es wird durch das Ziehen an einer Reißleine bzw. über einen Knopf aktiviert und stößt ein lautes und schrilles Signal aus, welches sich nicht leicht abstellen lässt. Es ist dazu geeignet, Ihr Gegenüber in eskalierenden Konfliktsituationen zu verschrecken und vor allem, um auf sich aufmerksam zu machen. Sie erzeugen damit die Aufmerksamkeit, die ein Täter scheut. Der *Flashalarm* lässt sich auch mit Klettband unter Ihrem Pult oder Ihrer Theke anbringen. Nicht ganz so geeignet, aber auch nicht unpraktisch, ist in diesem Zusammenhang eine handelsübliche Trillerpfeife. Für den Gebrauch benötigen Sie „Puste", und eben diese fehlt Ihnen in Stresssituationen unter Umständen. Um auf eine Notlage aufmerksam zu machen und den Täter zu verschrecken, können Sie auch den Feueralarm auslösen.

Menschen haben eine natürliche Angst vor Lärm. Machen Sie sich das zunutze und setzen Sie die Waffe ein, die Sie immer bei sich tragen: Ihre Stimme. Mit dem Brüllen, Schreien oder Kreischen nehmen Sie dem Täter die Regie aus der Hand; Sie gehen zu einem kontrollierten, hoffentlich einschüchternden Wutausbruch über. Kautz bestärkt darin, hysterisch zu kreischen, da es bei dem Angegriffenen stressabbauend wirke und von der Atmung her besser zu bewerkstelligen sei als der wiederholte Ruf: „Hilfe! Hilfe!".[188] Allerdings kostet es sowohl Männer als auch Frauen einige Überwindung zu schreien. Um sich mit der „Technik" vertraut zu machen, bietet es sich an, das Schreien z. B. im fahrenden Auto (wenn Sie allein unterwegs sind!), bei einem Bundesligaspiel, einem Rockkonzert, in einer Achterbahn oder an der tosenden See zu üben. Bringen Sie in Erfahrung, welches Potenzial Ihre Stimme hat, trainieren Sie sie. Gewaltopfer berichten immer wieder, dass sie schreien wollten, aber ihnen, wie aus Träumen manchmal bekannt, die Stimme versagte. Auch das können Sie umgehen, wenn Sie Ihre Stimme trainieren.

Reine Selbstverteidigungskurse, die in kurzer Zeit, etwa an einem Wochenende, Kenntnisse vermitteln wollen, suggerieren, der Teilnehmer könne sich anschließend adäquat gegen Angriffe zur Wehr setzen. Um sich effektiv verteidigen zu können, sind jedoch viele Jahre Übung erforderlich, – und selbst dann ist man nicht gegen das Überraschungsmoment gefeit. Ein Schnellkurs, gerne speziell für Frauen angeboten, führt leicht zur Selbstüberschätzung. Wer sich indes eingehender mit dem Thema Selbstverteidigung oder Kampfsport auseinandersetzen möchte, wird feststellen, dass dies auf verschiedene Lebensbereiche positive Auswirkungen haben kann.[189]

Ich habe mit einer Bibliothekarin gesprochen, der von einem Nutzer die Nase gebrochen wurde. Sie kam seinem Wunsch nicht nach, Hitlers *Mein Kampf* herauszugeben. (Sie tat gut daran, denn die Verbreitung, und eine Ausleihe stellt eine Verbreitung dar, ist in der Bundesrepublik verboten. Nur bei nachweislich wissenschaftlichem Interesse darf das Buch aus dem geschlossenen Magazin geholt werden.) Unvermittelt schlug der Mann ihr ins Gesicht. Dagegen kann man sich nicht schützen. Die Bibliothekarin allerdings „versorgte" sich anschließend selbst, kühlte ihre Nase und versah ihren Dienst noch einige Stunden, bis sie Feierabend hatte! Erst dann begab sie sich in ein Krankenhaus. Im Nachhinein war auch ihr klar: In solchen Fällen sollte anders verfahren werden. Suchen Sie also, falls nötig, gleich einen Arzt auf, der Sie nicht nur versorgen, sondern Ihnen auch ein Attest ausstellen sollte. Dieses legen Sie dann bei der Polizei vor, wenn Sie Anzeige erstatten – zur Not gegen unbekannt.

Bibliotheksmitarbeiter können während ihrer Arbeit in Situationen geraten, die anschließend eine psychologische Betreuung erforderlich macht. Wer üble Erfahrungen gemacht hat, wer gar angegriffen wurde, sollte nicht sklavisch bis zum Dienstschluss am Pult bzw. an der Theke sitzen bleiben. „Unmittelbar

---

188 Kautz: Handeln, S. 62.
189 Flankierend seien zur Lektüre empfohlen: Besold/Korn: Selbstverteidigung, Graff: Mit mir nicht! und Höller/Reinisch/Maluschka: Kyusho.

nach dem traumatischen Ereignis sollten die Betroffenen so schnell wie irgend möglich von dem Tat- oder Unfallort entfernt werden. Vielen Betroffenen hat es sehr geholfen, sich auch für ein paar Tage von dem Ereignisort fernzuhalten. Hier gilt in den meisten Fällen nicht, wer vom Pferd gefallen ist, sollte so schnell wie möglich wieder aufsitzen!"[190] Vorgesetzte Bibliotheksmitarbeiter haben eine Fürsorgepflicht. Es liegt auf der Hand, dass leitende Mitarbeiterinnen und Mitarbeiter von ihren Kollegen besonders daran gemessen werden, wie sie in Krisen reagieren. Die Führungskraft bewährt sich in der Krise. „Psychologische Erste Hilfe ist einfach."[191] Sie umfasst das Beruhigen der bzw. des Betroffenen, die Vermittlung von Sicherheit, das aktive Zuhören sowie die Transparenz der eingeleiteten Maßnahmen. Als Vorgesetzter sollten Sie zum Beispiel Angehörige des Opfers informieren, die es in der Bibliothek abholen und dann betreuen können. Sie sollten nach traumatisierenden Ereignissen eine Nachsorge für das Opfer anregen. Es steht außer Frage, dass Schuldvorwürfe durch Vorgesetzte nach heftigeren Konfliktsituationen mit Nutzerinnen und Nutzern unangebracht sind. Arbeiten Sie etwaige Fehler im Team und unter professioneller Leitung auf. Die Kolleginnen und Kollegen sollten auch eingewiesen werden, wie sie mit dem Opfer am besten umgehen, wie sie es unterstützen können. Haben Sie körperlich Schaden genommen, so beachten Sie, dass ein Überfall versicherungstechnisch wie ein Unfall gehandhabt wird, das heißt, dass die Unfallversicherung greift, die der Arbeitgeber für den Arbeitnehmer abgeschlossen hat.[192] Wer als Nothelfer anderen beisteht und dabei selbst zu Schaden kommt, steht unter dem Schutz der Gemeinschaft (*Sozialgesetzbuch* VII § 2 Abs. 1 Nr. 13).

Das *Library Video Network* der *Baltimore County Public Library* in den USA bietet eine Reihe bibliothekarischer Lehrvideos und -DVDs an.[193] Darunter befinden sich Medien, die sich mit sicherheitsrelevanten Themen auseinandersetzen. Dies ist jedoch nur ein Anbieter. Um einen Eindruck zu gewinnen, hatte ich mir seinerzeit ein solches Lehrvideo in den USA bestellt: *Library Safety*, herausgegeben von der *West Virginia Library Commission*. In dem Lehrfilm tritt ein *Trooper*, der Polizist eines amerikanischen Bundesstaates, auf und zeigt den Zuschauern, wie man sich in einer Bibliothek vor gewaltbereiten und -tätigen Nutzern zu schützen vermag. Erschöpfend führt der Polizist vor Augen, wo Nutzer überall Waffen verstecken können: in Rucksäcken, Hüfttaschen, in der Kleidung. Aber was soll ein Bibliotheksmitarbeiter mit diesem Wissen anfangen? Der Beamte der *State*

---

190 Clemens/Lüdke: Opferhilfe, S. 99.
191 ebd., S. 40.
192 In solcherlei Fällen gibt es auch andere Hilfsmöglichkeiten, aktuell zum Beispiel noch das Opferentschädigungsgesetz (OEG). Lassen Sie sich ggf. beraten.
193 http://www.lvn.org (13.1.2015).

Police zählt ferner auf, wie man die Mitglieder einer *Gang* identifiziert (u. a. die *Hells Angels*, die meiner Vermutung nach in deutschen Bibliotheken noch nicht gesichtet worden sind). Auch hier fragt sich der geneigte Zuschauer, welchen Gewinn er aus diesen neuen Kenntnissen ziehen soll? Unfreiwillig komisch wird in dem Film schließlich vorgeführt, wie man sich in einer Bibliothek während eines Schusswechsels verstecken kann, nämlich durch das Hinhocken hinter einem Buchregal. Der *Trooper* betont allerdings, dass Geschosse sowohl Drehständer für Videokassetten als auch Bücherregale durchschlagen, und sie somit keine effektive Zuflucht bieten.

Schusswaffen spielen in den USA eine größere Rolle als in Deutschland. Es liegt auf der Hand, dass auch in den Bibliotheken eine andere Gefahrenstufe als in den hiesigen besteht. Was bei uns die strengen Waffengesetze bewirken, sollen dort Piktogramme an den Bibliothekspforten leisten: *"No guns!"* Auch wenn die westeuropäischen Staaten den Entwicklungen in den USA in vielen Bereichen, so auch in der Kriminalitätsentwicklung, nachfolgen, brauchen wir wohl nicht derart um das Wohlergehen der Bibliotheken zu fürchten.

Konflikte und Handgreiflichkeiten unter Nutzerinnen und Nutzern

Streitigkeiten zwischen Nutzern zu schlichten, ist eine unliebsame Aufgabe. Da Sie meist nicht wissen, wer den Konflikt verursacht hat, müssen Sie ohnehin neutral auftreten und besser für keine Seite Partei ergreifen. Mischen Sie sich nur in den Streit ein, wenn der ordnungsgemäße Betrieb in Ihrer Bibliothek gestört oder gegen die Linie Ihres Hauses verstoßen wird. Empfehlenswert ist die eröffnende Frage: „Was ist passiert?" Denn: „‚Passiert' ist wichtig. Dinge ‚passieren'. Das ist eben so. Keiner ist schuld, wenn was ‚passiert'", weiß ein Polizeibeamter, der jahrelang in der Notrufzentrale in Berlin tätig war.[194]

Bei allen anderen Unstimmigkeiten können Sie sich aus der Affäre ziehen mit: „Haben Sie den Herrn/die Dame schon angesprochen? Nein? Ich bitte Sie, es selbst tun."

Attackieren sich zwei Nutzer verbal, und Sie sehen sich gezwungen, sich einzumischen, so gehen Sie mit einer Kollegin oder einem Kollegen in den „Einsatz", sodass sich jeder um einen der Kontrahenten kümmern und ihn ablenken kann. Positionieren Sie sich beide so, dass sich die Streitenden nicht mehr direkt ansehen können oder trennen Sie sie räumlich.

---

194 Gutenrath: 110, S. 45.

Was kann man machen, wenn zwei Nutzer in der Bibliothek aneinandergeraten und beginnen, sich zu prügeln? „Wenn an einem überfüllten Ort ein Kampf ausbricht, besteht die typische Reaktion der Umstehenden darin, sich in eine sichere Entfernung zu begeben und zuzuschauen."[195] Diese Option haben Sie nicht. Rufen Sie: „Ich habe die Polizei gerufen! Sie ist gleich da! Hören Sie sofort auf!"

Sie oder ein Kollege sollten die Polizei dann tatsächlich so schnell wie möglich alarmieren. Überlegen Sie dreimal, bevor Sie sich auch körperlich einbringen, denn das birgt ein unkalkulierbares Risiko. Sie könnten Schaden nehmen, und es könnte genauso gut sein, dass sich plötzlich beide Nutzer gegen Sie wenden, falls sie in einer Beziehung zueinanderstehen. „Kampfhähne sind häufig dankbar für Interventionen von außen, denn sie ermöglichen ihnen in einem zugespitzten Konflikt einen Kampfabbruch ohne Gesichtsverlust (= Verlust von Männlichkeit)."[196]

Es geht immer schief, selbst auf die Prügelnden loszugehen oder einem Unterlegenen mit eigenem Gewalteinsatz helfen zu wollen: „Der Täter ist in der Regel vorbereiteter, schneller und skrupelloser als der Helfer."[197] Von Strünck empfiehlt vielmehr, die Konfliktparteien abzulenken, indem man (was liegt dem Bibliothekar näher?) ein dickes Buch auf die Erde oder auf den Tisch knallt oder schreit. Wenn Sie nicht anders können, als sich auch körperlich einzumischen, so ziehen Sie den vermeintlich schwächeren Kontrahenten aus dem Gefahrenbereich. Kümmern Sie sich auf diese Weise um das „Opfer", und gehen Sie nicht auf den „Täter" los.

Hilfe übers Telefon

Bereiten Sie sich auf Notfälle vor, indem Sie überprüfen, ob von jedem Telefonapparat aus eine Amtseinwahl möglich ist.

Heben Sie hervor, wenn eine Null gewählt werden muss, um ein Amt zu bekommen. Denn somit wird der allgemein bekannt Notruf 110 – in Stresssituationen leicht vergessen – zu 0110.

Nicht mit jedem Apparat lassen sich u. U. alle Nummern erreichen. Häufig ist die Null bzw. ist eine zweite Null auch gesperrt, um unberechtigte Ferngespräche oder Anrufe auf Mobiltelefonen zu verhindern. Das ist schlecht, wenn der für Sie

---

195 Collins: Dynamik, S. 23.
196 Meis/Rhode: Wer schreit, S. 116.
197 von Strünck zit. i. Hunfeld: Trägheit, S. 114.

zuständige Sicherheitsdienst beispielsweise nur über ein Mobiltelefon zu alarmieren ist.

Zudem sollte *jedem* Mitarbeiter klar gemacht werden, dass er, wie im Privatleben auch, berechtigt ist, die Polizei zu rufen, wenn es die Situation zu erfordern scheint – und das ohne Rücksprache mit Vorgesetzten.

Wenn Sie die Polizei alarmiert haben und die Gelegenheit finden, so kündigen Sie das Eintreffen der Polizei bei der Bibliotheksleitung an, damit diese nicht überrascht wird.

Statten Sie Ihre Mitarbeiter bei Bedarf mit Mobilgeräten aus, die über einen Notrufknopf verfügen.

Das Absetzen von Notrufen über ein Mobiltelefon ist fast immer möglich. Selbst wenn Sie keine Verbindung zu Ihrem eigenen Netz haben, wird ein Notruf über ein anderes, verfügbares Netz weitergeleitet.

Bringen Sie sich in Besitz von Telefonnummern und Adressen, die Ihnen in bestimmten Fällen weiterhelfen können. Erstellen Sie eine Übersicht und verteilen Sie sie auf die Theken und Pulte.[198] Vermerken Sie auf der Übersicht die eigene Adresse, denn die eigene Hausnummer, das heißt die der Bibliothek, wird in Stresssituationen leicht vergessen.

Für kleinere und größere Probleme gehören die Telefonnummern und Adressen zu folgenden Themenbereichen und folgender Institutionen auf die oben genannte Liste: Polizeinotruf und Feuerwehr, direkte Durchwahl zum zuständigen Polizeirevier, Krankenhaus mit Rettungsstelle, Sozialpsychiatrische Dienste und Ambulanter Krisendienst (Psychologische Soforthilfe), Fachärzte (jeweils die der Bibliothek nächsten, für alle Fachgebiete), Kinder (Kindernotdienst u. ä.), Jugendliche (Jugendnotdienst u. ä.), Anlaufstellen für Treber[199], Gewalt gegen Frauen und Mädchen (Frauenkrisentelefon, Frauenhäuser etc.), Anlaufstellen für Obdachlose (Bahnhofsmissionen, Übernachtungsheime, Beratungsstellen, Suppenküchen), Anlaufstellen für Alkohol- und Drogenabhängige (Drogennotdienst, Drogenhilfe, Drogennotfallprophylaxe, Wohnprojekte, Anonyme Alkoholiker, Suchtberatungen), (Kirchliche) Telefonseelsorge, *Streetworker,* WEISSER RING (Gemeinnütziger Verein zur Unterstützung von Kriminalitätsopfern und zur Verhütung von Straftaten).

---

198 Für Bibliothekare eine leichte Übung; es kommt aber auch darauf an, diese Übersicht stets aktuell und ohne weiteren Aufwand zur Hand zu haben.
199 „Ausreißer".

Lautsprecherdurchsagen

Mit Kanonen auf Spatzen schießen Sie ganz sicher, wenn Sie mit Lautsprecherdurchsagen in Ihrer Bibliothek für Ruhe sorgen wollen. Falls Sie über eine Lautsprecheranlage verfügen, die Ansagen im Publikumsbereich oder der gesamten Bibliothek ermöglicht, so können Sie über diese aber im Notfall beispielsweise nach zufällig anwesendem medizinischen Personal fragen oder Ihre eigenen Erst- oder Brandhelfer ausrufen und mobilisieren. In allen denkbaren Einsatzmöglichkeiten der Lautsprecheranlage sind die folgenden Punkte zu beachten:

Verzichten Sie nicht auf eine Anrede. Die Zeit, die hierfür vergeht, braucht der Bibliotheksnutzer, um sich auf das nun Folgende einzustellen: „Meine Damen und Herren!" o. Ä. Ein vorgeschalteter Gong verstärkt den Effekt. Kommen Sie zur Sache und appellieren Sie: „Wir bitten Sie, Folgendes zu tun ...!"

Wenn die Zeit und der Umstand es erlauben, so können Sie hier eine kurze Begründung folgen lassen. Dies muss aber gründlich abgewogen werden. Wiederholen Sie Ihre Durchsage. Machen Sie das Ende der Durchsage deutlich mit: „Ende der Durchsage!"

Sprechen Sie nicht zu schnell, nicht zu laut und vermeiden Sie fachsprachliche Ausdrücke. Wenn Ihre Bibliothek viel von Publikum frequentiert wird, das nicht deutschsprachig ist, sollten Sie die wichtigsten Ansagen auch in den relevanten Sprachen vorliegen haben (zum Ablesen oder automatisch).

Machen Sie sich im Vorfeld mit der Anlage vertraut und proben Sie, in welcher Lautstärke Sie sprechen müssen. Schulen Sie alle infrage kommenden Mitarbeiter.

Formulieren Sie positiv: „Gehen Sie bitte durch den Haupteingang!" Nicht: „Gehen Sie bitte nicht durch die Seiteneingänge!"

Vermeiden Sie Reizwörter wie: „Panik", „Angst", „Feuer" oder „Rettungsfahrzeug". Formulieren Sie also eher: „Wir möchten Sie bitten, unverzüglich, ich wiederhole: unverzüglich, die Bibliothek durch den Haupteingang zu verlassen!" statt: „Verlassen Sie so schnell wie möglich die Bibliothek! Keine Panik! Die Rettungswagen treffen gleich ein!"

Ein geeigneter Text wäre beispielsweise: „An alle Personen in der Bibliothek! Wir haben eine ernste Lage. Wir werden aus Sicherheitsgründen die Bibliothek räumen! Wir verlassen jetzt alle das Gebäude, verhalten uns ruhig und warten auf weitere Anweisungen!"

Eine Evakuierung des Gebäudes stünde auch an bei einem Stromausfall. In diesem Fall könnten Sie mit Ihrer Lautsprecheranlage nichts anfangen. Bleiben Sie gut bei Stimme. Der Neubau einer Universitätsbibliothek einer Landeshauptstadt im Osten Deutschlands ist so verwinkelt, dass Ansagen über die Lautsprecheranlage nicht überall zu vernehmen sind. Pragmatisch, wie Bibliotheksmitarbeiter oft sind, steht unter einem der Pulte ein Megafon.

Private Sicherheitsdienste

Private Sicherheitsdienste oder Aufsichtskräfte sind in größeren, vor allem öffentlichen Bibliotheken mittlerweile recht verbreitet. Durch die öffentliche Diskussion über die teilweise (!) gestiegene Kriminalität ist auch das Bedürfnis der Bibliotheksnutzer nach Sicherheit gestiegen und die Akzeptanz von Sicherheitsdiensten gewachsen. Für Sicherheitsunternehmen stellen Bibliotheken indes nur ein sehr kleines Betätigungsfeld dar. Sie verrichten ohnehin nur einen geringen Prozentsatz ihrer Tätigkeiten im teilöffentlichen Raum.

Beachten Sie bei der Zusammenarbeit mit Sicherheitsunternehmen und Aufsichtskräften am besten Folgendes:

Es braucht einige Zeit, bis sich ein engagierter Sicherheitsdienst, eine Fremdfirma also, an die „Unternehmenskultur" einer Bibliothek angepasst hat. Eine gründliche Einarbeitung und Abstimmung ist vonnöten.

Halten Sie regelmäßig Besprechungen mit den vor Ort eingesetzten Mitarbeitern des Sicherheitsunternehmens ab. Lassen Sie nicht zu, dass quasi zwei Arbeitswelten unter einem Dach existieren.

Im Gegensatz zur Polizei, die im Rahmen der Gefahrenabwehr bzw. der Strafverfolgung, aufgrund hoheitlicher Befugnisse, tätig wird, handeln Angehörige privater Sicherheitsdienste als Beauftragte im Rahmen des Hausrechts. Wie jeder andere Bürger können sie Notwehr- und Nothilferechte wahrnehmen, mehr jedoch nicht.

Versuchen Sie bei dem Sicherheitsunternehmen Kräfte für Ihre Bibliothek zu bekommen, die mehrsprachig sind, wenn viele Ihrer Nutzer nicht Deutsch als Muttersprache haben.

Nicht immer ist der Sicherheitsdienst nur für oder in der Bibliothek aktiv. Achten Sie beim Vertragsabschluss darauf, dass er pauschal und nicht pro Einsatz bezahlt wird. Wenn jedes Mal Kosten anfallen, sind die Hemmungen zu groß, zum Telefon zu greifen.

Sicherheitsdienste in der einen Bibliothek verdrängen manchmal „schwierige" Nutzer in die nächste Bibliothek.

Wenn das Personal einer Bibliothek sehr belastet ist von herausfordernden Kundenkontakten, kann es auch gut sein, dass ein Sicherheitsdienst über die Tagespresse eingefordert wird: „Die Liste der Zumutungen ist lang: Sex auf der Toilette, Brandstiftung, Beleidigungen und unflätiges Benehmen lassen die Neuköllner *Helene-Nathan-Bibliothek* zu einem schwer erträglichen Ort werden. Jetzt haben die 29 Mitarbeiter einen Wachschutz gefordert."[200]

Die Polizei als Partnerin

Die Polizei betrachtet es seit längerer Zeit schon als eine ihrer Hauptaufgaben, nicht nur in der Gefahrenabwehr, sondern auch in der Gefahrenvorsorge und vorbeugenden Verbrechensbekämpfung tätig zu werden. Schauen Sie sich die Internetauftritte der Polizeien der Länder und der Landeskriminalämter an, oder stellen Sie einen telefonischen Kontakt zur Polizei her, um herauszufinden, ob Gewaltpräventionsprogramme, zugeschnitten auf Mitarbeiter des öffentlichen Dienstes mit Kundenkontakt angeboten werden.

Gehen Sie auf die örtliche Polizei zu, und informieren Sie sich frühzeitig über deren Struktur: Welche Polizeidienststelle, welches Revier ist für die Gegend Ihrer Bibliothek zuständig? Ist ein bestimmter Beamter für den Stadtteil, gar den Straßenblock Ihrer Bibliothek verantwortlich (Bezirksbeamter, Kontaktbereichsbeamter)? Zumindest in Berlin gibt es auf jedem Polizeiabschnitt seit dem Jahr 2003 Präventionsbeauftragte: Diese Beamten kennen ihren Stadtteil und stellen ebenfalls ideale Ansprechpartner dar. Sprechen Sie mit den Polizeibeamten, laden Sie sie auf einen Kaffee ein, legen Sie Ihre Sorgen dar, machen Sie auf Ihre Probleme aufmerksam. Wenn Sie dann Kontakte geknüpft haben, bitten Sie ggf. um das regelmäßige Bestreifen Ihrer Bibliothek. Versuchen Sie dafür zu sorgen, dass in regelmäßigen Abständen Polizeiwagen an Ihrer Bibliothek vorbeifahren oder – bei größeren Problemen – Polizeibeamte auch mal unangekündigt in die Bibliothek kommen. In Köln beispielsweise hat einst die Zusammenarbeit mit der Polizei die herrschenden Probleme entschärft – bezeichnenderweise aber nach einem zufälligen Kontakt.[201]

Ein nettes Anschreiben mit einer Kurzvorstellung der Bibliothek und Ihrer Problemschilderung landet vielleicht am Schwarzen Brett des Reviers.

In bestimmten Deliktbereichen arbeitet die Polizei mit der sogenannten Gefährderansprache. Das heißt, Beamte sprechen Personen, die auffällig sind oder die mit hoher Wahrscheinlichkeit auffällig werden, an und zeigen die möglichen Konsequenzen ihres Handelns auf. Bei massiven Problemen könnten Sie also Polizeibeamte bitten, ein kurzes, präventives Gespräch mit den schwierigen Nutzern zu führen.

---

200 *Tagesspiegel* vom 8.2.2015: 9.
201 vgl. Tiedge: Benutzer.

Es gibt, das konnte ich in den von mir geführten Interviews, in den durchgeführten Seminaren und in den erhaltenen *Mails* ausmachen, hier und da Vorbehalte, die Polizei einzuschalten. In einem internen Papier einer großen Bibliothek zum Thema „Sicherheit" wird beispielshalber die Frage aufgeworfen, was zu tun sei, wenn ein Nutzer mit Hausverbot in der Bibliothek auftaucht und nach Aufforderung das Gebäude nicht verlassen möchte? Ja, da gibt es doch gar keinen Zweifel: Natürlich ist die Polizei zuständig und vonnöten. Würde die Polizei nicht gerufen, welch fatale Signalwirkung hätte dies?

Keine Bibliothek hat gerne die Polizei im Haus. Das ist nicht unbedingt imagefördernd. Aber wie auch in anderen Arbeitsbereichen der Bibliothek: Manchmal geht es nicht ohne Spezialisten. Lassen Sie nicht die Gleichung entstehen: „Polizei im Haus = Versagen der Bibliothek".

Seien Sie nachsichtig, wenn die angeforderte Polizei bei sogenannten nicht eilbedürftigen Einsätzen nicht so schnell kommt, wie Sie es gerne hätten. In Berlin zum Beispiel gehen aktuell im Durchschnitt täglich 3500 Anrufe unter der Telefonnummer 110 ein. Tagsüber, wenn Bibliotheken geöffnet sind, ist das Aufkommen größer als nachts. Wegen der verbreiteten Mobiltelefone kommt es in den Einsatzleitzentralen häufig zu Mehrfachmeldungen zum selben Ereignis. Belastet werden die Beamten auch von Nonsensmeldungen und Telefonstreichen (Missbrauch von Notrufen). Die für die Innere Sicherheit aufgewendeten Mittel führen in den letzten Jahren dazu, dass es in Flächenländern mitunter etwas dauert, bis ein Notruf entgegengenommen werden kann. „Jeder zehnte Brandenburger, der 110 wählt, muss sich länger als 30 Sekunden gedulden, bis jemand abhebt."[202] In Berlin liegt die Zielvorgabe aktuell bei 10 Sekunden, und selbst dieser Zeitraum kann einem lang werden, wenn man wirklich in Not ist.

Empfangen Sie die Beamten nicht mit Unmut. Positionieren Sie Einweiser, die den eintreffenden Polizeibeamten schnell den Weg zeigen können. Auch wenn Rettungswagenbesatzungen etwaige Treffpunkte auf einem Campus kennen, muss das für die Polizei noch lange nicht gelten. Verwenden Sie beim Notruf keine Abkürzungen oder Fachbegriffe, etwa: „In der SuUB hat sich ein Nutzer gerade eine Inkunabel unter den Arm geklemmt! Er flieht damit in Richtung Freihand!"

Wenn Sie wegen eines akuten Problems die Polizei über den Notruf 110 alarmieren, verwenden Sie das Wort „gegenwärtig". Dieser Begriff aus der polizeilichen Fachsprache bezeichnet Ihre Situation präzise und sollte zur gewünschten Reaktion führen („Gegenwärtig randaliert ein Nutzer in unserer Bibliothek ...!").

---

202 *Tagesspiegel* vom 10.10.2013: 12.

Falls Sie die Polizei anrufen und nicht sofort jemanden erreichen, so wählen Sie nicht erneut die 110. Denn beim Auflegen und einer Wahlwiederholung landen Sie in der etwaigen Warteschleife immer wieder hinten.

Sollten Sie mit Polizei oder Feuerwehr telefonieren, dann sollten Sie, soweit möglich und sinnvoll, weiterhin einen Blick auf das Geschehen haben. Es kann schnell zum Nachteil werden, wenn Sie sich telefonierend abwenden und nicht wahrnehmen, was ein Gewalttäter hinter Ihrem Rücken unternimmt oder wie sich ein Feuer bewegt.

Ein stiller Alarm mit Aufschaltung zur Polizei ist in Bibliotheken noch nicht verbreitet. Wie in einer Bank wird mit solch einer Vorrichtung im Notfall ein Signal über eine Gefahrenmeldeanlage, die unauffällig und ohne Aufwand ausgelöst werden kann, an die Alarmempfangsstelle bei der Polizei gesandt.[203] Meinen Nachforschungen zufolge verfügt in Deutschland nur eine einzige Bibliothek über eine Aufschaltung zur Polizei.

Unter Bibliotheksmitarbeitern besteht gelegentlich die Befürchtung, dass „Bibliothek" in den Ohren der Polizei als „Stoppwort" aufgefasst werden könnte. Mit anderen Worten: Es gibt hier und da die unberechtigte Sorge, dass die Polizei Konflikt- und Gefahrensituationen in Bibliotheken nicht ernst nimmt, weil Bibliotheken nicht zu ihren typischen Einsatzorten zählen. Auch die Polizei ist dienstleistungsorientiert und weiß *Feedback* zu schätzen: In Berlin trägt jeder Beamte und jede Beamtin sogenannte Dienstkarten bei sich. Diese sind mit der Dienstausweisnummer identisch. Muss sich ein Bürger förmlich über einen Polizeibeamten beschweren, so kann er um die Herausgabe einer solchen Dienstkarte bitten. (Selbstverständlich können die Dienstkarten auch eingesetzt werden, wenn Sie sich förmlich lobend über den Beamten äußern möchten.) Der Beamte muss dem ohne Angabe von Gründen nachkommen.[204] Hat er eine solche Karte an einen Bürger weitergereicht, muss er anschließend ein Formular zur Aushändigung einer Dienstkarte ausfüllen, um schließlich eine neue von seinem Dienstherrn zu erhalten. Es ist vollkommen legitim, von diesem bürgerfreundlichen Service Gebrauch zu machen. Leider gibt es ihn nicht überall. In der Regel verfügen deutsche Polizeibeamte indes über Visitenkarten. Sogenannte Streifenbelege geben auch im Nachhinein darüber Auskunft, welcher Beamte bei welchem Einsatz war.

In ländlichen Gegenden oder in Kleinstädten sind naturgemäß nicht so viele Polizeibeamte tätig und ansprechbar wie in den Großstädten. Man ist hier noch

---

203 Die Polizei ist die richtige Ansprechpartnerin, wenn Sie sich für einen stillen Alarm interessieren. Hier werden Sie kompetent beraten. Die technischen Anlagen müssen jedoch regelmäßig gewartet werden, und für den Konzessionär, der die Anlage betreut, fallen u. U. Kosten an.
204 Das gilt nicht für betrunkene Personen, Kinder oder während geschlossener Einsätze (z. B. bei Demonstrationen).

mehr von der Einschätzung und Kompetenz des jeweiligen Beamten abhängig. Sollten Sie sich mit Ihrem Anliegen einmal von einem Polizisten nicht ernst genommen fühlen oder weist er Sie gar ab, so können Sie Ihre Anzeige auch schriftlich einreichen. Senden Sie Ihren Brief an die nächsthöhere Dienststelle oder direkt an die Staatsanwaltschaft. Dann geht alles seinen Weg.

Eine besondere Kontaktpflege mit der Polizei fand 2013 in der *Stadtbibliothek Salzburg* statt: „Fünf Mitglieder der Salzburger Polizei-Hundestaffel nutzte die Bibliotheksräume als Übungsareal für die Suchtgift-Spürhunde. Die Bibliothek sei als Trainingsgelände ideal, begründete die Behörde die Maßnahme: Erstens bräuchten die Hunde Abwechslung und müssten im Training immer wieder mit neuen Herausforderungen und Umgebungen konfrontiert werden. Zweitens zeichnete sich intensiv genutzte Räume wie die *Stadt:Bibliothek* auch durch eine große Vielfalt an Geruchseindrücken aus, denen die Spürnasen mit vier Beinen die Suchtgift-Gerüche herausfinden müssten. Und drittens biete die Stadtbibliothek eine Vielzahl an möglichen Verstecken."[205]

Niels Peters: Handlungsempfehlungen für Feuerwehreinsätze

Während Ihrer Arbeitszeit in einer Bibliothek oder in einer ähnlichen Einrichtung werden Sie höchstwahrscheinlich mit der Feuerwehr in Kontakt kommen. Möglichkeiten ergeben sich z. B. durch eine Begehung im Rahmen des vorbeugenden Brandschutzes, durch einen Ortstermin mit der lokalen Feuerwehr, die Ihre Räumlichkeiten kennenlernen möchte oder gar bei einem Ernstfall. Wie in jedem Lebensbereich können Verletzungen, technisches Versagen von Geräten oder der Ausbruch eines Brandes zu Gefahrensituationen führen, die ohne professionelle Hilfe nicht mehr beherrschbar sind. Ein Einsatz der Feuerwehr oder des Rettungsdienstes kann sich daher jederzeit an jedem Ort ereignen.

Die effektive Hilfeleistung in solchen Fällen ist Staatsziel, da dieser für die Daseinsvorsorge der Bevölkerung verantwortlich ist. Die eingerichteten Behörden und Organisationen sind hochverfügbar und unterhalten einen 24/7-Dienstbetrieb. So haben alle Bundesländer Gesetze verabschiedet, in denen Maßnahmen und Vorgaben zur Organisation und Struktur von Notfallvorsorgeeinrichtungen normiert sind. Sie heißen u. a. Feuerwehrgesetz, Brandschutzgesetz, Hilfeleistungsgesetz, Rettungsdienstgesetz.

Die Feuerwehren gliedern sich in vier Arten auf: Berufsfeuerwehren (in größeren Städten ab 100.000 Einwohner, ca. 100 in Deutschland), freiwillige Feuerwehren (in jeder Stadt/jedem Ort, ca. 24.000 in Deutschland), Betriebs-,

---

[205] *BuB* 9 (2013): 589.

Werk- und Flughafenfeuerwehren (in größeren und mittleren Betrieben, ca. 930 in Deutschland), Pflichtfeuerwehren (an Orten, an denen keine freiwillige Feuerwehr zustande kommt, sehr selten).

Insgesamt engagieren sich rund 1,1 Millionen Menschen in Deutschland freiwillig in einer Feuerwehr oder sind bei einer Berufsfeuerwehr angestellt.

Der Vorteil einer Berufsfeuerwehr ist, dass die alarmierten Kräfte innerhalb weniger Minuten ausrücken können, da die Wachen ständig besetzt sind. Freiwillige Kräfte begeben sich nach der Alarmierung zunächst von zuhause aus oder der Arbeitsstelle zur Wache. Von dort rücken sie mit den Fahrzeugen zur Einsatzstelle aus, sobald diese besetzt werden konnten.

Ein ähnliches System ist beim Rettungsdienst vorhanden: Fest besetzte Wachen mit Rettungswagen und Notarzt gibt es in jeder größeren Stadt. Um dennoch bestimmte Fristen einzuhalten, in denen Rettungsdienstkräfte beim Patienten eintreffen müssen, werden sogenannte „Helfer vor Ort" (*First Responder*) eingesetzt. Diese können bis zum Eintreffen von Sanitätern und Notarzt erste basismedizinische Maßnahmen einleiten und so für einen möglichst frühen Beginn der Notfallbehandlung sorgen. In abgelegenen Gegenden oder bei langer Anfahrt zum (Spezial-) Krankenhaus werden auch Rettungshubschrauber eingesetzt.

Nach einem Notruf (zur Erinnerung: die Nummer ist europaweit 112) werden Kräfte zum Notfallort in Bewegung gesetzt. Welche Kräfte zu Ihnen kommen, hängt von der Lage ab. Der Mitarbeiter in der Einsatzleitzentrale entscheidet in der Regel nach der Alarm- und Ausrückeordnung. Diese ist abhängig von der Größe des in der Alarmierung beschriebenen Ereignisses. So werden für Einrichtungen, in der sich viele Menschen aufhalten, mehr Einsatzkräfte aufgeboten. Der Mitarbeiter kann jedoch auch nach eigener Einschätzung davon abweichen und mehr oder weniger Kräfte alarmieren. Ihr Gesprächspartner in der Einsatzleitzentrale ist kommunikativ geschult. Er übernimmt die Gesprächsführung und bringt mithilfe eines Abfrageprotokolls alle relevanten Sachverhalte in Erfahrung, die für die Feuerwehr oder den Rettungsdienst wichtig sind. Wichtig: Legen Sie erst auf, wenn Ihr Gesprächspartner das Telefonat beendet hat.

Hier einige der möglichen Schadensarten mit den alarmierten Kräften:

Einsatzart	Beispiele	Alarmierte Kräfte (im Regelfall)
Medizinischer Notfall	Größere Schnitt- oder Platzwunde, Knochenbruch, Gehirnerschütterung, Brand- oder Verbrühungswunde, Ohnmacht, Herzinfarkt, eingeklemmte Gliedmaßen	Rettungsdienst Rettungswagen (RTW) mit einem Rettungssanitäter und einem Rettungsassistenten Ggf. ein Notarztwagen mit einem Notarzt und einem Fahrer, in der Regel ein Rettungsassistent
Technische Hilfeleistung	Wasserrohrbruch, eindringender Regen, Einsturz von Gebäudeteilen, stecken gebliebener Fahrstuhl, auslaufende Flüssigkeiten, z. B. Öl	Feuerwehr Löschfahrzeug weitere Sonderfahrzeuge (z. B. Kran oder Rüstwagen) Feuerwehrtechnisches Personal (3–x Personen, abhängig von der Alarmierungsmeldung)
Brandbekämpfung	Feuer in einem Raum, Verrauchung des Gebäudes, Kabelbrand, Brand eines Müllcontainers am Gebäude	Feuerwehr Löschfahrzeug(e) Drehleiter Kommandofahrzeug Feuerwehrtechnisches Personal (16–x Personen, abhängig von der Alarmierungsmeldung)
Sonstige Einsätze	z. B. Tierrettung, umgestürzter Baum, sonstige Gefahrenlage	Feuerwehr Löschfahrzeug(e) Drehleiter Kommandofahrzeug weitere Sonderfahrzeuge Feuerwehrtechnisches Personal (3–x Personen, abhängig von der Alarmierungsmeldung)

Nach einer Alarmierung, die per Brandmeldeanlage, Druckknopfmelder, Anruf oder Fax (für gehörlose Personen) ausgelöst werden kann, wird in der örtlichen Einsatzzentrale der Alarm ausgelöst. Über Wachalarm, Sirene, *Pager* oder *Apps* werden die Mitglieder der Berufsfeuerwehr und/oder der freiwilligen Feuerwehr alarmiert und rücken zum Einsatz aus. Wann die Einsatzkräfte eintreffen, hängt von unterschiedlichen Faktoren ab. Verzögernde Faktoren können u. a. sein: Verfügbarkeit der Einsatzkräfte (Berufsfeuerwehr sofort, freiwillige Kräfte verzögert), dichter Verkehr in der *Rush Hour*, die zuständigen, lokalen Einsatzkräfte sind wegen eines anderen Einsatzes gebunden und daher nicht verfügbar. Beschleunigende Faktoren können sein: Einsatzkräfte sind gerade zufällig in der Nähe, entspannte Verkehrslage.

Jedes Bundesland hat verschiedene, an die örtlichen Gegebenheiten angepasste Einsatzzeiten als Zielvorgaben; in dieser Zeit muss die Hilfe vor Ort sein. In Groß und Mittelstädten sind die Einsatzkräfte in der Regel innerhalb weniger Minuten am Einsatzort, in ländlichen Regionen kann dies naturgemäß länger dauern (bis um die 15 Minuten).

In Ihrer Bibliothek müssen alle Mitarbeiterinnen und Mitarbeiter die sicherheitsrelevanten Einrichtungen kennen, nicht nur zum Selbstschutz, sondern auch um Personen, die sich nur kurzfristig im Gebäude aufhalten, zu schützen. In der Regel wird es sich um Bibliotheksnutzerinnen und -nutzer handeln. Lieferanten, Handwerker und andere Besucher sind weitere Personengruppen, die vielleicht keine Kenntnis des Gebäudes haben. Sie werden sich nicht mit den Notausgängen auskennen und sind daher besonders auf die Hilfe und die Anweisungen des Personals angewiesen.

Die folgenden Einrichtungen sollten alle Mitarbeiterinnen und Mitarbeiter kennen – von der Aushilfe bis zur Leitungsebene:
- Flucht- und Rettungswege mit Notausgängen, Fluchtpläne, kürzeste Wege zum nächsten Ausgang, kürzester Weg aus dem Magazin ins Freie, Sammelplätze
- Feuerlöscheinrichtungen: Feuerlöscher, Wandhydranten, Löschdecken
- Brandmeldeeinrichtungen: Druckknopfmelder, Brandmeldezentrale (BMZ) ggf. mit Sprinklerzentrale
- Sanitätsräume, Verbandkästen, ggf. Standort des nächsten Automatisierten Externen Defibrillators (AED, umgangssprachlich: „Defi")
- Kommunikationseinrichtungen: Telefone, ggf. Lautsprecherwarneinrichtungen
- Personen: Brandschutzbeauftragter, Ersthelfer, Evakuierungshelfer, Mitglieder des Notfallteams der Bibliothek

Neue Mitarbeiterinnen und Mitarbeiter sollten frühzeitig in der Einarbeitungszeit mit den Abläufen und Einrichtungen vertraut gemacht werden. Auch für die anderen ist es notwendig, solche Einrichtungen mindestens einmal im Jahr auf einem Rundgang in Augenschein zu nehmen und sich somit auf den aktuellen Stand zu bringen. In der Handhabung von Feuerlöschern sollten ebenfalls alle Mitarbeiterinnen und Mitarbeiter geschult sein. Viele Brände können bereits im Entstehungsstadium gelöscht werden. Größerer Schaden wird damit verhindert. Dazu sollte es regelmäßige Trainingstage geben, bei denen der Umgang praktisch und unter realen Bedingungen durchgeführt wird.

Bei Notfällen kommt es immer darauf an, welchen Radius sie betreffen. Bei der Verletzung einer Person ist der Radius sehr klein und betrifft einen überschaubaren Raum. Bei einem Brand ist in der Regel das gesamte Gebäude betroffen. Bei größeren Schadenereignissen können Straßenzüge, Viertel oder ganze Städte betroffen sein.

Wenn sich ein Schadenereignis in Ihrem Gebäude ereignet, muss Ihre Hauptsorge sein, Personen vom Schadenbereich fernzuhalten, sie daraus zu entfernen und hinauszubegleiten. Dazu sollte es ein geplantes und gut vorbereitetes Evakuierungsmanagement geben, auf welches jederzeit zurückgegriffen werden kann. Essenziell für die Einsatzkräfte ist die Information, ob sich noch Personen im Gebäude aufhalten. Durch Flur- und Abschnittsbeauftragte, die ihren Bereich als „frei" bei einem Koordinator melden, kann diese Information schnell und zielgerichtet weitergegeben werden. Dieser kann dann den Einsatzkräften eine Übersicht für Gebäudeteile geben, in denen sich noch Menschen befinden könnten.

Exemplarisch stelle ich hier kurz an zwei Einsatzarten dar, was in einem Notfall seitens der Feuerwehr in Bewegung gerät. Denken wir uns einen Rettungsdienst und einen Feuerwehreinsatz:

Die meisten Notfälle in Bibliotheken werden des Rettungsdienstes bedürfen. Sehr oft kommen Verletzungen durch Stürze (z. B. auf Treppen oder bei Glatteis) sowie Schnitt- oder Rissverletzungen vor. Auch internistische Notfälle, wie Herzinfarkte oder Bewusstlosigkeit, kommen in Einrichtungen mit Publikumsverkehr regelmäßig vor.

Was geschieht, wenn eine Person beispielsweise einen Herzinfarkt im Publikumsbereich einer Bibliothek erleidet? Die betroffene Person wird in der Regel merken, dass sie körperliche Probleme bekommt, sich an die Brust fassen und sich unter Schmerzen fallen lassen. Dieses wird von den umstehenden Bibliotheksnutzern bemerkt werden. Durch die Verfügbarkeit von Mobiltelefonen wird nun die Rettungskette in Gang gesetzt, da die Hemmschwelle, zum Telefon zu greifen niedriger ist, als sich direkt um die betroffene Person zu kümmern. Sollte eine mit Erste Hilfe-Maßnahmen vertraute Person anwesend sein, wird sie sich (hoffentlich) kümmern. Realistischerweise wird auch eine Mitarbeiterin oder ein Mitarbeiter der Bibliothek verständigt werden. Diese informieren nun durch An- oder Zuruf die oder den zuständigen Ersthelfer. Nach Eintreffen übernehmen diese die Versorgung des Patienten, da ihnen durch die entsprechenden Schulungen bekannt ist, welche Maßnahmen ergriffen werden müssen. Ein weiterer Mitarbeiter muss sich nun zum Haupteingang begeben, um den Rettungsdienst einzuweisen. Dieser wird ggf. mit zwei Fahrzeugen in zeitlichem Abstand eintreffen, da Rettungswagen und Notarzt von unterschiedlichen Standorten im sogenannten „*Rendezvous*-System" anfahren. Die eingetroffenen Rettungsdienstkräfte sollten schnellstmöglich zum Patienten geleitet werden. Dort wird eine Übergabe an den Rettungsdienst durch den Ersthelfer gemacht, mit Angaben über die Auffindesituation und die bereits getätigten Maßnahmen, z. B. eine Wiederbelebung. Der Patient wird dann nach einer Untersuchung und nach ersten Maßnahmen (z. B. Verband, Medikamentengabe oder Tropf) ins Krankenhaus befördert.

Feuerwehreinsätze in Bibliotheken finden häufiger wegen kleinerer Ereignisse oder wegen Fehlalarmen statt. „Echte" Bibliotheksbrände sind heutzutage zum Glück selten und verlaufen aufgrund strenger Brandschutzbestimmungen und Vorsorgemaßnahmen meist glimpflich.

Was geschieht, wenn es beispielsweise in einem Druckerraum der Bibliothek zu einem Kabelbrand mit starker Rauchentwicklung kommt?

Als Branderkennungsmaßnahme sind Rauchmelder in öffentlichen Gebäuden zwingend vorgeschrieben. Diese sind mit einer lokalen Brandmeldeanlage verbunden, welche den Alarm direkt zur örtlich zuständigen Einsatzzentrale weiterleitet. Dort werden die vorgesehenen Einsatzkräfte alarmiert. Zeitgleich wird im gesamten Gebäude optisch und akustisch Alarm ausgelöst. Dies ist ein unüberhörbares, eindeutiges und unmissverständliches Zeichen für die Räumung des Gebäudes und dem Sammeln am vorgegebenen Evakuierungsplatz. Sollten Mitarbeiterinnen und Mitarbeiter Flammen sehen, müssen sie unter Berücksichtigung des Eigenschutzes selbst entscheiden, ob sie ggf. den Entstehungsbrand mit einem Feuerlöscher bekämpfen wollen bzw. können. Zunächst hat jedoch die Räumung des Gebäudes absolute Priorität. Und wenn das Gebäude verlassen wurde, sollte es auch erst wieder nach Freigabe durch die Einsatzkräfte betreten werden.

Die Einsatzkräfte einer freiwilligen Feuerwehr werden nun zeitversetzt eintreffen, da ihre Fahrzeuge nicht in einem Verband fahren, sondern nacheinander besetzt werden. Die Fahrzeuge einer Berufsfeuerwehr rücken in einem Verband aus; alle Fahrzeuge treffen dann gleichzeitig ein. Die Kräfte werden immer den im System hinterlegten Haupteingang des Gebäudes anfahren. Dort sollte eine Person vor der Einrichtung stehen, die wichtige Informationen geben kann und die Einsatzkräfte entweder direkt zum Unglücksort führt oder ihnen den Weg zur Brandmeldezentrale zeigt. Dort werden auf einem speziellen Tableau die ausgelösten Brandmelder angezeigt. Feuerwehrlaufkarten weisen den Weg zu den Meldern und zeigen zusätzlich alle relevanten Informationen auf, wie z. B. Feuerwehraufzüge, Feuerwehraufstellflächen und Wasserentnahmestellen.

Der Einsatzleiter wird zunächst versuchen, einen Überblick über die Lage zu gewinnen, um weitere Entscheidungen zu treffen. Für ihn gibt es diese Prioritäten bei Einsätzen: Die Rettung von Personen geht vor die Rettung von Tieren, diese wiederum vor die Rettung von Sachwerten. Die Personenrettung steht immer an erster Stelle, danach kann nach Ermessen von der Reihenfolge abgewichen werden. Besonders schnell muss die Information zur Verfügung stehen, ob sich noch Personen im Gebäude aufhalten könnten. Im Zweifelsfall wird immer nach Personen gesucht werden, bis alle betroffenen Räume abgesucht sind.

Die weitere Vorgehensweise hängt immer von der Einschätzung des Einsatzleiters und der Lage ab. Bei unserem Beispiel wird der Einsatzleiter nun befehlen, einen Löschangriff aufzubauen. Dieser könnte unter schwerem Atemschutz durch den Haupteingang bzw. über den kürzesten Weg erfolgen. Da so wenig Schaden wie möglich angerichtet werden soll, könnte der Einsatzleiter auch einen Löschangriff durch ein Fenster befehlen. Eine Verrauchung der nicht betroffenen Gebäudeteile würde so vermieden. Nach dem Löschen des Brandes mit Wasser, Schaum oder Pulver wird der betroffene Bereich auf weitere Glutnester überprüft, belüftet und dann an das Bibliothekspersonal übergeben. In einigen Fällen kommt ggf. noch die Brandermittlung der Kriminalpolizei hinzu, um die Brandursache herauszufinden. Parallel sollten Sie schnellstmöglich den Vermieter bzw. Unterhaltsträger über den Schaden informieren. Es ist hilfreich, wenn dazu eine kurze schriftliche Zusammenfassung der Geschehnisse vorliegt.

Wichtig: Rufen Sie den Rettungsdienst bzw. die Feuerwehr bei unklaren Lagen an, wenn Sie der Meinung sind, eine Gefahrensituation könne bestehen. Eine zu spät eintreffende Hilfe kann für einen Patienten in Not fatale Folgen haben, und die Effekte bei einem nicht rechtzeitig bekämpften Brand- oder Wasserschaden können enorme Folgekosten nach sich ziehen. Haben Sie keine Angst vor den vermeintlichen Kosten, die bei einem Einsatz entstehen können. Brandbekämpfung und Menschenrettung werden in der Regel nicht in Rechnung gestellt. Ausgenommen sind Vorsatz, grobe Fahrlässigkeit und Fehlalarmierungen durch Brandmeldeanlagen.

In Deutschland gibt es jährlich mindestens 700 Menschen, die bei einem Brand ums Leben kommen, die durch Rauchgas vergiftet, verletzt oder entstellt werden.[206] Halten Sie Ihr Gebäude und die brandtechnischen Anlagen in gutem Zustand und sensibilisieren Sie die Mitarbeiterinnen und Mitarbeiter. Somit tragen Sie Sorge, dass niemand in Ihrer Bibliothek zu Schaden kommt und Ihr Bestand nicht in Mitleidenschaft gezogen wird.

Milena Pfafferott: Notfall- und Evakuierungskonzept

Bevor wir konkrete Notfallszenarien samt ihren Auslösern, ihren Folgen und den damit zusammenhängenden Herausforderungen betrachten, machen wir uns schematisch die Inhalte eines Notfallkonzepts bewusst.

---

206 vgl. Friedl/Scelsi: Gebäuderäumungen.

Ein Notfallkonzept beinhaltet zunächst eine Einschätzung, welche Gefährdungen sich aus dem Standort der Bibliothek, den Gegebenheiten des Gebäudes, der Art der Nutzung etc. ergeben. Des Weiteren werden die potenziellen Opfer von Notfällen spezifiziert, es wird also eine Aufstellung der gefährdeten Bestände, Personen und technischen Einrichtungen vorgenommen. Es muss priorisiert werden, welche Bestände zuerst gesichert oder gerettet werden sollen und welche Maßnahmen in welchem Umfang dafür nötig sind. Die Personen sollten soweit kategorisiert sein, dass man abschätzen kann, wie viele sich in einem bestimmten Gebäudeteil maximal aufhalten und ob diese spezielle Hilfe benötigen, weil sie beispielsweise körperliche oder psychische Beeinträchtigungen haben. Zu einem Notfallkonzept gehören auch organisatorische Aspekte, wie beispielsweise eine Telefonliste bzw. die Darstellung des Informationsflusses oder die Liste der Ersthelfer samt Raum- und Telefonnummern. Im besten Fall wird das Notfallkonzept nicht nur hausintern von mehreren Personen erarbeitet, sondern auch mit externen Kräften, z. B. der örtlichen Feuerwehr, besprochen.

Solch ein Konzept ist ein mächtiges organisatorisches Hilfsmittel und sollte unabhängig von dienstlichen Hierarchien und technischen Barrieren für jeden Mitarbeiter zugänglich und nutzbar ist. Dazu müssen klare Handlungsanweisungen für die unterschiedlichen Szenarien enthalten sein, die mit der Bibliotheksleitung und ggf. auch mit der Trägereinrichtung abgestimmt sind. In Notfällen müssen schnelle Entscheidungen getroffen werden. Mitarbeiter ohne Führungsfunktion scheuen häufig die Übernahme einer solchen Verantwortung, dabei sind sie es doch oft, die in Spät- und Wochenenddiensten zum Einsatz kommen. Ein Notfallkonzept sollte immer auf verschiedenem Wege „publiziert" werden, sowohl digital im Intranet oder auf einem Serverlaufwerk als auch analog als Aushang oder Ordner in den Abteilungen. Diese vielfältige Verbreitung macht die Aktualisierung zu einem regelmäßigen Aufwand. Bei einem Gebäudebrand innerhalb der Öffnungszeiten in einer Bibliothek müssen die Rettungskräfte zunächst „Mann und Maus" aufbieten, um die Flammen in den Griff zu bekommen, eine Ausbreitung zu verhindern und Personen aus dem Gebäude zu retten. Die Sicherung wertvoller Bestände stellt personell eine große zusätzliche Herausforderung dar. Sollten die Feuerwehr oder andere Hilfsorganisationen aber personelle Kapazitäten für die Rettung von Beständen haben, brauchen sie entsprechende Kenntnisse oder Informationen, welche Bestände aus welchen Räumen geborgen und wohin diese transportiert werden müssen. Das Notfallkonzept muss also nicht nur für Bibliotheksmitarbeiter, sondern auch für bibliothekarische Laien verständlich formuliert und nutzbar sein.

Es ist nicht immer für jeden leicht zu entscheiden, ab wann ein Notfall vorliegt. Damit ist die Frage verbunden, wie folgenschwere Ereignisse (z. B. Brand oder Wasserschaden) außerhalb der Öffnungszeiten detektiert werden können und welche Alarmierungsketten dann in Gang gesetzt werden. Sollen örtliche Kräfte, wie der Sicherheitsdienst, eigenständig Maßnahmen ergreifen oder soll er lieber warten, bis Fachleute aus der Bibliothek vor Ort sind?

Die grundsätzliche Frage lautet zunächst: Gibt es Notfallszenarien, die ausschließlich den Bestand betreffen können? Es gibt sie eigentlich nicht, denn mittelbar sind immer bestimmte Personen von einem solchen Ereignis betroffen. Akteure in diesen Fällen sind in erster Linie die Mitarbeiter der jeweiligen Abteilung oder der gesamten Bibliothek sowie eventuell Vertreter der Trägereinrichtung oder externe Firmen, die beim Transport oder der Versorgung von Beständen aktiv werden. Im Rahmen von Notfallverbünden gibt es sogar Konzepte, hilfsbereite Mitbürger zu akquirieren und entsprechend in die Maßnahmen einzubinden.

Bestände sind von folgenden Ereignissen bedroht:
- Brandereignisse
- Wasserschaden
- Mechanische Einflüsse
- biologische/chemische Gefahren
- Verluste/Zerstörung

Als Einzelfälle können die resultierenden Bestandsschäden im Rahmen der alltäglichen Bestandserhaltung untersucht und bewältigt werden. Treten ein oder mehrere dieser Ereignisse aber plötzlich und unerwartet auf und betreffen einen größeren Teil des Bestandes, so kann man bereits von einem Notfall sprechen. Im Folgenden betrachten wir nur die beiden häufigsten Schadensursachen: Feuer und Wasser.

Wasser kann entweder aus hausinternen Leitungen austreten – dabei sind Frischwasser oder Abwasser denkbar – oder von außen ins Gebäude eindringen. Sturm, Schnee, Regen kommen dabei ebenso infrage wie Grundwasser, das von unten in die Räumlichkeiten drückt. Frühzeitige Detektionsmöglichkeiten sind relativ eingeschränkt, die Ursachensuche bei hausinternen Schäden oft kompliziert, da Wasser sich seinen Weg durch Zwischendecken und Kabelschächte bahnt. Bibliotheksbestände und Wasser vertragen sich im Regelfall nicht gut, dabei kann schon zu hohe Luftfeuchte eine Gefahr darstellen, beispielsweise, indem sie Schimmelbildung befördert. Je nach Material der Bestände kann ein Wasserschaden eine vollständige Zerstörung zur Folge haben.

Brandschäden an Beständen gehen von der Ablagerung von Rußpartikeln über Löschwasserschäden – wobei nicht reines Löschwasser die Gefahr darstellt, sondern die unvermeidliche Vermengung mit Löschmittel und Brandablagerungen – bis hin zur teilweisen oder vollständigen Zerstörung. Der Brand der *Herzogin-Anna-Amalia-Bibliothek* im Jahr 2004 hat gezeigt, welche verheerenden

Folgen Feuer für Bibliotheksbestände hat und wie langwierig und kostenintensiv die Restaurierung bzw. der Wiederaufbau der Sammlung sein kann.[207]
Anders als bei bestandsbezogenen Szenarien würde man bereits einen Einzelfall, z. B. einer gestürzten Person, als Notfall bezeichnen. Trotzdem sind an dieser Stelle nicht die alltäglichen Fragen des Arbeitsschutzes – wie beispielsweise die schleichende Negativwirkung von falschem Heben von Lasten – gemeint, sondern Ereignisse, die Leib und Leben von Personen akut bedrohen. Schauen wir uns einmal an, welche Gefahren hinter unseren Regalen lauern können:

- Unfallgefahren: Stolpern über Rolltritte, Herabstürzen von Treppen[208], herabfallende Bücher aus Regalen
- technische Defekte: Stromausfall, Steckenbleiben im Aufzug
- gesundheitliche Notfälle: z. B. Herz- oder Schlaganfälle, epileptische Anfälle, Zuckerschock, größere Verletzungen infolge von Unfällen
- personeninduzierte Notsituationen: Vandalismus, Randale, Prügeleien
- Brandereignisse

Einen Teil dieser Gefahren hat die Bibliothek nicht in der Hand. So können gesundheitliche Notfälle, die unabhängig vom Aufenthaltsort der betroffenen Person sind, nicht verhindert werden. Lediglich eine dahin gehende Vorbereitung der Mitarbeiter, z. B. durch Ersthelferschulungen, kann geleistet werden.

Brandereignisse verdienen eine gesonderte Betrachtung. Sie gefährden die anwesenden Personen einerseits direkt, z. B. durch Verbrennungen oder Rauchgasvergiftung. Andererseits hat die Detektion eines Brandereignisses eine Evakuierung des Gebäudes zur Folge, wobei grundsätzlich alle anderen Gefahren aus dem oben aufgestellten kleinen Katalog eine Rolle spielen können.

Grundsätzlich gibt es drei Handlungsebenen, auf denen eine Bibliothek oder ihre Trägereinrichtung aktiv werden können.

Technische Maßnahmen haben erste Priorität und bedeuten das Beseitigen der Gefährdung. Dazu zählen zum Beispiel Baumaßnahmen (Entfernen der Wasserleitung aus dem Magazinbereich, Einbau einer Brandmeldeanlage). Einen großen Teil der technischen Maßnahmen können Bibliotheken nur bedingt beeinflussen, so ist z. B. für die technische Instandhaltung und Wartung meistens die Trägereinrichtung zuständig. Defekte können zwar angezeigt werden, ihre Behebung liegt aber außerhalb der bibliothekarischen Möglichkeiten. Bauliche und technische Vorkehrungen in Sachen Brandschutz werden meist im Brand-

---

207 vgl. Knoche: Wiederaufbau.
208 Am Rande: Friedrich Adolf Ebert gilt als einer der Begründer der Bibliothekswissenschaft. Der Dresdner Bibliothekar stürzte, den Arm voller Bücher, von einer Leiter und verstarb kurz darauf.

schutzkonzept niedergeschrieben und müssen bei Bauvorhaben entsprechend umgesetzt werden.

Organisatorische Vorkehrungen kommen an zweiter Stelle. Hier wird versucht, durch Veränderungen oder Anpassungen in der Arbeitsorganisation Gefährdungen weitestgehend zu umgehen. Um beim Beispiel Brandgefahr zu bleiben: Feuergefährliche Arbeitsbereiche könnten in abgetrennte Gebäudeteile verlagert werden. Damit wäre im Fall eines Brandes nur ein begrenzter Bereich betroffen.

Personelle Maßnahmen bilden die letzte der Handlungsebenen. Darunter versteht man beispielsweise die Ausstattung der Mitarbeiter mit persönlicher Schutzausrüstung oder spezielle Unterweisungen für das Kollegium.

Auf allen Handlungsebenen ist die finanzielle Situation der Bibliothek relevant. Technische Maßnahmen können zwar möglich sein, scheitern aber oft an der Finanzierung bzw. am Aufwand. Den größten Spielraum gibt es bei den Maßnahmen, die mit den bestehenden Ressourcen der Einrichtung auskommen oder nur begrenzte Investitionen, z. B. an Arbeitszeit oder -aufwand, fordern. Im Alltag von – vor allem öffentlichen – Bibliotheken spielen existenzielle Sorgen oft eine große Rolle, es geht um den Erhalt von Arbeitsplätzen oder der Bibliothek insgesamt. Die Bereitschaft, über die alltägliche Arbeitsbelastung hinaus in Sachen Sicherheit aktiv zu werden, sinkt dann häufig. Nichtsdestotrotz ist nur eine sichere Bibliothek ein guter Arbeitsplatz und ein geeigneter Aufenthaltsort für Personen.

Wer hätte sie nicht gern? Eine Glaskugel, in der zukünftige Ereignisse – im Guten wie im Schlechten – ersichtlich und vorhersagbar sind. Gleich vorab: Es gibt sie nicht! Aber es gibt Hilfsmittel, mit denen man sich der sicherheitsorientierten Zukunft nähern und mögliche Szenarien simulieren sowie ihre Folgen abschätzen kann.

Die arbeitsrechtliche Situation von Bibliotheken fußt auf diversen rechtlichen Vorschriften und Rahmenbedingungen. Allen voran sei hier das *Arbeitsschutzgesetz* (ArbSchG) genannt, gefolgt von der *Arbeitsstättenverordnung* (ArbStättV) samt ihren *Arbeitsstättenrichtlinien* (ASR), der *Betriebssicherheitsverordnung* (BetrSichV) und den dazugehörigen *Technischen Regeln für Betriebssicherheit* (TRBS) bis hin zu mannigfaltigen Unfallverhütungsvorschriften. All diesen Vorschriften ist eines gemein: Sie stellen eine Gefährdungsbeurteilung an den Anfang ihrer Ausführungen, z. B. §3 ArbSchG. Worum geht es dabei, und wer ist dafür zuständig? Die Pflicht, eine Gefährdungsbeurteilung zu erstellen, hat der Arbeitgeber. Dieser kann die Aufgabe delegieren an Personen, die dafür geeignet sind. Im Prinzip ist darin für jeden einzelnen Arbeitsplatz, jede einzelne Tätigkeit und jede einzelne Maschine oder technische Einrichtung eine Analyse zu erstellen, welche Gefährdungen von ihr ausgehen, mit welcher Wahrscheinlichkeit diese eintreten und welche Folgen daraus resultieren könnten: eine Mammutaufgabe, selbst für so risikoarme Arbeitsplätze wie sie Bibliotheken im

Großen und Ganzen darstellen. Nicht zuletzt deshalb wird diese Pflicht oft ignoriert oder oberflächlich abgearbeitet. Eine Gefährdungsbeurteilung sollte jedoch die folgenden Fragen beantworten:
- Was kann im schlimmsten Fall passieren? Sind Personen und/oder Bestände gefährdet?
- Bestehen mehrere Gefährdungen in diesem Bereich?
- Wie wahrscheinlich ist ein Eintreten dieser Situation?
- Welche mittelbaren Folgen hätte ein Notfallereignis in diesem Bereich?
- Welche Maßnahmen müssten ergriffen werden, um die Gefährdungen zu beseitigen?

Es gibt eine gute Übersicht des *Rheinischen Gemeindeunfallversicherungsverbandes* zu Gefährdungen und Belastungen in Archiven,[209] die ohne große Anpassungen für Bibliotheken zu übernehmen ist. Darin sind alle sicherheitstechnischen Herausforderungen für die Mitarbeiter von Bibliotheken berücksichtigt. Aus dem Ergebnis der Gefährdungsbeurteilung sind die technischen, organisatorischen und personellen Maßnahmen abzuleiten und umzusetzen.

Um mögliche Gefahren für die Nutzer einschätzen zu können, muss man sich deren Umfeld – z. B. im Lesesaal – genau ansehen. Viele Situationen entsprechen denen, die auch an Arbeitsplätzen der Mitarbeiter auftreten: Bildschirmarbeitsplätze, Bewegung zwischen den Regalreihen, Umgang mit Kopierern etc. Der entscheidende Unterschied ist allerdings: Nutzer kennen sich im Gebäude und mit den organisatorischen Rahmenbedingungen nicht so gut aus, wie es Mitarbeiter tun (sollten). Sie brauchen daher zusätzliche Unterstützung, beispielsweise durch Leit- und Orientierungssysteme oder durchs Personal. Im Alltag betrifft diese Unterstützung in erster Linie die Suche nach Medien oder Nutzungsbereichen der Bibliothek, im Notfall verschiebt sich der Fokus, und es geht im schlimmsten Fall um die Rettung des eigenen Lebens – Stichwort Evakuierung! Dabei spielen die Zahl der anwesenden Personen und das Verhältnis der anwesenden Nutzer zu den (im Nutzungsbereich) anwesenden Mitarbeitern eine Rolle. Um eine Abschätzung treffen zu können, betrachten wir die Zahlen für das Jahr 2013 aus der *Deutschen Bibliotheksstatistik* (DBS). Folgende Informationen zu öffentlichen und Universitätsbibliotheken sind interessant:
- Anzahl der Mitarbeiterinnen und Mitarbeiter
- Anzahl der Benutzerarbeitsplätze
- Fläche des Benutzungsbereichs
- Anzahl der Veranstaltungen

---

209 *Rheinischer Gemeindeunfallversicherungsverband*: Beurteilung.

Für 2013 konnten die Zahlen von 71 Universitätsbibliotheken (UB) und 5.543 öffentlichen Bibliotheken (ÖB) aus der DBS entnommen werden. Im gerundeten Durchschnitt führt eine UB sieben Ausstellungen und knapp 15 andere kulturelle Veranstaltungen durch, hat eine Grundfläche von rund 10.560 m², verfügt über 1130 Nutzerarbeitsplätze und hat laut Plan rund 94 Stellen. Für öffentliche Bibliotheken lassen sich auf die gleiche Weise folgende Zahlen ermitteln: weniger als zwei Beschäftigte – hinzu kommen noch rund sechs Ehrenamtliche –, etwas weniger als 15 Benutzerarbeitsplätze, knapp 50 Führungen, Ausstellungen und Veranstaltungen sowie rund 265 m² Benutzerfläche. Warum interessieren nun diese Zahlen? Nehmen wir an, die Benutzerarbeitsplätze der Bibliothek sind voll besetzt, alle Mitarbeiter erfreuen sich bester Gesundheit und halten sich an ihrem Arbeitsplatz auf. In der durchschnittlichen UB befinden sich dann rund 1220 Personen im Gebäude, in der durchschnittlichen ÖB halten sich etwa 23 Personen auf. Diese Personen müssen im Ernstfall schnell und sicher das Gebäude verlassen können. Betrachtet man das Verhältnis der Personengruppen Nutzer und Mitarbeiter, so kommen in einer UB zwölf Nutzer auf einen Mitarbeiter, in einer ÖB sind es rund vier Nutzer pro Mitarbeiter. Nun sind nie alle Mitarbeiter im Benutzungsbereich unterwegs, in manchen Universitätsbibliotheken sind zu bestimmten Uhrzeiten nur der Sicherheitsdienst und studentische Hilfskräfte vor Ort. Nehmen wir für eine UB an, es seien in Spätdiensten drei Mitarbeiter im Dienst. Das Verhältnis verschiebt sich enorm, auf einen Mitarbeiter kommen nun über 370 Personen, die sich nur bedingt oder gar nicht im Gebäude auskennen!

Noch schwerwiegender als die reine Anzahl der anwesenden Personen ist die Tatsache, dass die Inneneinrichtung, vornehmlich diverse Arten von Regalkonstruktionen, eine Art Labyrinth formen, in dem schon die Orientierung in entspanntem Zustand eine Herausforderung darstellt. Hohe Regale verhindern nicht nur die freie Bewegung im Raum, sondern schränken auch die Sicht auf die Umgebung und vor allem auf Fluchtwege ein. Von jedem Standort im Gebäude aus sollte mindestens ein Fluchtweg erkennbar sein – im Regalschungel ein Ding der Unmöglichkeit! Menschen ziehen es für gewöhnlich vor, beim Verlassen eines Gebäudes denselben Weg zu nutzen, den sie beim Betreten gewählt haben. Die Erfahrung zeigt, dass sich diese Präferenz auch in Notsituationen nicht ändert. Selbst wenn also an jedem Platz im Gebäude – auch innerhalb der Regalgänge – Fluchtwege ausgeschildert wären, würde die Mehrheit der Personen trotzdem Richtung Haupttreppe oder Haupteingang streben.

Es ist sinnvoll, sich für jeden Raum oder für jede Fläche im Nutzungsbereich diese oder ähnliche Fragen zu stellen:
- Wie viele Personen sind zu Spitzenzeiten in diesem Raum?
- Wie viel Beschäftigte kommen hier auf wie viele Nutzer?

- Was für Nutzer sind zu Gast, sind es z. B. (Klein-)Kinder, körperlich behinderte Menschen, Menschen mit Lernschwierigkeiten, Senioren, fremdsprachige Personen?
- Wie ist die bauliche Situation (Kellerbereich, Erdgeschoss, Ober- oder Dachgeschoss)?
- Welche Fluchtwege existieren und wie viele gibt es? Wie können Personen außerdem gerettet werden?
- Sind Alarmierungen in allen Bereichen des Raumes zu hören?
- Befindet sich das Mobiliar immer am selben Ort oder wird regelmäßig umgeräumt?

Sollten sich entsprechend dieser Fragen Bereiche herauskristallisieren, die besonderer Aufmerksamkeit bedürfen, so sind Maßnahmen einzuleiten. Während der Bauplanung existieren dazu im besten Fall genaue Vorstellungen, die allerdings im Laufe der Nutzungszeit und der Jahrzehnte in Vergessenheit geraten können. Vor allem bei der Umnutzung oder Umgestaltung einzelner Bereiche sollte genau hingesehen werden. So schön ein Ausstellungs- oder Veranstaltungsraum im Dachgeschoss mit Blick über die Altstadt auch ist – können im Notfall wirklich alle Gäste in angemessener Zeit über die Wendeltreppe ins Freie gelangen? Die Unterstützung der zuständigen Sicherheitsfachkraft oder der örtlichen Feuerwehr kann hier hilfreich sein.

Wie in vielen Bereichen des Lebens gilt auch in Sachen Sicherheit: Viele Augen sehen mehr als zwei! Sicherheit betrifft alle – mindestens in ihrem direkten Arbeitsumfeld – und beginnt bei der Standsicherheit des Bürostuhls, reicht über die Stabilität des Treppengeländers bis hin zum ordnungsgemäßen Betrieb der Brandschutztüren. Und wenn Sicherheit alle betrifft, was spricht dann dagegen, alle Betroffenen miteinzubeziehen? Laut ArbSchG (§§ 15–17) haben die Beschäftigten einerseits die Pflicht, den Weisungen des Arbeitgebers in Sachen Sicherheit zu folgen, andererseits aber auch das Recht, auf Mängel hinzuweisen und sich damit an einer Verbesserung der Sicherheit zu beteiligen.

Welche Möglichkeiten gibt es, Notfall- und Evakuierungsfragen anzustoßen und entsprechende Pläne und Konzepte zu entwickeln? Vereinfacht formuliert gibt es zwei Wege:
- Inhalte werden selbst erarbeitet.
- Inhalte werden von anderen vermittelt.

Beide Methoden haben Vor- und Nachteile, wie in vielen Lebensbereichen wird das Ergebnis vom richtigen Mischungsverhältnis abhängen.

An der *Universitätsbibliothek Ilmenau* gibt es ein Magazin, das über zwei Zugangstüren verfügt, die den Lesesaal direkt mit den Magazinräumen verbinden.

Dieses Magazin befindet sich im Untergeschoss des Gebäudes, es existieren also keine weiteren Fluchtwege. Im Arbeitsalltag betreten die Mitarbeiter das Magazin durch die eine Zugangstür, dann erledigen sie alle Aufgaben innerhalb des Magazins und schließlich verlassen sie es wieder durch dieselbe Tür. Manche Mitarbeiter lassen sogar ihren Schlüssel direkt im Eingangsbereich liegen. Als die UB im Jahr 2010 in das umgebaute Gebäude zurückzog, waren beide Zugangstüren beidseitig mit Klinken ausgerüstet, sie mussten also immer auf- bzw. zugeschlossen werden, um unbefugten Zugang zu vermeiden. Mehrmals jährlich finden Sicherheitsthemen ihren Platz im internen Fortbildungsprogramm,[210] dazu gehören Gebäudebegehungen mit Fokus auf Fluchtwege und Brandschutzeinrichtungen. Im Rahmen einer dieser Gebäudebegehungen wurde besagtes Magazin durchschritten, wobei die Beleuchtung ausgeschaltet war und die Teilnehmer sich im Dunkeln vorantasten sollten. Dabei betraten alle das Magazin durch dieselbe Tür und arbeiteten sich im Gänsemarsch voran. Auf Höhe der zweiten – noch abgeschlossenen – Tür stellten die Mitarbeiter fest, dass die Tür im Dunkeln nicht zu erkennen und das Schloss nur mühsam zu ertasten war. Vor die Frage gestellt, was denn nun geschähe, wenn der Schlüssel – wie es gängige Praxis zu sein schien – am anderen Ende des Magazins abgelegt worden wäre, stieg die Ratlosigkeit. Im Falle eines Stromausfalles oder anderer Notfälle wäre die betroffene Person insofern im Magazin eingesperrt, als sie den nahegelegenen – versperrten – Fluchtweg nicht nutzen könnte und zum anderen Fluchtweg wieder durch das ganze Magazin zurücklaufen müsste. Sofort wurden verschiedene Lösungen diskutiert, u. a. eine Handlungsanweisung zum ständigen Mitführen des Schlüsselbundes. Entsprechend der Prämisse, dass personelle Maßnahmen erst ganz am Ende eines Lösungsversuchs stehen sollen, war zunächst der Einbau eines Panikschlosses angedacht, welches sich in Fluchtrichtung auch bei zugeschlossener Tür immer öffnen lässt. Ein unbefugter Zutritt könnte so immer noch verhindert, die Türen müssten allerdings nicht mehr abgeschlossen werden. Ein Verlassen des Magazins wäre aber auch ohne Schlüssel stets möglich. Die endgültige Lösung war schließlich noch einfacher: Lesesaalseitig wurden die Klinken durch Knäufe ersetzt, der technische und finanzielle Aufwand für die Trägereinrichtung hielten sich damit in überschaubarem Rahmen.

Dieses Beispiel illustriert, wie Sicherheitsfragen nach Art einer Graswurzelbewegung ihren Weg zu den Entscheidungsträgern finden können. Grundlage dafür ist eine gute Kommunikationskultur innerhalb der Einrichtung. Diese Form der Sicherheitskommunikation ist von großer Wichtigkeit, da die Mitarbeiter in ihren eigenen Tätigkeiten und an ihren Arbeitsplätzen über Expertenwissen verfügen, das eine übergeordnete Person niemals wird erlangen können. Wenn man

---

210 vgl. Pfafferott: Bibliothekstraining.

Mitarbeiter ermutigt, sich das eigene Arbeitsumfeld unter Sicherheitsgesichtspunkten anzusehen und anschließend diese Ergebnisse, z. B. abteilungsintern, auswertet und priorisiert, hat man eine wertvolle Ergänzung zur Gefährdungsbeurteilung geleistet, und gleichzeitig hat jeder Mitarbeiter das Gefühl, Teil des Ganzen zu sein und sich einbringen zu können.

Die „Mund-zu-Mund-Propaganda" oder „Gerüchteküche" sind zwar wirkungsvolle Informationskanäle, in Sachen Sicherheit sind sie untauglich. Hier muss alles in geordneten Bahnen verlaufen. Mitarbeiter fungieren sehr gut als Multiplikatoren, wenn man sie als solche hinsichtlich ihrer fachlichen und persönlichen Eignung für bestimmte Themenfelder auswählt, entsprechend weiterbildet und unterstützt. Dabei sollte niemand in seine Funktion oder zu seiner Aufgabe gezwungen werden. Eine Auswahl auf Basis von Interessen und Eigeninitiative ist immer der bessere Weg!

Es gibt diverse sicherheitsrelevante „Posten", die in einer Bibliothek besetzt werden können bzw. müssen. Dazu zählen Sicherheits- und Brandschutzbeauftragte, Brandschutz- und Evakuierungshelfer sowie Ersthelfer.

Nach der Vorschrift „Grundsätze der Prävention" (§20) der *Deutschen Gesetzlichen Unfallversicherung* (DGUV) hat ein Betrieb mit mehr als 20 Beschäftigten einen oder mehrere Sicherheitsbeauftragte zu ernennen.[211] Die genaue Anzahl leitet sich aus den bestehenden Unfall- und Gesundheitsgefahren, der räumlichen, zeitlichen und fachlichen Nähe zwischen Beschäftigten und dem Sicherheitsbeauftragten sowie der Anzahl der Beschäftigten ab. Sicherheitsbeauftragte unterstützen den Arbeitgeber bei der Durchführung aller Maßnahmen, die zum Arbeits- und Gesundheitsschutz gehören.[212] Neben dem Sicherheitsbeauftragten können auch Brandschutzbeauftragte durch den Arbeitgeber ernannt werden. Diese unterstützen alle Bemühungen der Verantwortlichen und müssen entweder eine spezielle Ausbildung erfahren oder aus einem anderen Kontext eine entsprechende Qualifikation mitbringen.[213]

Das ArbSchG fordert in § 10 vom Arbeitgeber, eine entsprechende Anzahl von Personen zu benennen, die für Erste Hilfe, Evakuierung und die Brandbekämpfung zuständig sind. Die Arbeitsstättenrichtlinie ASR A2.2 beispielsweise enthält den Hinweis, auf Basis der Gefährdungsbeurteilung eine gewisse Zahl Brandschutzhelfer zu benennen, die mit den örtlich vorhandenen Feuerlöscheinrichtungen umgehen und damit beispielsweise Entstehungsbrände bekämpfen können.[214] Mindestens eine regelmäßige Unterweisung oder – noch besser – Übung zur

---

211 *Deutsche Gesetzliche Unfallversicherung* Vorschrift 1, 2013.
212 *Deutsche Gesetzliche Unfallversicherung* Information 211–021, 2006.
213 Vgl. beispielsweise BGI 847, 2003.
214 ASR A2.2 Maßnahmen gegen Brände, Ausgabe November 2012.

Bedienung von Feuerlöschern sollte in jeder Einrichtung stattfinden und für alle Mitarbeiter offen sein. Evakuierungshelfer oder Räumungsbeauftragte sind dafür zuständig, dass bestimmte Bereiche – oder das gesamte Gebäude – im Falle eines Alarms vollständig evakuiert werden. Dabei stehen sie während der Evakuierung allen anwesenden Personen mit Rat und Tat zur Seite, unterstützen ggf. flüchtende Personen und überwachen die vollständige Räumung des Bereichs oder der Etage, für den bzw. für die sie zuständig sind.

Ersthelfer sind Beschäftigte, die eine entsprechende Erste-Hilfe-Ausbildung genossen haben, die regelmäßig aufgefrischt werden muss. Auch hier bietet die DGUV-Vorschrift (§26) Richtwerte, was die Anzahl der erforderlichen Ersthelfer angeht. So sollten bei Unternehmen mit weniger als 20 Beschäftigten ein Ersthelfer, bei mehr als 20 Beschäftigten in Verwaltungsbetrieben 5 % als Ersthelfer ausgebildet werden. Für den Bibliothekskontext bedeutet dies, dass zwar die Zahl der Mitarbeiter in die Errechnung der notwendigen Ersthelferzahlen eingeht, die Zahl der anwesenden Nutzer allerdings außer Acht gelassen wird – obwohl diese, wie oben bereits dargestellt, oftmals um ein Vielfaches höher ist als die Anzahl der Mitarbeiter. Die *UB Ilmenau* hat über 600 Nutzerarbeitsplätze, in Spät- und Sonnabenddiensten sind aber nur zwei bis drei Mitarbeiter im Haus. Dieser Situation und der Tatsache, dass die Spät- und Sonnabenddienste durch täglich wechselnde Personen durchgeführt werden, muss Rechnung getragen werden. Mit der Universität wurde deshalb abgestimmt, dass für die UB insgesamt acht Ersthelfer ausgebildet wurden. Außerdem wird im Rahmen des internen Fortbildungsprogramms einmal jährlich das Thema „Basics der Ersten Hilfe" auf die Tagesordnung gesetzt, wobei z. B. die Standorte des Erste-Hilfe-Materials und die Inhalte des Erste-Hilfe-Koffers in Erinnerung gerufen werden. Durch diese Vorgehensweise wird ein breites Basiswissen gestreut und die allgemeine Vertrautheit der Beschäftigten mit dem Thema Erste Hilfe wird gefördert. Das interne Fortbildungsprogramm ist eine Veranstaltung von Mitarbeitern für Mitarbeiter, das Konzept der Multiplikatoren wird dabei beispielhaft aufgegriffen.

Neben den besonders herausgehobenen Aufgaben darf eine grundsätzliche Pflicht des Arbeitgebers nicht ins Hintertreffen geraten: die Pflicht, Arbeitnehmer jährlich – bei Veränderungen im Arbeitsablauf oder Arbeitsumfeld noch häufiger – zu unterweisen. Vielfach wird eine Unterweisung als trockene Frontalveranstaltung durchgeführt, bei der weder Platz für individuelle Gegebenheiten noch die Möglichkeit für Rückfragen besteht. Der Frontalvortrag bietet allerdings nach wie vor die am wenigsten zeit- und vorbereitungsaufwendige Methode, Inhalte zu vermitteln. Bei den Themen Notfallplanung und Evakuierung handelt es sich um Themen, die sich durch praktische Übungen oder Ortsbegehungen besser thematisieren lassen, als es theoretische Unterweisungen in einem Seminarraum vermögen.

Evakuierungsübungen mit dem Ziel, Gebäudemängel aufzudecken, machen eigentlich nur bei voll besetzter Bibliothek Sinn. Von regelmäßigen Übungsszenarien dieser Art ist aber aus verschiedenen Gründen abzusehen: Verletzungsrisiko der Beteiligten, Abstumpfung gegen Alarmtöne, Lerneffekt kann nur durch mühsame Auswertung erfolgen. Dazu müssten Beobachter die Personenströme verfolgen und genaue Protokolle anfertigen. Simulationen, wie sie z. B. für Fußballstadien gemacht werden, sind für Bibliotheken überdimensioniert und mit zu hohem Aufwand verbunden. Es spricht nichts gegen die Durchführung einer einmaligen Übung, beispielsweise in Kooperation mit der örtlichen Feuerwehr. Ansonsten sollten sich die Evakuierungsübungen auf den Mitarbeiterstab beschränken und möglichst außerhalb der Öffnungszeiten stattfinden. Eine Ortsbegehung bestimmter Bereiche ist immer sinnvoll und sollte regelmäßig wiederholt werden. Dabei ist es wichtig, mit dem „Blick des Nutzers" die Situation zu betrachten. Wie ist die Beschilderung zu erkennen, wenn man aus einem beliebigen Regalgang heraustritt? Ist in allen Räumen der Brandalarm zu hören? Wie wird eventuell die Orientierung erschwert, wenn man an einer Stelle aus dem Gebäude herauskommt, an der man noch nie gewesen ist?

Notfallszenarien, die mit der Sichtung, Bergung und Erstversorgung von Beständen zu tun haben, lassen sich in einem abgeschlossenen Bereich nachstellen, z. B. das sachgemäße Entnehmen von Büchern aus dem Regal, die Verpackung oder das planspielartige Durchexerzieren eines Wasserschadens von der Entdeckung bis zum Gefriertrocknen der Bücher.

Notfallverbünde, wie es sie in einigen Regionen Deutschlands gibt, führen oft großangelegte Übungen durch, die sowohl den Einsatz der Rettungskräfte und die Personenrettung sowie alle bestandsbezogenen Szenarien berücksichtigten. Diese Verbünde können im Übrigen auch Ansprechpartner für Fragen hinsichtlich der eigenen lokalen Gegebenheiten sein und stehen für einen Erfahrungsaustausch zur Verfügung.

Oke und Anna-Julia Simon: Shitstorm – Der Sturm der Entrüstung aus dem Internet

Ein Shitstorm ist ein Phänomen, das man mit „Netzempörungssturm" übersetzen könnte. Der Duden definiert es folgendermaßen: „Sturm der Entrüstung in einem Kommunikationsmedium des Internets, der zum Teil mit beleidigenden Äußerungen einhergeht".[215] Das Wort selbst wird seit ca. 2009 in diesem Zusammenhang genutzt. Es ist 2011 als „Anglizismus des Jahres" ausgezeichnet worden.

---

215 http://www.duden.de/rechtschreibung/Shitstorm (5.1.2015).

In englischsprachigen Ländern wird das Phänomen als Flamewar bezeichnet, wobei der Begriff „Flame" bissige, ruppige, oft auch beleidigende Äußerungen in Mailinglisten, sozialen Netzwerken, Blogs, Foren und Kommentarfunktionen von Onlineauftritten von Zeitungen und Zeitschriften im Internet umschreibt. Die Flut dieser zuweilen ehrverletzenden Kommunikation im Internet lässt sich jedoch schon wesentlich länger beobachten. Langjährige Bibliotheksbeschäftigte werden sich noch an die in der Sache kritischen, in ihrer Ausformulierung aber wenig zimperlichen Kommentare und Beiträge von zwei bis drei Nutzern bibliothekarischer Mailinglisten wie inetbib und RABE erinnern, die im Gegenzug heftige Protestmails mit teilweise wüsten Beschimpfungen zur Folge hatten, sodass der eigentliche Zweck der Liste phasenweise eine untergeordnete Rolle spielte. Diese Form der bibliotheksfachlichen Auseinandersetzung erreichte bereits Ende der 1990er Jahre einen vorläufigen „Höhepunkt".

An einem Shitstorm beteiligen sich heutzutage in manchen Fällen mehrere Tausend Menschen. Sachliche Diskussionen sind durch eine Flut von unsachlichen Kommentaren, die oft beleidigend, bedrohend oder aggressiv sind, unmöglich. Es geht in der Regel kaum um das eigentliche Thema, denn die Kommentare werden oft persönlich und gemein. Diese Kommentare oder Diskussionen richten sich gegen Unternehmen, Parteien, Institutionen, Organisationen oder Einzelpersonen (meist des öffentlichen Lebens). Vermeintliche Missstände werden durch einen Shitstorm massiv in die Öffentlichkeit gezerrt. Über die Kontaktnetzwerke *Twitter* oder *Facebook* können die Frustration und Empörung weniger Personen in kurzer Zeit einen Sturm der Entrüstung auslösen, an dem sich viele Personen beteiligen. Auslöser sind oft Berichte in den Medien über Missstände, Aussagen von Personen des öffentlichen Lebens oder eigene Erfahrungen. Einzelne Personen, die beispielsweise als Konsument ihren Ärger über eine Firma kundtun wollen oder empört sind über das Verhalten einer bestimmten Person des öffentlichen Lebens, veröffentlichen ihre Meinung in sozialen Netzwerken. Viele weitere Personen schließen sich dann den Beschwerden an und wollen ihre Gefühle und Meinungen ebenfalls öffentlich kundtun. Aus dem bibliothekarischen Umfeld ist allerdings noch kein Fall bekannt, der so eine Intensität erreicht hat, wie z. B. die Hasstriaden auf die Schauspielerin Katja Riemann und den Moderator des *Norddeutschen Rundfunks* Hinnerk Baumgarten, die sich nach einem missglückten Interview in der Livesendung „DAS!" einem Shitstorm in den sozialen Netzwerken ausgesetzt sahen. Weiter verstärkt werden Shitstorms in dieser Dimension, wenn über sie in den Medien berichtet wird; das war hier der Fall. Der Shitstorm selbst wird so zu einer Nachricht.

Vor ein paar Jahren wurde es noch den Zeitungen, Fernsehsendungen, Journalisten und Schriftstellern überlassen, öffentlich Kritik zu üben; heute kann dies jeder über das Internet tun. Die traditionellen Medien stellten früher eine Art Filtersystem dar, das es nun nicht mehr gibt. Das Privileg etwas zu veröffentlichen, ist nun nicht mehr nur das der Journalisten. Zusammenfassend kann man sagen, dass die Verbreitung von Nachrichten im Internet von drei Merkmalen geprägt wird. Erstens Demokratie: Jeder Internet-Nutzer kann sich aktiv äußern. Zweitens Schnelligkeit: Eine Nachricht kann innerhalb weniger Minuten Tausende von Menschen erreichen. Drittens selektive Verstärkung: Häufig aufgerufene Themen werden in Suchmaschinen automatisch oben platziert und erhalten somit zusätzliche Aufmerksamkeit.

Ein Beispiel: Im Jahre 2012 beschwerte sich eine *Vodafone* Kundin via *Facebook* über eine ungerechtfertigte Abbuchung des Unternehmens von ihrem Konto. Bereits nach einer Woche hatte der Beitrag rund 60.000 „Gefällt mir"-Angaben. Darüber hinaus wurde er von mehr als 6000 *Facebook*-Usern kommentiert, was einen „klassischen" Shitstorm darstellt. Verstärkt wurde er auch in dem Fall vom Aufgreifen des Sachverhaltes durch die herkömmlichen Medien. Berichte über den Shitstorm waren auf den Webseiten fast aller großen Tageszeitungen zu lesen.

Das Phänomen des öffentlichen Anprangerns ist kein neues. Bereits im Mittelalter wurden Menschen – nicht nur im übertragenen Sinn – an den Pranger gestellt. Sie mussten meist auf dem Marktplatz den Spott, Zorn oder die Entrüstung der Stadt ertragen. Die öffentliche Beschämung wurde damals zur Bestrafung eingesetzt. Einen Shitstorm könnte man damit gleichsetzen, jedoch mit dem Unterschied, dass es damals sichtbar war, wer wen beschimpfte. Im Internet geschieht vieles im Schutz der Anonymität.

Das Internet ist der Ort, an dem am meisten und am deutlichsten beleidigt, gemobbt und sich beschwert wird. Die Wochenzeitung *Die Zeit* berichtet über einen Mann, der sich rege mit Beleidigungen an dem „Shitstorm" um die oben erwähnten Hinnerk Baumgarten und Katja Riemann beteiligt hat. Er selbst sagt, dass er sich in der Anonymität des Internets konträr zu seinem Ich in der realen Welt verhalte. Er sei der Meinung, dass die Anonymität im Internet dazu führe, dass die Menschen dort ihren Aggressionen freien Lauf lassen. Durch seine Kommentare wolle er die Welt verbessern und Zivilcourage zeigen.

Es gibt für viele Themen sowohl Befürworter als auch Gegner, die sich im Internet wenig kompromissbereit zeigen. Ein Streit entsteht schnell. Laut des Community-Managers von *Zeit online* ist einer von zehn Kommentaren unsachlich, beleidigend oder Ähnliches. Doch gerade dieser Kommentar führt dazu, dass die ganze Diskussion unsachlich wird und sich auch andere auf die gleiche Ebene herabgeben.

Menschen haben ganz unterschiedliche Beweggründe, sich online zu engagieren. Hierbei spielt vor allem ihre intrinsische Motivation eine Rolle, etwa: die Kommunikation mit anderen; der Wunsch, etwas beizutragen; das Gefühl dazuzugehören, ein Mitteilungsbedürfnis; das Bedürfnis, aus Fairness über Produkte und Dienstleistungen zu informieren – unter Berücksichtigung der eigenen Maßstäbe; Spaß und Zeitvertreib.

Zu den extrinsischen Motiven, sich an einem Shitstorm zu beteiligen, gehören die soziale Anerkennung und Zustimmung.

Unternehmen oder Bibliotheken, die auf *Facebook* eine Fanpage betreiben oder im Rahmen der Kunden- bzw. Nutzerkommunikation twittern, müssen damit rechnen, dass die Kunden auch wirklich mit ihnen kommunizieren wollen. Diese Art der Erreichbarkeit kann Vorteile bieten, für Bibliotheken beispielsweise das Einschleusen von Werbung oder anderer Informationen rund um die Bibliotheksdienstleistungen. Viele User verwenden die *Facebook*-Seiten von Unternehmen (noch relativ selten von Bibliotheken) als eine Plattform für Beschwerden oder Fragestellungen.

Der Politiker Marco Bülow wurde im Jahr 2010 zum Opfer eines Shitstorms. Trotzdem schätzt er das Internet und soziale Netzwerke als Chance, Transparenz zu schaffen und Kontakte herzustellen. Er räumt indes ein, dass der Shitstorm in ihm ein „ungutes Gefühl der Verletzbarkeit" hinterlassen habe.[216] So wie er sind viele Politiker und andere Personen des öffentlichen Lebens vorsichtiger geworden. Es ist problematisch, wenn Menschen nicht mehr offen ihre Meinung sagen oder persönliche Entscheidungen treffen können, aus Angst, dass daraus ein Shitstorm entstehen könne. Ein Shitstorm ist in der Lage, Menschen einzuschüchtern und ihnen Angst vor dem Internet oder sozialen Netzwerken zu machen. Betroffene Personen oder Unternehmen erleben im Extremfall einen tief greifenden Kontrollverlust.

Im Internet die eigene Meinung zu äußern, ist andererseits nichts Verwerfliches, wenn daraus konstruktive und sinnvolle Diskussionen entstehen, die auf Missstände in unserer Gesellschaft aufmerksam machen. Man könnte sie als eine Art Demonstration im Internet bezeichnen. Mag ein Shitstorm auch Nachteile und unerfreuliche Auswirkungen haben, die Empörungsstürme, die jeder über soziale Medien entfachen kann, können auch als Alarmglocken fungieren und Themen in die Öffentlichkeit bringen, welche die traditionellen Offline-Medien vielleicht ignoriert hätten. Das kann als Schutzmechanismus unserer Demokratie durchaus positiv bewertet werden.

Nichtsdestotrotz stellt die rasend schnelle Verbreitung von negativen Äußerungen über die Produkte und Dienstleistungen von Unternehmen eine Gefahr dar. Kunden und Verbrauchern wurde ein mächtiges Werkzeug an die Hand gegeben, welches große Marketing- und Imageschäden verursachen kann. Das Aufgreifen von im Internet veröffentlichten Nachrichten durch die herkömmlichen Medien bedeutet für Unternehmen, dass die Online- von der Offline-Welt nicht mehr zu

---

216 http://www.zeit.de/2013/21/internet-teilhabe-debattenkultur (7.1.2015).

trennen ist. Die Meinungsbildung und -verbreitung im Internet geschieht sehr schnell – mit dem Effekt, dass die Kundenmeinungen aus der Sicht anderer Kunden schwerer wiegen als Expertenmeinungen. Darüber hinaus werden Unternehmen durch einen Shitstorm gewissermaßen dazu gezwungen, zu einem Thema Stellung zu beziehen. Dass auch Bibliotheken in diese Situation geraten können, zeigen die folgenden Fallbeispiele: Die Stadtbibliothek einer norddeutschen Mittelstadt sendet ihren Bibliotheksnutzerinnen und -nutzern seit einigen Jahren eine Erinnerungsmail, in der auf die demnächst ablaufende Leihfrist für entliehene Medien hingewiesen wird. Dieser Service ist für das öffentliche Bibliothekswesen in Deutschland noch keine Selbstverständlichkeit, schmälert er doch in der Regel die Höhe der Einnahmen und verringert dadurch deutlich den ohnehin schon niedrigen Kostendeckungsgrat einer Bibliothek. Nach einer Serverumstellung wurden diese Erinnerungsmails nicht mehr automatisch verschickt, der Fehler der IT-Abteilung blieb einige Tage unentdeckt. Bei vielen Nutzern, die sich gerne auf den Erinnerungsservice der Stadtbibliothek verlassen haben, waren inzwischen relativ hohe Gebühren für die Fristüberschreitung angefallen. Durch Beschwerden erboster Kunden fiel erst spät auf, dass der lieb gewonnene Service kurzzeitig ausgefallen war. Die Beschwerdewelle per Telefon und E-Mail war allerdings nicht mehr aufzuhalten, zumal sich die Stadtbibliothek – gestützt durch einen entsprechenden Passus in der Nutzungsordnung – weigerte, die angefallenen Gebühren zu erlassen. Die lokale Presse witterte zunächst einen Skandal und behördliches Versagen, berichtete jedoch nach einem Pressetermin objektiv und sachlich und trug damit zur Deeskalation in dieser Krise bei. Wichtig für die Krisenbewältigung gegenüber der Öffentlichkeit und den Nutzern waren folgende Schritte: Die Ursache für den Ausfall des Services wurde offen und ausführlich dargelegt. Die Stadtbibliothek und die städtische IT-Abteilung drücken ihr Bedauern über diese Panne aus. Die Stadtbibliothek erläutert ausführlich, warum sie trotzdem auf Zahlung der angefallenen Gebühren besteht.

Eine Universität in Nordrhein-Westfalen sah sich 2012 einem Shitstorm ausgesetzt, als sich ein Mitarbeiter der Universitätsbibliothek öffentlich als zoophil geoutet hat. Der Mann bekannte sich in einem Interview mit der *taz*, „sich sexuell zu Tieren hingezogen zu fühlen".[217] Als Mitglied einer Interessengemeinschaft sprach er sich gegen ein damals anstehendes, wenig später beschlossenes Gesetz aus, dass Sex mit Tieren verbietet. Die Universitätsleitung musste sich daraufhin mit zahlreichen Beschwerdemails und -schreiben auseinandersetzen. Hauptsächlich stand die Frage im Raum, ob die Universität einen zoophilen Mitarbeiter beschäftigen darf, der konträr zu den Wertevorstellungen der meisten Menschen handelt und nach Verabschiedung des o. g. Gesetzes womöglich strafbare Hand-

---

[217] http://www.taz.de/%21107266/ (7.1.2015).

lungen vornimmt. Das Meinungsbild zum Lebenswandel des zoophilen Kollegen innerhalb des Universitätspersonals, das sich ebenfalls zu Wort meldete, war vielfältig. Ähnlich wie im Kommentarforum der *taz* gab es sowohl ablehnende Äußerungen als auch Zuspruch. Laut *taz* musste sich der zoophile Bibliotheksmitarbeiter kritischen Nachfragen der Universitätsleitung stellen.

Es ist eine fast ausweglose Situation, aus der Bibliotheken und ihre Mitarbeiter nur schwer wieder herauskommen: Ein jugendlicher Leser leiht in der Bibliothek ein Printmedium, wie z. B. den wegen Sadomaso-Szenen umstrittenen Roman *50 Shades of Grey* aus, dessen Inhalt den Jugendlichen womöglich verstören oder gar schaden könnte. Anders als bei Filmen und Computerspielen mit den verbindlichen FSK- bzw. USK-Angaben gibt es bei Printmedien nur dann rechtliche Vorgaben für die Ausleihe an minderjährige Bibliotheksnutzerinnen und -nutzer, wenn eine Indizierung durch die *Bundesprüfstelle für jugendgefährdende Schriften* vorliegt. Ein nicht indiziertes Buch muss also – auch im Sinne der Zensurfreiheit – an Kinder und Jugendliche ausgeliehen werden. Aus nachvollziehbaren Gründen fällt es da Bibliotheksmitarbeitern manchmal schwer, sich an die Grundsätze der Zensurfreiheit zu halten. In vielen Fällen ist es zu Beschwerden von erbosten Eltern gekommen, die in Unkenntnis der rechtlichen Rahmenbedingungen und in dem falschen Glauben, die Bibliothek müsse eine Form von Aufsicht und Kontrolle gewährleisten, es nicht akzeptieren, dass vermeintlich jugendgefährdendes Schriftgut an ihre Kinder ausgehändigt wird. Da hilft der Hinweis vonseiten der Bibliothek, dass die Eltern für den Medienkonsum ihrer Kinder verantwortlich sind, in den meisten Fällen nicht weiter. Eine öffentlich vorgetragene Beschwerde über soziale Medien oder die örtliche Presse könnte sich zu einem Sturm der Entrüstung ausweiten. Aber auch das völlig gegenteilige Vorgehen, also die Weigerung, Printmedien, die nach Ansicht des Bibliothekspersonals nicht für den jugendlichen Nutzer geeignet sind, auszuleihen, kann zu einem Shitstorm führen. In der Mailingliste *ForumOEB* wurde 2014 ausführlich über die seit Jahren in dieser Form praktizierte Vorgehensweise einer Bibliothek diskutiert. Hier blieb es bei einer kritischen Auseinandersetzung innerhalb der bibliothekarischen *Community*. Die als Zensur und damit rechtswidrig zu bewertende Handlungsweise hätte aber ebenfalls durchaus das Potenzial, einen öffentlichen Shitstorm heraufzubeschwören.

Die hier skizzierten Szenarien zeigen, dass auch Bibliotheken Gefahr laufen, im Zentrum eines Shitstorms zu stehen. Genau wie Firmen sollten sich Bibliotheken für den Ernstfall vorbereiten. Präventionsmaßnahmen gegen einen Shitstorm können im positiven Sinne dazu beitragen, dass gesellschaftliche Akteure, wie Bibliotheken, Unternehmen, Vereine oder Politiker ihr eigenes Handeln transparenter und nachvollziehbarer offenlegen. Der freien Wirtschaft werden in der

Fachliteratur vielfältige Präventionsmaßnahmen ans Herz gelegt.[218] Diese lassen sich für den Bibliotheksbereich auf folgende Punkte reduzieren:

Kommunikation mit Mitarbeitern, dem Träger und Verbänden: Bibliotheken brauchen in einer Krise den Rückhalt ihres Trägers. Über ihre Dienstleistungen und internen Arbeitsabläufe sollte der Träger regelmäßig informiert und auf dem Laufenden gehalten werden. Ein regelmäßiger Austausch über die Aufgaben und Ziele der Bibliothek befördert eine stärkere Identifikation der Entscheidungsträger mit „ihrer" Bibliothek. Weitere Unterstützer in einer Krise können Berufs- und Institutionenverbände sein, die ähnliche Krisen anderer Bibliotheken eventuell schon begleitet haben und ihre Erfahrungen ihre Bewältigung einbringen können. Am wichtigsten ist die ständige Kommunikation mit den Mitarbeitern über die bereits erwähnten Aufgaben und Ziele, über die internen Abläufe und die Verhaltensmaßnahmen in Konfliktsituationen.

Leitbild und Bibliotheksethik: Leitbilder sind einerseits ein Instrument der Öffentlichkeitsarbeit, mit dem dargelegt wird, wofür die Bibliothek und ihre Dienstleistungen stehen. Am Beispiel *Amazon* kann man erkennen, dass Firmen, die ihre Dienstleistungsphilosophie deutlich nach außen kommunizieren und die darin enthaltenen Serviceversprechen auch einhalten, sich so stark am Markt positionieren können, dass selbst ein lang anhaltender Shitstorm, in dem die Arbeitsbedingungen beim weltweit größten Online-Versandhändler angeprangert wurden, keinen bleibenden Schaden anzurichten scheint. Ein Leitbild ist andererseits in der Innenwirkung eine Orientierung für die Mitarbeiter bei der Fragestellung, welche Ziele und Aufgaben wie erreicht werden sollen. Auch wenn Leitbilder in der Praxis unseres Erachtens oft als diffus erscheinen, können sie in der Kommunikation zwischen Trägern, Bibliotheksleitung und Mitarbeitern bei der Weiterentwicklung von Dienstleistungen richtungsgebend sein. Grundsätzlich dienen Leitbilder als Ausgangspunkte bei der Entwicklung einer Unternehmenskultur und letztendlich auch eines Beschwerdemanagements. Eine ähnliche Hilfestellung leisten die 2007 vom Dachverband der Institutionen- und Personalverbände des Bibliothekswesens, der Verbände des Informationswesens und zentraler Einrichtungen der Kulturförderung in Deutschland – kurz BID – veröffentlichten ethischen Grundsätze der Bibliotheks- und Informationsberufe.[219] Diese können für die Lösung der zuvor skizzierten Konfliktsituationen einen ethisch fundierten Handlungsrahmen unter Berücksichtigung rechtlicher Rahmenbedingungen liefern. Wenn man für die Beantwortung der Frage, ob vermeintlich ungeeignete Printmedien an Jugendliche verliehen werden dürfen, die Berufs-

---

218 so in den beiden Büchern von Steinke.
219 http://www.bibliotheksportal.de/themen/beruf/berufsethik/code-of-ethics-bid-2007.html (13.2.2015).

ethik zurate zieht, stößt man dort auf den Passus: „Eine Zensur von Inhalten lehnen wir ab." Gleichzeitig wird erklärt, dass Bibliotheken „auf der Grundlage des Jugendschutzgesetzes und weiterer gesetzlicher Regelungen für den Schutz von Kindern und Jugendlichen vor Inhalten" eintreten, „die nicht für sie geeignet sind". Wenn man diese etwas schwammige Formulierung richtig interpretiert und konsequent befolgt, kann eine Altersbeschränkung nur bei Filmmedien und Computerspielen greifen, nicht bei Printmedien. Im Fall des zoophilen Mitarbeiters einer Universitätsbibliothek hat sich die Universitätsleitung nach dem ethischen Grundsatz der Gleichbehandlung aller Menschen, „unabhängig von ihrer Herkunft, ihrer Hautfarbe, ihrem Alter, ihrer sozialen Stellung, ihrer Religion, ihrem Geschlecht oder ihrer sexuellen Orientierung" verhalten und angekündigt, dass zunächst auf die damals anstehende Gesetzesänderung, die Sex mit Tieren unter Strafe stellt, gewartet und der Fall gegebenenfalls neu bewertet würde. Hier spielten bei dem Versuch, den Shitstorm zu bewältigen, sowohl ethische als auch rechtliche Grundsätze eine Rolle. Da sich die allgemein formulierten ethischen Grundsätze oft nur schwer auf konkrete Konfliktsituationen in der Praxis anwenden lassen, hat Rösch mit der Datenbank „EFubiP: Ethische Fundierung bibliothekarischer Praxis"[220] ein Projekt initiiert, das über ausführlich dargelegte Fallstudien aus der alltäglichen Berufspraxis Bezüge zu den deutschen ethischen Grundsätzen und den internationalen *Codes of Ethics* der IFLA[221] herstellt. Die Datenbank befindet sich aktuell im Aufbau.

Große Unternehmen stehen über ihre sozialen Netzwerke im Internet ständig im kritischen Dialog mit Kunden und müssen sich rund um die Uhr gegen einen möglichen Shitstorm wappnen. Eigene Marketingabteilungen, manchmal externe Experten, versuchen im Ernstfall möglichst schnell die Wogen zu glätten, damit die ganz heiße Phase eines Shitstorms, in dem selbst die Offline-Medien über die Beschwerdewelle berichten, gar nicht erst eintritt. Bibliotheken verfügen im Bereich der Öffentlichkeitsarbeit in der Regel nicht über die Kapazitäten, die sie in Lage versetzen würden, einen Shitstorm beispielsweise mit einer professionell konzipierten Werbekampagne zu entschärfen oder gar ins Positive umzukehren. Mit den in Bibliotheken vorhandenen Ressourcen und Kompetenzen lassen sich allerdings folgende Gegenmaßnahmen realisieren, um einen Shitstorm unbeschadet, im Idealfall sogar gestärkt, zu überstehen: Schieben Sie die Antwort auf eine Beschwerde nicht auf die lange Bank. Soziale Netzwerke im Internet sind schnelllebig, eine zügige Reaktion ist hier noch wichtiger als bei Beschwerdebriefen oder -mails. Antworten Sie dort, wo die Beschwerde aufgeworfen wurde.

---

220 https://www.fbi.fh-koeln.de/efubip/ (13.2.2015).
221 deutsche Übersetzung: http://www.fbi.fh-koeln.de/efubip/IFLA-Berufsethik-strukturiert.pdf (13.2.2015).

Wenn diese z. B. in der Timeline von *Facebook* platziert wurde, sollten Sie auch an dieser Stelle antworten. Ziehen Sie sich nicht jeden Schuh an. Nehmen Sie sachliche Kritik ernst, aber glauben Sie nicht, „dass man für alles Projektionsfläche sein muss"[222]. Wenn sich ein Vegetarier über allzu viele Rezeptbücher mit Fleischgerichten im Medienbestand Ihrer Bibliothek beschwert, werden Sie das grundsätzliche Problem, das Ihr Nutzer aufzeigen möchte, aller Wahrscheinlichkeit nicht lösen können. Löschen Sie kritische Beiträge in Ihren *Facebook*- oder *Twitter*-Auftritten nur in absoluten Ausnahmefällen. Selbst heftige, ggf. unsachliche Kritik an Ihrer Bibliothek sollten Sie stehen lassen, um den Vorwurf der Zensur und damit noch heftigere Reaktionen erst gar nicht aufkommen zu lassen. Rechtlich bedenkliche, rassistische Beiträge oder Beiträge, die andere Nutzer Ihres Social-Media-Auftrittes beleidigen, sollten allerdings gelöscht werden.

Erklären Sie Ihren Bibliotheksnutzern die Hintergründe für ein bestimmtes Vorgehen, das Anlass für eine kritische Rückfrage oder Beschwerde war. Bewahren Sie Ruhe und drücken Sie u. U. Verständnis für die Beschwerde aus. Auf die Androhung von rechtlichen Schritten sollten Sie verzichten, da Sie so die Bibliothek möglicherweise noch stärker ins Abseits stellen. In manchen Fällen kann es sinnvoll sein, mit dem Initiator bzw. Wortführer der Beschwerdewelle direkten Kontakt aufzunehmen, um auf möglichst sachlicher Ebene einen Streitpunkt auszudiskutieren und deeskalierend zu wirken. Rufen Sie Ihrerseits nicht zu einem Shitstorm gegen einen aus Ihrer Sicht unfair agierenden Kritiker auf. Die Gefahr, dass eine derartige Aktion zu einem Boomerang mit großem Ansehensverlust wird, ist zu groß. Klären Sie Hintergründe bei Beschwerden, die Sie nicht genau verstehen. Wenn sich z. B. ein Bibliotheksnutzer durch ein Medienangebot o. ä. in seiner kulturellen oder religiösen Identität verletzt fühlt, sollten Sie sich vor einer eventuell zu lapidaren Antwort über die Hintergründe informieren. Nutzen Sie die bereits erwähnten ethischen Grundsätze der Bibliotheks- und Informationsberufe und die Datenbank „EFubiP: Ethische Fundierung bibliothekarischer Praxis". Auch über eine Nachfrage bei den verschiedensten bibliothekarischen Mailinglisten oder gezielt bei Kommissionen und Arbeitsgruppen der bibliothekarischen Instituts- und Personalverbände kann man von den Erfahrungen anderer Bibliotheken, die ähnliche Krisensituationen gemeistert haben, profitieren. Wenn Sie nach Rücksprache mit dem Bibliotheksteam, Ihrem Träger oder externen Beratern zu dem Schluss gekommen sind, dass die Beschwerde des Nutzers gerechtfertigt war, entschuldigen Sie sich und geloben Besserung.

---

[222] Steinke: Kommunizieren, S. 201.

Innenarchitektur und Infrastruktur

Die meisten Architekten bauen maximal eine Bibliothek in ihrem Leben, und nicht alle Baukünstler lassen sich ausführlich von Bibliothekswissenschaftlern oder erfahrenen Bibliothekaren beraten. Die seit den 1990er Jahren präferierte Bauweise mit großen und offenen Räumen, freien Treppen und dem umfänglichen Einsatz von Sichtbeton lässt Bibliotheksneubauten hier und da attraktiv wirken. Aber wie ein Bibliotheksleiter einmal trefflich bemerkte: „Schöne Architektur ist leider kein Garant für erträgliche Arbeits- und Nutzungsbedingungen."[1] Dort, wo die Bedingungen für Bibliotheksmitarbeiter oder Nutzer ungünstig sind, entzünden sich leicht Konflikte.

Licht, Sicht, Menschen: Das ist die Formel, die in jedem Raum (im Freien und in Gebäuden) Sicherheit vermittelt. Neben der Nutzeranzahl und der Personalstärke einer Bibliothek ist ihre Sicherheit auch gebäudeabhängig, das heißt sowohl bedingt vom Bibliotheksbau als auch von der Bibliothekseinrichtung.

An der Architektur einer bestehenden Bibliothek lässt sich so leicht nichts mehr ändern. Bibliothekskonzepte sollten sich daher von Beginn an mit Sicherheit befassen. Ein Beispiel: Für Notsituationen sind mehrere reguläre Ausgänge besser als viele Notausgänge, – das macht den Betrieb einer Bibliothek jedoch komplizierter.

Entscheidend kann auch der Standort der Bibliothek sein, im Positiven wie im Negativen. Die Zentralbibliothek Kopenhagens liegt beispielsweise gegenüber einer Synagoge, die unter besonderer Bewachung steht. Davon profitiert die Bibliothek. Bibliotheken in Bahnhofsnähe, etwa die *Stadt- und Landesbibliothek Dortmund*, oder Bibliotheken an sozialen Brennpunkten kommen kaum aus ohne Sicherheitsdienst oder andere Vorkehrungen. Die Nähe zum Bahnhof versetzt Nutzerinnen und Nutzer auch häufig in Eile und Bibliotheksmitarbeiter geraten somit unter Zeitdruck: „Machen Sie schnell, mein Zug kommt gleich!", bekommen etwa die Kollegen der *Stadtbücherei Düsseldorf* nicht selten zu hören.

Als der renommierteste Fachmann für Bibliotheksbau gilt Harry Faulkner-Brown. Er legt zehn Eigenschaften fest, die ein Bibliotheksgebäude erfüllen sollte – und zwar unabhängig von seiner Größe. Unter den zehn „Faulkner-Brownschen-Gesetzen" spielen auch Sicherheitsaspekte eine zentrale Rolle: *"Secure, to control user behaviour and loss of books."*[2] Sicherheit für die Bestände zu schaffen, ist für Bibliothekare ein altes Geschäft. Sicherheit für die Benutzer zu schaffen wurde erst relevant, als sie in größerer Anzahl in die Lesesäle, später gar in die (Freihand-)Magazine durften. Sicherheit für sich selbst zu schaffen,

---

1 Windinger: Sicherheit, S. 3.
2 Faulkner-Brown: Design, S. 259.

stellt für Bibliothekare indes ein relativ neues Feld dar. Schon seit Jahrzehnten geht es in Bibliotheken um die Sicherheit der Verkehrswege, der Sitzmöbel, der Bildschirmarbeitsplätze, der Regalbereiche oder der Transportmittel – es ist nun an der Zeit, in den von Gefahrensituationen betroffenen Bibliotheken den Sicherheitsgedanken zu erweitern und ihn am auffälligen Nutzer auszurichten.

Sie können Ihre Bibliothek für Mitarbeiterinnen und Mitarbeiter sicherer gestalten, wenn Sie die folgenden Punkte in Erwägung ziehen:

Bereiche, die trotz aller Bemühungen nicht gut einzusehen sind, sollten vom Personal in regelmäßigen Abständen in Augenschein genommen werden. Auch hierbei besteht ein mehrfacher Nutzen, denn ein sich im Arbeitsumfeld bewegender Bibliothekar ist für Kunden leichter anzusprechen.

Im Sinne der Kundenfreundlichkeit und auch unter Sicherheitsaspekten sind Nebentätigkeiten am Pult eigentlich unzweckmäßig.

Die Sicht durch Fenster, Türfenster oder Glastüren innerhalb der Bibliothek sollte nicht durch Plakate, Poster oder Hinweisschilder verstellt werden. Verbots- und Hinweisschilder sind ein Thema für sich: Wie Verbote als Marketinginstrumente in Bibliotheken eingesetzt werden und werden könnten, führt Georgy aus, nachdem sie im Rahmen eines Seminars Studierende auf das Thema angesetzt hat. Völlig zu Recht zieht sie in Zweifel, ob Nutzer die zahlreichen Verbotsschilder überhaupt wahrnehmen und ob die Hinweise deren Verhalten beeinflussen können. Eine hohe Anzahl an Schildern wirkt abschreckend, und zu oft sind sie dilettantisch gemacht. Georgy zeigt nicht nur Negativbeispiele, sie gibt den Verantwortlichen auch wertvolle Tipps an die Hand, wie mit Verbots- und Hinweisschildern umzugehen sei, beispielsweise: „Keine negativ besetzten Wörter verwenden wie ‚verboten', ‚nicht gestattet', ‚Zuwiderhandlung', sondern möglichst positive Formulierungen verwenden, z. B. ‚Bitte um Rücksichtnahme', ‚Vielen Dank' ... Dem Nutzer nicht drohen. Die Drohung richtet sich an jeden, der das Schild liest, nicht bloß an ‚Übeltäter' ... Möglichst so formulieren, dass dem Nutzer das Verbot einleuchtet ... Auch eine übertriebene Interpunktion, z. B. mehrere Ausrufezeichen hintereinander, wirkt eher lächerlich und sorgt dafür, dass das Verbot nicht ernstgenommen wird."[3] Georgy zieht das Fazit: „In keinem Geschäft können die Mitarbeiter so beliebig agieren, wie dies in Bibliotheken möglich ist."[4] Und was es nicht noch alles zu bedenken gibt: „Gestaltet man ein Schild, auf dem ‚Betreten verboten' steht, empfiehlt sich eine Schrift mit starkem Strich, die Aufmerksamkeit gebietet, wie *Impact* oder *Arial Black*. Diese Botschaft

---

[3] Georgy: Verbote, S. 319.
[4] ebd., S. 320.

in *Comic Sans* zu setzen, wäre völlig lächerlich ... etwa wie wenn man zu einer Abendgesellschaft im Clownskostüm erschiene."[5]

Bibliotheksmitarbeiter sollten stets einen schnellen Überblick über die Situationen in der Bibliothek gewinnen können. Für diesen Zweck lassen sich auch Überwachungsspiegel einsetzen. Optimal, aber vielleicht etwas aufdringlich, sind gewölbte Rundspiegel, wie man sie aus Supermärkten und Kaufhäusern kennt. Aber auch gewöhnliche Spiegel können gute Dienste verrichten. Andererseits kann es nur von Vorteil sein, wenn man von der Straße aus nicht überblicken kann, ob der Bibliotheksmitarbeiter ggf. allein Dienst verrichtet.

Lassen Sie die Regale nicht komplett füllen; es sollten vielmehr Sichtlücken zwischen den Bänden vorgehalten werden, – Ihr Einstelldienst wird diese Maßnahme ohnehin zu schätzen wissen.

Die *British Library* regt an, die räumlichen Gegebenheiten der Bibliothek effizient zu gestalten und stets für Ordnung zu sorgen. Denn Durcheinander und Unordnung machen es den Bösewichten [sic: *villains*] leicht zu stehlen und das Eigentum der Bibliothek zu zerstören.[6]

Die Bibliothek des *Karlsruher Instituts für Technologie* (KIT) verfügt an vielen ihrer Bücherregale über Notrufknöpfe, mit denen in der 24-Stunden-Bibliothek das Wachpersonal zur Hilfe gerufen werden kann.

„Treffpunkt für den gemeinsamen Heimweg bei Dunkelheit. Jede halbe und volle Stunde" ist ein auffälliges Plakat überschrieben, das im Foyer einer süddeutschen Universitätsbibliothek dafür wirbt, in Gruppen den Campus zu verlassen. Nutzer können sich hier spontan zusammenfinden. Ein positiver Nebeneffekt vielleicht: Sie können zugleich Kontakte knüpfen.

In den USA sind Metalldetektoren und Sicherheitsdienste an Schulen gang und gäbe. Es nimmt also nicht wunder, dass auch für Bibliotheken andere Vorsichtsmaßnahmen ergriffen werden müssen, als sie bei uns üblich sind. Lincoln hat bereits 1984 eine umfassende Studie veröffentlicht, die sich der hier behandelten Thematik empirisch widmet.[7] Sie förderte zutage, dass damals 22 % der Bibliotheken bereits körperliche Auseinandersetzungen unter den Nutzern erlebt hatten. In 12 % der Bibliotheken wurden schon Bibliotheksmitarbeiter angegriffen. Shuman berichtet gar von drei Bibliotheksmitarbeitern, die allein zwischen 1993 und 1997 während ihres Dienstes erschossen wurden. Das sind Zustände, die deutsche Bibliotheken hoffentlich nie erleben müssen.

---

5 Garfield: Type, S. 25.
6 *British Library*: Security, S. 2.
7 Das *Library Crime Research Project* (1978–1983) bezog 3000 öffentliche Bibliotheken aus den gesamten USA ein.

Welche Bedeutung das Thema Sicherheit in den US-amerikanischen Bibliotheken hat, zeigt sich auch an der *Library of Congress*, welche über eine eigene *Police Force* verfügt, die die optische Raumüberwachung an Monitoren verfolgt. Jeder Nutzer, der in den Lesesaal möchte, benötigt einen Benutzerausweis. Beim Betreten der Bibliothek durchläuft er einen Metalldetektor, der ihn auf Waffen kontrolliert. Alles, was er bei sich trägt, wird mit Röntgenstrahlen durchleuchtet. Beim Verlassen passiert er eine Buchsicherungsanlage; zusätzlich werden seine Taschen inspiziert.

Überwachungskameras finden sich mittlerweile in sehr vielen auch europäischen Bibliotheken. Kamerasysteme sollten gezielt eingesetzt werden, da eine Totalüberwachung nicht nur aus ethischen Gründen abzulehnen, sondern auch finanziell und technisch sehr aufwendig ist. Die optische Raumüberwachung mit Kameras ist informationspflichtig, das heißt, der Bibliotheksnutzer muss beim Betreten der Bibliothek darüber in Kenntnis gesetzt werden, dass es eine optische Raumüberwachung gibt. Hierfür reicht ein sichtbar angebrachtes Piktogramm an der Eingangstür aus. Die Universitätsbibliothek der *Freien Universität Berlin* zum Beispiel wurde weitestgehend mit Kameras ausgestattet; lediglich der Lesesaal ist ausgenommen, da hier ständig Personal anwesend ist. Die Anlagen dürfen prinzipiell nur zur Benutzungszeit eingeschaltet sein, da eine Überwachung der Mitarbeiterinnen und Mitarbeiter aus personalrechtlichen Gründen vermieden werden muss. Aus polizeilicher Sicht ist eine Raumüberwachung ohne Aufzeichnung nur eingeschränkt sinnvoll.[8] Trotzdem: Wenn die Tagessicherung über Videoüberwachungssysteme gewährleistet wird, so erfolgt diese aus praktischen Erwägungen meist ohne Aufzeichnung, denn aufzeichnungsfähige Anlagen kollidieren in Bibliotheken, anders als in Banken oder Bahnhöfen, schnell mit dem Persönlichkeits- und Datenschutz. Videoüberwachung ist in der Bundesrepublik nur in engen Grenzen zulässig. Hier wird verständlicherweise mit zweierlei Maß gemessen: Eine Bibliothek ist keine Bank. Wenn Sie Ihre Bibliothek als so gefährdet ansehen, dass Sie eine aufzeichnungsfähige Anlage installieren möchten, schalten Sie den Datenschutz schon im Planungsprozess ein. Stellen Sie sich auf eine umfassende Güter- und Interessenabwägung ein.

Bibliotheksnutzer mit nur geringer krimineller Energie lassen sich unter Umständen von sogenannten *Dummy*-Kameras schrecken. Die preisgünstigen Attrappen sehen täuschend echt aus.

Lesesäle sollten über eine eigene Diebstahlsicherungsanlage verfügen.

---

[8] Gespeichertes Bildmaterial hat Beweiskraft und lässt sich auch zu einem späteren Zeitpunkt auswerten. Erfolgt keine Aufzeichnung, so müssten die eingefangenen Bilder eigentlich an Monitoren überwacht werden (sogenanntes Kamera-Monitor-Prinzip). Hierfür wäre wiederum Personal nötig.

Die sprichwörtlichen „dunklen Ecken" gibt es in Bibliotheken immer noch. Diese zu beleuchten ist ein erster Schritt, die Atmosphäre zu verbessern, – und das bezieht sich nicht nur auf die Publikumsbereiche.

Die Einrichtung der Bibliothek sollte so vorgenommen werden, dass keine Sackgassen entstehen. Auch sollte es für das Personal immer mindestens zwei Wege geben, den unmittelbaren Raum hinter dem Pult oder der Theke zu verlassen. Es empfiehlt sich, das Pult so aufzustellen, dass sich niemand unbemerkt von hinten nähern kann. Zum einen ist es in der Regel unbehaglich, wenn man im öffentlichen Raum ständig Bewegung im Rücken hat, zum andern wurden mir einige Fälle bekannt, in denen Bibliothekarinnen ohne Vorwarnung von hinten angegriffen wurden. Das kann nicht passieren, wenn dort eine Wand oder ein Regal steht.

Halten Sie Nebeneingänge stets verschlossen.

Schärfen Sie Ihren Mitarbeitern ein, dass Besucher, die den nichtöffentlichen Bereich der Bibliothek betreten möchten, stets beim Pförtner bzw. am Eingang des nichtöffentlichen Bereichs abgeholt werden müssen.

Als ich eines Morgens, vor Öffnung des Hauses, zur Seminarvorbereitung in einer Universitätsbibliothek erschien, wurde ich von einer Mitarbeiterin an der Tür zur Begrüßung gefragt: „Sind Sie von X?", wobei „X" für eine im Gebäude der Universitätsbibliothek untergebrachte Firma stand. Mit dieser Vorlage hätte ich nur bejahen müssen, um ungehindert in die Bibliothek zu gelangen.

Die Türen zwischen dem Publikumsbereich und den internen Bereichen sollten immer verschlossen sein. Wenn Ihnen in internen Bereichen der Bibliothek Menschen begegnen, die Sie nicht kennen, so können Sie sie freundlich ansprechen, fragen, wohin sie unterwegs sind und ob Sie helfen können?

Lassen Sie keine Schlüssel stecken.

Beschränken Sie den Kontakt mit Nutzern in potenziellen Gefahrenzonen (größere Freihandmagazine, unvermeidbare „Sackgassen", *Carrels*) auf das Mindeste.

Eigene Mitarbeiterparkplätze in der Nähe des Personalausgangs machen es „Bibliotheksverfolgern" und *Stalkern* schwerer.

Eine Parkbank vor einer Bibliothek ist oftmals Anziehungspunkt für Menschen, die schlechten Einfluss auf die Ausstrahlung der Bibliothek nehmen. Es ist in Deutschland nicht verboten, auf der Straße Alkohol zu konsumieren. In mehreren Fällen war es von Erfolg gekrönt, die Parkbank versetzen zu lassen.

Wenn Sie die Möglichkeiten haben: Schaffen Sie einen Ort in der Bibliothek, an dem laut gesprochen werden darf. Hier können sich vor allem Jugendgruppen aufhalten, die nicht mit dem vornehmlichen Ziel in die Bibliothek kommen, sich Medien zu leihen, sondern die Bibliothek vielmehr als Begegnungsort schätzen.

Benennen Sie ggf. Ihren Lesesaal in „Lesezone" um, wenn Sie nicht streng auf Stille achten können und die Erwartungen einiger Nutzer nicht enttäuschen wollen. Die *Universitätsbibliothek der Freien Universität Berlin* leistet sich einen „Stillen Lesesaal", in dem nicht einmal der Gebrauch von Laptops gestattet ist. Wenn Sie nicht so viele Räume haben: Halten Sie vielleicht für empfindsame Nutzer Ohrenstöpsel bereit. Sie kosten nicht viel und sind in Apotheken oder da, wo es Berufsbekleidung gibt, erhältlich. Zwei österreichische Jungunternehmer erfanden einen Ohrstöpselautomaten, äquivalent zu einem Kaugummiautomaten, der starke Verbreitung in wissenschaftlichen Bibliotheken gefunden hat.

„Desmond Morris hat die Sitzverteilung in Büchereien untersucht und gezeigt, dass das Zurücklassen eines Buches oder eines persönlichen Gegenstandes auf einem Tisch im Lesesaal diesen Platz im Durchschnitt etwa 77 Minuten lang frei hält; ein Jackett über der Stuhllehne reservierte den Platz etwa 2 Stunden."[9] Pausenscheiben, wie sie als Parkscheiben aus dem Straßenverkehr bei zeitlich begrenztem Parken bekannt sind, werden von einer ganzen Reihe wissenschaftlicher Bibliotheken genutzt, um das übermäßig lange Reservieren von Arbeitsplätzen zu unterbinden. In einigen Häuser räumt das Sicherheitspersonal die persönlichen Sachen weg, wenn die Pausenzeit überschritten und der Nutzer nicht zurückgekehrt ist. Es gibt Parkscheibenverlage, und die kleinen Helfer lassen sich individuell gestalten oder mit Werbung versehen. Eine Umfrage über die Mailingliste inetbib im Jahre 2013 förderte nur positive Erfahrungen zutage.

Wenn Sie Probleme mit Gruppen haben, die den ordnungsgemäßen Betrieb immer wieder stören, dann stellen Sie die Möbel so um, dass sich (vorübergehend) keine Gruppen mehr an einem Ort in der Bibliothek aufhalten können: Entfernen oder verteilen Sie die Stühle, und stellen Sie Tische um. Es hat auch zum Erfolg geführt, die Tische zu beschriften und ihnen eine bestimmte Funktion zuzuweisen („Nur für Zeitungsleser", „Nur für Hausarbeiten"). Darauf können sich Bibliotheksmitarbeiter dann berufen, was den Gesprächsbeginn vereinfacht.

Das „Schlangenmanagement", eine zentrale Warteschlange, nimmt sehr viel Konfliktpotenzial aus dem Thekenbereich. Stellen Sie Bänder auf, wie man sie aus Postfilialen oder von Flughäfen kennt, innerhalb derer sich die Benutzer anstellen können, bis zur Theke geleitet und dem nächsten freien Verbuchungsplatz zugewiesen werden.

Für manche Menschen ist Warten eine Qual, andere sehen darin eine willkommene Pause im hektischen Alltag, eine Entschleunigung. Männer, das haben Untersuchungen gezeigt, sind deutlich schlechter darin, fremdbestimmt zu warten.[10] Wenn in Stoßzeiten viele Nutzer warten, so nehmen Sie sich ein Bei-

---

9 Pease/Pease: Schulter, S. 195.
10 Meise: Warten, S. 60.

spiel an Supermarktkassiererinnen und -kassierern. Diese blicken nicht wie das Kaninchen auf die Schlange, sondern sie konzentrieren sich auf den Kunden, der gerade an der Reihe ist. Wenn dann mal ein Kunde versonnen nach Kleingeld sucht, wartet die Kassiererin gelassen ab, ohne schon den nächsten Kunden heranzuwinken. Der Kunde, der gerade an der Reihe ist, möchte das Gefühl haben, dass die Kassiererin nur für ihn da ist, denn er hat ja lang genug gewartet.

So mancherlei Konflikt lässt sich vermeiden, wenn das Vormerkregal in Bibliotheken ohne Selbstverbuchung für Nutzer nicht direkt einzusehen ist. Andernfalls werden häufig Begehrlichkeiten geweckt, und der Mitarbeiter an der Theke muss vorbestellte Medien gegen andere Interessenten „verteidigen".

Falls es baulich möglich ist, hat es viele Vorteile, die Theke direkt am Ein- und Ausgang aufzustellen. Jeder Besucher muss an diesem Punkt vorbei; wer die Bibliothek betritt, wird potenziell wahrgenommen. Nicht alle Bibliotheken sind nach diesem Prinzip eingerichtet. Zur gegenseitigen Unterstützung ist es auch dienlich, Pult und Theke nicht weit voneinander entfernt hinzustellen.

Taschen und Mäntel sind „im Bauch" vieler Bibliotheken nicht gern gesehen, sie müssen zumeist in Schließfächern, seltenst in Garderoben zurückgelassen werden. Laptop-Taschen hingegen werden zumeist akzeptiert. Nun diskutieren Nutzer gern, was die Größe und Funktion ihrer Tasche angeht. Fluggesellschaften schließen solcherlei Diskussionen seit 2001 von vornherein aus: Sie stellen eigens gefertigte Stahlrohrrahmen, sogenannte Lehren, auf. Was in das Innere des Rahmens passt, gilt als Handgepäck und darf persönlich mit ins Flugzeug genommen werden.

Stellen Sie die Schließfächer für die Garderobe der Nutzerinnen und Nutzer im Sichtbereich auf. Sorgen Sie hier unter Umständen für eine Videoüberwachung.

Bestimmte Nutzergruppen missbrauchen Taschen- und Garderobenschränke in Bibliotheken häufig zur dauerhaften Verwahrung persönlichen Eigentums. Damit nehmen sie anderen Nutzern die Möglichkeit, die Fächer zu belegen. Bibliotheken in der Nähe von oder in Einkaufszentren haben regelmäßig unerwünschten Besuch von Menschen, die lediglich ihre Einkäufe vorübergehend einschließen. Problematisch werden diese Vorgehensweisen erst recht, wenn von dem Inhalt des Schließfaches eine Geruchsbelästigung ausgeht. Daher sollten Bibliotheken regeln, wie sie sich das Nutzungsverhältnis der Schließfächer vorstellen.

Wenn eine Bibliothek ihre Nutzerinnen und Nutzer zwingt, zum Beispiel Taschen einzuschließen, so geht sie nach deren Einschließen formal einen Verwahrvertrag mit dem Nutzer ein. Sie muss nun seine Persönlichkeitssphäre wahren und darf nicht ohne Weiteres das Fach öffnen.

Anders verhält es sich, wenn die Bibliothek in ihrer Hausordnung auf das Problem eingeht und regelt, was sie unter ordnungsgemäßem Gebrauch ihrer Schließfächer versteht, nämlich zum Beispiel die Nutzung des Schließfaches während der Aufenthaltsdauer des Nutzers in der Bibliothek. Die Bibliothek sollte in ihre Hausordnung aufnehmen, dass sie Schließfächer öffnet, wenn diese nicht ordnungsgemäß genutzt werden, wenn darin beispielsweise verderbliche und geruchsintensive Lebensmittel gelagert oder gar Kleintiere eingeschlossen werden. In Bibliotheken in Städten mit einer Punk-Szene kam es in der Vergangenheit ab und an dazu, dass Ratten in Schließfächer gesperrt wurden.

Parallel zu einem entsprechenden Hinweis in der Hausordnung hat es sich in der Praxis bewährt, Hinweisschilder auf oder in den Türen der Schließfächer anzubringen, die eine abendliche Leerung ankündigen. Das erfordert bei großen Bibliotheken mit Hunderten Schließfächern einigen Zeitaufwand. Wenn Sie dann tatsächlich Fächer am Abend mithilfe eines Generalschlüssels räumen, müssen Sie mit deren Inhalten pfleglich umgehen. Sie stehen jetzt sogar in der Pflicht, die Inhalte der Schließfächer für längere Zeit zu verwahren.

Das rigorose Öffnen der Fächer nach Betriebsschluss hat Signalwirkung und kann kurzfristig zu einer Entschärfung des Problems führen.

Der Handel bietet auch Schließfächer an, deren Türen sich nach 24 Stunden automatisch öffnen. Diese sind aber vergleichsweise kostspielig und nicht gerade kundenorientiert.

In einer westdeutschen Universitätsbibliothek waren die Schließfächer so begehrt, dass die Studierenden die Schließfachschlüssel unter der Hand weitergaben und dafür jeweils 30 € kassierten ...

In der Fachhochschulbibliothek einer Großstadt am Niederrhein sorgte die Beharrlichkeit einer Bibliothekarin einmal fast dafür, dass polizeiliche Ermittlungstätigkeit behindert wurde. Es war nach den Anschlägen vom 11. September 2001, als sie einen Mann bat, seine Jacke einzuschließen. Dieser reagierte barsch und verschwand in der Bibliothek. Die Bibliothekarin verfolgte ihn und stellte ihn zur Rede. Nach einigem Hin und Her wies er sich als Zivilbeamter aus und war erbost, dass gerade fast seine Deckung aufgeflogen war.

Fazit

Sicherheitskultur ist ein Teil der Organisationskultur. Beauftragte für Datenschutz, EDV-Sicherheit, Frauen, behinderte Menschen, Arbeitssicherheit – meines Erachtens ist es an der Zeit, an allen betroffenen deutschen Bibliotheken *einen* Mitarbeiter auch mit sicherheitsrelevanten Aufgaben zu betrauen. Bei ihm sollten alle Fäden zusammenlaufen. Er wäre der vertrauensvolle Ansprechpartner für die Mitarbeiterinnen und Mitarbeiter, derjenige, der das Gespräch mit der Polizei sucht, und derjenige, der das erwähnte Meldesystem betreut und seine Auswertung regelmäßig der Bibliotheksleitung vorlegt. Zudem könnte er rechtzeitig Empfehlungen machen, die Benutzungs- bzw. Hausordnung zu modifizieren: Nicht alle auftauchenden Probleme haben eine so lange Tradition wie die des Diebstahls von Bibliothekseigentum. *Mobiltelefone, Skateboards* oder *Inlineskates* etwa führen erst seit einiger Zeit zu Konfliktsituationen.

Wenn sich keiner kümmert, treibt es Blüten: In der Benutzungsordnung einer kreisfreien Großstadt im Ruhrgebiet fand sich bis ins Jahr 2009 dieser überholte Passus: „Benutzer, in deren Wohnung eine ansteckende oder meldepflichtige Krankheit auftritt, dürfen die Stadtbücherei während der Zeit, in der Ansteckungsgefahr besteht, nicht besuchen. Bereits ausgegebene Medien sind bei meldepflichtigen Krankheiten nach der Wohnungsdesinfektion zurückzugeben. Ansteckende Krankheiten, die nicht der Meldepflicht unterliegen, sind der Stadtbücherei bei Rückgabe der Medien anzuzeigen."

Eine tragfähige Benutzungsordnung hilft im täglichen Dienst, auch wenn sie kein Allheilmittel ist, wie Lankes moniert: "In too many cases, we create policy to preempt decision making. If we have a policy, then we don't have to make personal decisions, we just implement the policy. Porn on a computer? Acceptable use policy. Disruptive teen in the reading room? Expulsion policy. Alien invaders from Mars requesting a library card? Better put together a committee and work out a policy for our new green overlords ..."[1]

Es ist praktikabel, die Hausordnung, Benutzungsordnung und die Ordnung für die Nutzung von EDV-Arbeitsplätzen zur besseren Übersicht zusammenzuführen. Hinweise zur Ausgestaltung und Überprüfung von Benutzungsordnungen finden sich bei Juraschko und Georgy[2].

Auf einem Aushang könnten Sie beispielsweise formulieren: „Unsere Mitarbeiterinnen und Mitarbeiter können jederzeit vom Hausrecht Gebrauch machen. Wir unterstützen Sie gern, wenn Sie Hilfe benötigen. Wir wünschen Ihnen einen angenehmen Aufenthalt in unserer Bibliothek."

---

[1] Lankes: Atlas, S. 125.
[2] Georgy: Benutzungsordnungen.

Der Sicherheitsbeauftragte jedenfalls würde sich darum kümmern, die Telefonnummern aktuell zu halten, die auf jedem Pult und an jeder Theke für den Notfall bereitliegen sollte. Sinnvollerweise sollte sein Aufgabengebiet im Bereich der Öffentlichkeitsarbeit angesiedelt werden, um ggf. die hier gepflegten Kontakte nutzen zu können.

Schnell sind Bibliotheken dabei, wenn es nach einem neuen *Release* der Bibliothekssoftware gilt, die Mitarbeiter zu schulen. Aber der Umgang mit dem Nutzer, wird der *regelmäßig* geschult? Wer auch immer sich mit dem Themenkomplex „Konfliktsituationen in Bibliotheken" beschäftigt hat, kommt zu dem Schluss, dass die turnusmäßige Weiterbildung der Mitarbeiterinnen und Mitarbeiter von eminenter Bedeutung ist.[3] Es kann nicht allein Sache der einzelnen Mitarbeiterin, des einzelnen Mitarbeiters sein, sich mit auffälligen Nutzern auseinanderzusetzen. Hier gibt es eine Fürsorgepflicht des Arbeitgebers, seinen Mitarbeitern Rüstzeug an die Hand zu geben. Solcherlei Angebote werden vom Personal auch dankbar angenommen.

Zahlreiche Seminarangebote für Bibliothekare mit Personalverantwortung können auch im Umgang mit auffälligen Nutzern dienlich sein (Konfliktmanagement, Überzeugende Gesprächsstrategien usw.). Leitende Bibliotheksmitarbeiter sollten ihre Kollegen zur Teilnahme an diesen Veranstaltungen motivieren, aus Fürsorge und zum Vorteil der Bibliothek.

Nur wenn die Leitungskräfte der betroffenen und gefährdeten Bibliotheken den Problemkomplex professionell anpacken (lassen), werden sie vielleicht in der Lage sein, die stolze Tradition des freien Zugangs, des Zugangs ohne vorzuzeigenden Benutzerausweis, auch bei fortlaufender Entwicklung aufrechtzuerhalten.

Bibliotheksmitarbeiterin und Bibliotheksmitarbeiter sind keine gefahrengeneigten Berufe. Bibliotheksnutzerinnen und -nutzer sind und bleiben in der ganz überwiegenden Zahl doch nette Menschen. Verlieren Sie nicht aus dem Blick, dass sich dieses Buch mit den Ausnahmefällen befasst hat.

---

[3] Unter Anderem: *British Library:* Security, Lincoln/Lincoln: Library Crime, Nelson-Busch: Informationsbedürfnisse, Ratzek: Heikle Situationen, Reich: Schwierigkeiten, Schönemann: Kritik oder Tiedge: Benutzer.

Literaturverzeichnis

Adolph, Susanne. „Probleme mit schwierigen Jugendlichen". *Buch und Bibliothek* 12 (2000): 731–732.
Alker, Stefan und Hannah Windbichler. „Immer furchtbar nett: Postkarten an der Universitätsbibliothek Wien". *Mitteilungen der VÖB* 2 (2014): 215.
Andree, Beatrix. „Interkulturalität im Fremdsprachenunterricht". *Interkulturelle Kompetenz*. Hg. Christoph Köck und Juliana Roth. München, 2004. 149–158.
Arbeitsschutzgesetz vom 7. August 1996 (BGBl. I, S. 1246; zuletzt durch Artikel 8 des Gesetzes vom 19. Oktober 2013 BGBl. I , S. 3836 geändert.
Asci, Mehmet. „Erfahrungen in der Sozialen Gruppenarbeit für gewalterfahrene und delinquente Jungen bei LebensWelt gGmbH". Hg. Landekommission Berlin gegen Gewalt. *Berliner Forum Gewaltprävention 17*. Berlin, 2004: 54–58.
Baisch, Volker, Dieter Lünse und Jörg Rohwedder. *Zivilcourage: Anleitung zum kreativen Umgang mit Konflikten und Gewalt*. Münster, 1998.
Bannenberg, Britta. *Amok*. Gütersloh, 2010.
Bannenberg, Britta. „Amok". *Gewalt: Ein interdisziplinäres Handbuch*. Hg. Michaela Christ und Christian Gudehus. Stuttgart [u. a.], 2013. 99–104.
Barlow, Janelle und Claus Møller. *Eine Beschwerde ist ein Geschenk*. Frankfurt a. M., 2003.
Bean, Philip. "An Overview of Crime in Libraries and Information Services". *Security and Crime Prevention in Libraries*. Hg. Michael Chaney und Alan F. MacDougall. Hants: Ashgate, 1992. 13–31.
Beavin, Janet H., Don D. Jackson und Paul Watzlawick. *Menschliche Kommunikation*. 9., unveränd. Aufl. Bern [u. a.], 1996.
Becker, Georg E. *Lehrer lösen Konflikte*. Weinheim, 2006.
Becker, Henning und Annegret Hugo-Becker. *Psychologisches Konfliktmanagement*. 4., überarb. u. erw. Aufl. München, 2004.
Becker, Tom. „Beschwerdemanagement in Bibliotheken". *Bibliotheksdienst* 6 (2006): 704–712.
Becker, Tom. Rezension zum vorliegenden Leitfaden. *BuB* 10 (2006): 707–708.
Berckhan, Barbara. *Die etwas intelligentere Art, sich gegen dumme Sprüche zu wehren*. München, 2001.
Berckhan, Barbara. *Judo mit Worten*. München, 2008.
Bergmann, Christian. *Drohungen junger Täter mit einem Amoklauf*. Hamburg, 2012.
Berner, Michael M. und Martin Härter. „Psychologische Betreuung bei Suchterkrankungen". *Psychologie in Notfallmedizin und Rettungsdienst*. 2., vollst. neu bearb. Aufl. Berlin [u. a.], 2004. 163–174.
Bertelsmann Stiftung und *Bundesvereinigung Deutscher Bibliotheksverbände*, Hg. „Bibliothek 2007: Internationale Best-Practice-Recherche." Gütersloh, 2004.
Berufsgenossenschaft Nahrungsmittel und Gaststätten, Hg. Aufgaben, Qualifikation und Ausbildung von Brandschutzbeauftragten. BG-Informationen 847 (2003).
Besold, Annemarie und Michael Korn. *Selbstverteidigung für Frauen und Mädchen*. Stuttgart, 2007.
Bierhoff, Hans Werner. *Psychologie hilfreichen Verhaltens*. Stuttgart [u. a.], 1990.
Binder, Elisabeth. „Wohin soll man seine Füße legen?" *Tagesspiegel* vom 25.9.2005: 29.
Binder, Elisabeth. „Muss ich mich anstarren lassen?" *Tagesspiegel* vom 2.10.2005: 24.
Birker, Gabriele und Klaus Birker. *Was ist NLP?* Reinbek, 1997.

Bondü, Rebecca und Herbert Scheithauer. *Amoklauf und School Shooting*. Göttingen, 2011.
Bonneau, Elisabeth. *Erfolgsfaktor Smalltalk*. München, 2002.
Boremski, Daniela, Kerstin Morgenstern u. Renate Zimmermann, Hg. *Heiteres aus dem Bibliotheksalltag*. Berlin, 2010.
Brauck, Markus. „In Stuhlgewittern". *Spiegel* 17 (2012): 88–91.
Breit-Kessler, Susanne. „Muss ich schreiende, tobende Kinder ertragen?" *Chrismon* 11 (2006): 50 f.
Brettel, Hauke. „Exhibitionismus". *Kriminologie*. Hg. Michael Bock. 6., vollst. neu bearb. u. erw. Aufl. München, 2008. 536–538.
British Library, Hg. "Security Matters: How to Deal with Criminal and Anti-social Behaviour". London, 1994.
Browning, Guy. *Wie man mit einer Grapefruit sein Leben verändert*. Übs. Petra Trinkhaus. Bergisch-Gladbach, 2009.
Brückner, Margit. *Wege aus der Gewalt gegen Frauen und Mädchen*. 2., aktual. Aufl. Frankfurt a. M., 2002.
Buchmann, Knud Eike und Max Hermanutz. „Der Umgang mit psychisch auffälligen Personen". *Grundlagen der Polizeipsychologie*. Hg. Frank Stein. 2., überarb. u. erw. Aufl. Göttingen [u. a.], 2003. 50–58.
Bueß, Peter. *Private Sicherheitsdienste*. Stuttgart [u. a.], 1997.
Bundesministerium für Familie, Senioren, Frauen und Jugend, Hg. „Mutig fragen – besonnen handeln: Informationen für Mütter und Väter zum sexuellen Missbrauch an Mädchen und Jungen". Berlin, 2002.
Bundesvereinigung Deutscher Bibliotheksverbände, Hg. *Entscheidungssammlung zum Bibliotheksrecht*. 2., überarb. u. erw. Aufl. Wiesbaden, 2003.
Bundesvereinigung Deutscher Bibliotheksverbände, Hg. *Rechtsvorschriften für die Bibliotheksarbeit*. 4., überarb. u. erw. Aufl. Wiesbaden, 2004.
Bundeszentrale für gesundheitliche Aufklärung, Hg. „Was tun!" 3. Aufl. Köln, 2005.
Bunke, Christa. „‚Wozu sind Sie schließlich da …'". *Buch und Bibliothek* 12 (2000): 737–739.
Busch, Wilhelm. *Die Gedichte*. 5. Aufl. Zürich, 2012.
Cava, Roberta. *Kein Problem mit schwierigen Menschen*. Übs. Anna Schmid. Landsberg am Lech, 2000.
Cerwinka, Gabriele und Gabriele Schranz. *Nervensägen: So zähmen Sie schwierige Mitarbeiter, Chefs und Kunden*. Wien, 2005.
Chaney, Michael und Alan F. MacDougall, Hg. *Security and Crime Prevention in Libraries*. Hants, 1992.
Clemens, Karin und Christian Lüdke. *Vernetze Opferhilfe*. Bergisch Gladbach, 2004.
Collins, Randall. *Dynamik der Gewalt*. Übs. Richard Barth und Gennaro Ghirardelli. Hamburg, 2011.
Dälken, Michaela und Mohammad Heidari. „Fit und kompetent – für eine interkulturelle Zukunft! Konfliktlösungen im interkulturellen Kontext: Beispiele aus Verwaltung und öffentlichen Betrieben." Hg. *DGB Bildungswerk* Düsseldorf, o. J.
Deigentasch, Susanne. „Die Bibliothekarin als Psychologin: Überlegungen zum Umgang mit Konflikten zwischen Benutzer und Bibliothek". Diplomarbeit. Stuttgart, 2002.
Demandt, Alexander. *Vandalismus: Gewalt gegen Kultur*. Berlin, 1997.
Deutsche Gesetzliche Unfallversicherung (DGUV), Hg. Der Sicherheitsbeauftragte. DGUV Information 211–021. Berlin, 2006.

Deutsche Gesetzliche Unfallversicherung (DGUV), Hg. Vorschrift 1: Grundsätze der Prävention. Berlin, 2013.
Deutsches Polizeiblatt 5 (1997). Sonderheft Obdachlosigkeit.
Dewdney, Patricia und Gillian Michell. "Oranges and Peaches: Understanding Communication Accidents in the Reference Interview". *RQ* 4 (1996): 520–536.
Dobelli, Rolf. „Gefühle". *Stern* 15 (2014): 58.
Dost, Maik. „Kriminalitätsfurcht und subjektives Sicherheitsempfinden". *Kriminalitätsopfer*. Hg. Landeskommission Berlin gegen Gewalt. Berliner Forum Gewaltprävention 12. Berlin, 2003. 25–31.
Dubbert, Gaby. „Professionelle Kommunikation in besonderen Situationen". *Kriminalistik* 2 (2005): 96–102.
Duerr, Hans Peter. *Obszönität und Gewalt*. Frankfurt a. M., 1995.
Ebberfeld, Ingelore. *Botenstoffe der Liebe: Über das innige Verhältnis von Geruch und Sexualität*. 2. Aufl. Frankfurt a. M., 1999.
Eberspächer, Hans. *Gut sein, wenn's drauf ankommt*. München [u. a.], 2004.
Eco, Umberto. *Die Bibliothek*. Übs. Burkhart Kroeber. München, 1987.
Eco, Umberto. *Die Kunst des Bücherliebens*. Übs. Burkhart Kroeber. München, 2009.
Eco, Umberto und Jean-Claude Carrière. *Die große Zukunft des Buches*. Übs. Barbara Kleiner. München, 2009.
Eggers, Reimer. „Lautsprecherdurchsagen". *Moderne Polizeipsychologie in Schlüsselbegriffen*. Hg. Max Hermanutz [u. a.]. 2., aktual. u. erw. Aufl. Stuttgart [u. a.], 2001. 103–109.
Eicher, Hans. *Die geheimen Spielregeln im Verkauf*. Frankfurt a. M. [u. a.], 2006.
Eichhorn, Martin. *Gewaltprävention in der Arztpraxis: Der richtige Umgang mit schwierigen und gefährlichen Patienten*. Köln, 2009.
Eichhorn, Martin. „Als Gast beim Abschnitt 53 – Impressionen aus dem Polizeialltag". *Polizei Berlin* 4 (2003): 15–16.
Eichhorn, Martin. „1. Präventionskongress der Berliner Polizei". *Polizei Berlin* 1 (2005): 10–11.
Eichhorn, Martin. „Ein Rottweiler auf der Verbuchungstheke: Zahlen und Anekdoten zu Konfliktsituationen in Bibliotheken". *BuB* 2 (2009): 135–137.
Eichhorn, Martin. „Konfliktpräventive Bibliotheksgestaltung". *BuB* 10 (2009): 717–721.
Eichhorn, Martin. „Wenn wir den Nutzern ans Portemonnaie müssen …" *BuB* 2 (2010): 130–132.
Eichhorn, Martin. „Gibt es Sie auch in ‚nett'? Zum Umgang mit Beleidigungen". *Deutsche Polizei* 7 (2014): 21–25.
Ekman, Paul. *Gefühle lesen*. München, 2004.
Endress, Claus. *Die 103 Geheimnisse der Entwendungstechniker*. Nordwestheim, 2010.
Esser, Axel. „Konfliktbewältigung". Hg. Gewerkschaft der Polizei. GdP Arbeitshilfe 11. Hilden, o. J.
Esser, Axel. „Konfliktfähigkeit". Hg. Gewerkschaft der Polizei. GdP Arbeitshilfe 13. Hilden, o. J.
Evers, Horst. *Der König von Berlin*. Reinbek, 2012.
Ewert, Gisela und Walther Umstätter. *Lehrbuch der Bibliotheksverwaltung*. Stuttgart, 1997.
Fansa, Jonas. *Bibliotheksflirt: Bibliothek als öffentlicher Raum*. Bad Honnef, 2008.
Faulkner-Brown, Harry. "Design criteria for large library buildings". *World Information Report* 1997/98: 257–267.
Ferner, Manfred. *KulturSchock Türkei*. Bielefeld, 2001.
Fiedler, Harald, Bernd Gasch und Frank Lasogga. „Zuschauer bei Notsituationen". *Psychologie in Notfallmedizin und Rettungsdienst*. 2., vollst. neu bearb. Aufl. Berlin [u. a.], 2004. 191–200.

Fischer, Thomas. *Strafgesetzbuch und Nebengesetze*. 50., neu bearb. Aufl. München, 2001.
Fisher, Roger, Bruce M. Patton und William Ury. *Das Harvard-Konzept*. Neuausg. Übs. Werner Raith und Wilfried Hof. Frankfurt a. M. [u. a.], 2000.
Frankenberger, Rudolf und Klaus Haller, Hg. *Die moderne Bibliothek*. München, 2004.
Friedrich, Hermann, Hg. *Eigensicherung im Rettungsdienst*. Edewecht, 2006.
Friedl, Wolfgang J. und Angelo Scelsi. *Gebäuderäumungen*. Stuttgart [u. a.], 2004.
Fuhlrott, Rolf. „Einbruchsicherung von Bibliotheken". *Sicherheit in Bibliotheken*. Red. Robert K. Jopp und Ute Kissling. 2., erw. Aufl. dbi-Materialien 63. Berlin, 1991. 9–15.
Füllgrabe, Uwe [u. a.]. *Polizeipsychologie*. 3. Aufl. Stuttgart [u. a.], 1990.
Füllgrabe, Uwe. *Der psychisch auffällige Mitbürger: Sicherheit im Umgang mit psychisch auffälligen Menschen*. Psychologie für Polizeibeamte 8. Stuttgart [u. a.], 1992.
Füllgrabe, Uwe. *Psychologie der Eigensicherung*. Stuttgart, 2002.
Füllgrabe, Uwe. „Survivability". *Grundlagen der Polizeipsychologie*. Hg. Frank Stein. 2., überarb. u. erw. Aufl. Göttingen [u. a.], 2003. 197–211.
Füllgrabe, Uwe. „Akutes Risiko oder leere Drohung?" *Report Psychologie* 28 (2003). 150–161.
Füllgrabe, Uwe. „Soziale und kulturelle Kompetenz". *Deutsches Polizeiblatt* 4 (2005): 13–17.
Füllgrabe, Uwe. „Psychologische Grundlagen polizeilicher Eigensicherung. *Deutsche Polizei* 8 (2013).
Garfield, Simon. *Just my type*. Berlin, 2010.
Gaschler, Franz [u. a.]. *Prävention von Aggression und Gewalt in der Pflege*. Hannover, 2006.
Gassner, Burghard. „Ursachen kennen, Signale richtig deuten". *Buch und Bibliothek* 12 (2000): 718–724.
Gebauer, Gabriele und Wolfgang Ratzek. „Ansätze zur Konfliktbewältigung". *Bibliothek* 3 (2003): 214–219.
Geisel, Sieglinde. *Nur im Weltall ist es wirklich still: Vom Lärm und der Sehnsucht nach Stille*. Berlin, 2010.
Gelbrich, Katja und Stefan Müller. *Interkulturelle Kommunikation*. München, 2014.
Georgy, Ursula. „Verbote als Marketinginstrumente in Bibliotheken". *Bibliothek: Forschung und Praxis* 3 (2010): 311–322.
Georgy, Ursula. „Benutzerordnungen als Marketinginstrument in Bibliotheken". *Bibliothek: Forschung und Praxis* 1 (2011): 100–108.
Gesemann, Frank. „Migration, ethnische Minderheiten und Gewalt". *Kriminalität, Gewalt und Gewalterfahrungen von Jugendlichen nichtdeutscher Herkunft in Berlin*. Hg. Landeskommission Berlin gegen Gewalt. Berliner Forum Gewaltprävention 3. Berlin, 2000. 23–36.
Gestrich, Johannes und Max Hermanutz. „Zum Umgang mit psychisch Kranken". *Deutsche Polizei* 6 (1995): 24–26; 7 (1995): 15; 8 (1995): 27; 9 (1995): 34; 11 (1995): 33; 12 (1995): 29.
Gigerenzer, Gerd. *Risiko: Wie man die richtigen Entscheidungen trifft*. Übs. Hainer Kober. München, 2013.
Goos, Hauke. „Der Placebo-Effekt". *Spiegel* 5 (2006): 54.
Graff, Sunny. *Mit mir nicht! Selbstverteidigung und Selbstbehauptung im Alltag*. 3., vollst. aktual. Aufl. Berlin, 2004.
Graham, Warren. *Black Belt Librarians*. Charlotte, 2006.
Grandt, Michael. *Alptraum Kunde: Was Verkäufer zum Wahnsinn treibt*. Frankfurt a. M. [u. a.], 1999.
Grasberger, Delia und Ronald Schweppe. *Richtig atmen: Spannungen lösen, Energie tanken*. München, 2006.
Gutenrath, Cid Jonas. *110: Ein Bulle hört zu*. Berlin, 2012.

Hacker, Friedrich. *Aggression: Die Brutalisierung unserer Welt*. aktual. Aufl. Düsseldorf [u. a.], 1985.
Hammer, Matthias und Irmgard Plößl. *Irre verständlich: Menschen mit psychischen Erkrankungen wirksam unterstützen*. Bonn, 2012.
Härter, Martin und Bernd Heßlinger. „Psychiatrische Notfälle". *Psychologie in Notfallmedizin und Rettungsdienst*. 2., vollst. neu bearb. Aufl. Berlin [u. a.], 2004. 151–162.
Haeske, Udo. *Beschwerden und Reklamationen managen*. Weinheim [u. a.], 2001.
Harris, Thomas A. *Ich bin o. k., Du bist o. k.* 36. Aufl. Reinbek, 2001.
Hartley, Mary. *Der richtige Riecher*. Übs. Ingrid Kernleitner und Erna Tom. Zürich, 2005.
Haselow, Reinhard und Jens Walkowiak. *Prüfungswissen Psychologie*. Hilden, 2012.
Havener, Thorsten. *Ohne Worte: Was andere über dich denken*. Reinbek, 2014.
Heaton, Shelly und Metta Nicewarner. "Providing Security in an Urban Academic Library". *Library & Archival Security* 1 (1995): 9–19.
Hecht-El Minshawi, Beatrice und Krisztina Kehl. *Muslime in Beruf und Alltag verstehen*. Weinheim [u. a.], 2004.
Hecking, Mirijam. „Riemann, Otto, Amazon – die Angst vor dem Shitstorm". http://www.manager-magazin.de/unternehmen/artikel/0,2828,889896,00.html (20.12.2014)
Heine, Peter. *Kulturknigge für Nichtmuslime: Ein Ratgeber für den Alltag*. überarb. Neuausg. Freiburg [u. a.], 2001.
Hermanutz, Max [u. a.]. *Moderne Polizeipsychologie in Schlüsselbegriffen*. 2., aktual. u. erw. Aufl. Stuttgart [u. a.], 2001.
Hermanutz, Max. „Psychische Erkrankungen". *Moderne Polizeipsychologie in Schlüsselbegriffen*. Hg. Max Hermanutz [u. a.]. 2., aktual. u. erw. Aufl. Stuttgart [u. a.], 2001. 138–148.
Höller, Jürgen, Axel Maluschka und Stefan Reinisch. *Kyusho: Angriffspunkte in Selbstverteidigung und Kampfsport*. Aachen, 2009.
Höppner, Marion [u. a.]. „Bibliotheksarbeit mit Ausländern". *Soziale Bibliotheksarbeit*. Hg. Ernst Hugo Käufer. Berlin, 1982. 145–179.
Hof, Herbert, Peter Kuntz und Edeltraut Pieringer-Müller. „Infektionsgefährdung durch Bißverletzungen". *Deutsches Ärzteblatt* 15 (1996): A 969–972.
Hofer, Jan, Dieter Kronzucker u. Shary Reeves, Hg. *1000 Ideen täglich die Welt zu verbessern*. Reinbek, 2010.
Holland, Claudia. „Taschenkontrollen im Supermarkt – Taschenkontrolle in Bibliotheken: Eine vergleichbare Situation?" *Bibliotheksdienst* 6 (1995): 967–971.
Hoofdstedelijke Openbare Bibliotheek, Hg. „Regels voor het omgaan met overlast". Brüssel, o. J.
Huber, Helmut und Joachim Jäger. „Eigensicherung: Dauerauftrag der Prävention". *Die polizeiliche Eigensicherung*. Hg. Kuratorium der Polizei-Führungsakademie. Dresden, 2001. 7–18.
Hücker, Fritz. *Rhetorische Deeskalation*. Stuttgart, 1997.
Huesmann, Anna-Maria. „Erfolgreich und differenziert kommunizieren". *Buch und Bibliothek* 12 (2000): 741–746.
Hunfeld, Frauke. „Die Trägheit der Herzen überwinden: Courage". *Stern* 51 (2005): 108–116.
Itten, Theodor. *Jähzorn*. Wien [u. a.], 2007.
Jackson, Joe. *Ein Mittel gegen die Schwerkraft*. Göttingen, 2001.
Jochmann, Ulrich, Franz Köhler und Peter Zeranski. *Sicherheitsservice für den öffentlichen Personenverkehr*. Stuttgart [u. a.], 2002.

Johnson, Denise J. "Sexual Harassment in the Library". *Patron Behavior in Libraries*. Hg. Beth McNeil und Denise J. Johnson. Chicago [u. a.]: American Library Association, 1996. 106–121.
Jones, Patrick. "Opposites Attract: Young Adults and Libraries". *Patron Behavior in Libraries*. Hg. Beth McNeil und Denise J. Johnson. Chicago [u. a.]: American Library Association, 1996. 44–54.
Jopp, Robert K. und Ute Kissling, Red. *Sicherheit in Bibliotheken*. 2., erw. Aufl. dbi-Materialien 63. Berlin, 1991.
Juraschko, Bernd. *Praxishandbuch Recht für Bibliotheken und Informationseinrichtungen*. Berlin [u. a.], 2013.
Kaeding, Peer und Faruk Süren. „‚Du hast Scheiße gebaut!' Gespräche mit nichtdeutschen Gewalttätern unter der Lupe der Kommunikationspsychologie". *Interkulturelle Kommunikation*. Hg. Dagmar Kumbier und Friedemann Schulz von Thun. Reinbek, 2006. 206–228.
Kanz, Christine. „Gender-Theorie der Angst". *Angst*. Hg. Lars Koch. Stuttgart, 2013.
Karkalis, André und Keith R Kernspecht, *Verteidige Dich: Selbstverteidigung für Frauen*. Burg/Fehmarn, 2003.
Karlins, Marvin und Joe Navarro. *Menschen lesen*. Übs. Kimiko Leibnitz. München, 2011.
Kartari, Asker. *Deutsch-türkische Kommunikation am Arbeitsplatz*. Münster [u. a.], 1994.
Kautz, Reinhard. *Handeln statt wegsehen*. München, 1997.
Kautz, Reinhard. „Wie mutig muss der Mensch sein oder was muss er können, um sich und andere vor Gewalt im öffentlichen Raum schützen zu können?". *Kriminalitätsopfer*. Hg. Landeskommission Berlin gegen Gewalt. Berliner Forum Gewaltprävention 12. Berlin, 2003. 91–96.
Kautz, Reinhard und Georg von Strünck. „Das Anti-Gewalt-Projekt". Hg. Der Polizeipräsident in Berlin. Berlin, o. J.
Kelek, Necla. *Die verlorenen Söhne: Plädoyer für die Befreiung des türkisch-muslimischen Mannes*. Köln, 2006.
Kiener, Franz. *Das Wort als Waffe: Zur Psychologie der verbalen Aggression*. Göttingen, 1983.
Kleeberg, Simone. „Jugenddelinquenz: Entwicklungen und Handlungsstrategien". Hg. Landekommission Berlin gegen Gewalt. Berliner Forum Gewaltprävention 17. Berlin, 2004: 9–17.
Klein, Axl. *Zorn: 55 Prominente fotografiert*. Saarbrücken, 2013.
Klotz-Berendes, Bruno. *Notfallvorsorge in Bibliotheken*. dbi-Materialien 194. Berlin, 2000.
Kniebe, Tobias. „Mausklick ins Abseits". *Neon* 5 (2008): 113–115.
Knipping, Ulrike. „Konfliktfreie Formulierungen in Kundengesprächen". Hg. ekz. Reutlingen, o. J.
Knoche, Michael. „Wiederaufbau der Herzogin Anna Amalia Bibliothek forciert". *BuB* 11/12 (2014): 737–740.
Köck, Christoph und Juliana Roth, Hg. *Interkulturelle Kompetenz: Handbuch für die Erwachsenenbildung*. München, 2004.
Kommission für Kinder- und Jugendbibliotheken des dbi. *Schwierigkeiten mit Kindern und Jugendlichen in der Bibliothek*. Tagungsbericht. Berlin, 1980.
Kormann, Richard. „Sehr unruhiger Tag". *Buch und Bibliothek* 33 (1981): 547–554.
Koupsky, Nicolas. «Les Bibliothèques dans les Banlieus difficiles en France: Chance ou Provocation?» Diplomarbeit. Eisenstadt, 2001.

Krämer, Sybille. „Gewalt der Sprache – Sprache der Gewalt". Hg. Landeskommission Berlin gegen Gewalt. Berlin, 2005.

Krefft, Sascha. *Austeilen oder einstecken? Wie man mit Gewalt auch anders umgehen kann.* München, 2002.

Krischer, Markus. „Stehlen und hehlen". *Focus* 44 (2006): 48.

Kuhnke, Elizsabeth. *Körpersprache für Dummies.* Übs. Hartmut Strahl. Weinheim, 2008.

Landeskriminalamt Niedersachsen, Hg. „Sicherheit für Behörden mit Publikumsverkehr". o. O.: o. J.

Landesrat für Kriminalitätsvorbeugung Mecklenburg-Vorpommern, Hg. „Ladendiebstahl wirksam vorbeugen". *Impulse* [Sonderausgabe]. Schwerin, 2000.

Lange-Etzel, Angelika. „Schwierigkeiten mit Kindern und Jugendlichen in Bibliotheken". *Soziale Bibliotheksarbeit.* Hg. Hugo Ernst Käufer. Berlin, 1982. 180–189.

Lankes, R. David. *The Atlas of New Librarianship.* Cambridge [u. a.], 2011.

Latour, Bernd. *Um keine Antwort verlegen: Wie man Wortgefechte gewinnt.* München [u. a.], 2004.

Library Safety. Videokassette. Hg. West Virginia Library Commission Television Services. 2000. 30 min.

Lincoln, Alan Jay. *Crime in the Library.* New York [u. a.], 1984.

Lincoln, Alan Jay und Carol Zall Lincoln. *Library Crime and Security: An International Perspective.* New York [u. a.], 1987.

Linsenmayr, Rainer und Stefanie Rösch. *Vom Umgang mit schwierigen und gewaltbereiten Klienten.* Bonn, 2012.

Lobo, Sascha. „Die Mensch-Maschine". http://www.spiegel.de/netzwelt/web/sascha-lobo-ueber-die-entstehung-des-begriffs-shitstorm-a-884199.html (10.10.2014)

Lorenz, Maren. *Vandalismus als Alltagsphänomen.* Hamburg, 2009.

Lübkemann, Wolfram. *Strafrecht und Strafverfahrensrecht für Polizeibeamte.* 9., überarb. u. aktual. Aufl. Hilden, 1992.

Lütz, Manfred. *Irre! Wir behandeln die Falschen.* Gütersloh, 2009.

Lux, Claudia [u. a.]. „Öffentlichkeitsarbeit". *Die moderne Bibliothek.* Hg. Rudolf Frankenberger und Klaus Haller. München, 2004. 322–343.

Manig, Yvette und Falko Rheinberg. „Was macht Spaß am Graffiti-Sprayen?" *Report Psychologie* 28 (2003): 222–234.

Manz, Klaus. „Ladendiebstahl: Vorbeugen statt Aufgreifen". *Forum Kriminalitätsprävention* 3 (2003): 1–3.

Marek, Maria und Stefan Reinisch. *Das David-Goliath-Prinzip: Selbstverteidigung gegen körperlich überlegene Gegner.* Stuttgart, 2013.

Marguier, Alexander. *Das Lexikon der Gefahren.* Köln, 2012

Martinet, Jeanne. *Das Fauxpas-Handbuch.* Übs. Ebba D. Drolshagen. 2. Aufl. Frankfurt a. M., 2000.

McNeil, Beth und Denise J. Johnson, Hg. *Patron Behavior in Libraries.* Chicago [u. a.]: American Library Association, 1996.

Meis, Mona Sabine und Rudi Rhode. *Wer schreit, hat schon verloren: Körpersprache selbstbewusst beherrschen.* Zürich, 2007.

Meise, Sylvia. „Warten – nur vertane Zeit". *Psychologie heute* 3 (2003): 60.

Meyer zu Bexten, Erdmuthe. *Der Weg über die Hemmschwelle: Kommunikation mit behinderten Menschen im Alltag.* Frankfurt a. M., 2007.

Möllers, Martin H. W., Hg. *Wörterbuch der Polizei.* München, 2001.

Morgenroth, Ulf und Dietrich Ungerer. *Analyse des menschlichen Fehlverhaltens in Gefahrensituationen.* Hg. Bundesverwaltungsamt. Bonn, 2001.

Motzko, Meinhard. „Seien wir ihnen dankbar!". *Buch und Bibliothek* 12 (2000): 727–730.

Motzko, Meinhard. „Die APO-Omas und -Opas sind los!" *Challenge accepted!* Hg. Petra Hauke. Bad Honnef, 2014. 13–20.

Müller, Meike. *Nervensägen im Griff.* Frankfurt a. M., 2006.

Müller, Uta. „Kritikmanagement als Bestandteil einer Marketingkonzeption für Bibliotheken". *Bibliothek* 2 (2001): 214–225.

Naber, Andreas. „Der Shitstorm." Bachelorarbeit. Berlin, 2012.

Nathan, Helene. „Die Büchereiarbeit mit Kindern und Jugendlichen und die Ausbildungsfrage". *Hefte für Büchereiwesen* 13 (1929): 195.

Nelson-Busch, Gudrun. „Konkurrierende Informationsbedürfnisse im Konflikt: Die Handyaktion der Staatsbibliothek". *Bibliotheksdienst* 7 (2005): 881–884.

Nestler, Ralf. „Wunsch und Wirklichkeit". *Tagesspiegel* vom 3.12.2014: 10.

Neue deutsche Medienmacher, Hg. „Glossar: Formulierungshilfen für die Berichterstattung im Einwanderungsland". o. O., 2014.

Nielsen, Erland Kolding. "Library Security Management". *Liber Quarterly* 4 (2002): 296–302.

Pantry, Sheila. *Dealing with Aggression and Violence in Your Workplace.* London: Library Association Publishing, 1996.

Paris, Rainer. *Stachel und Speer: Machtstudien.* Frankfurt a. M., 1998.

Pease, Allan und Barbara. *Die kalte Schulter und der warme Händedruck.* 3. Aufl. Berlin, 2004.

Pfältzer, Anja. *Ursachen sicherheitsrelevanter Regelverstöße deutscher Economy Class Passagiere im Luftverkehr.* Münster, 2008.

Pfafferott, Milena. „Bibliothekstraining vermittelt pragmatische Kenntnisse". *BuB* 3 (2013): 175–177.

Plassmann, Engelbert und Jürgen Seefeldt. *Das Bibliothekswesen der Bundesrepublik Deutschland.* 3., völlig neubearb. Aufl. d. durch Gisela v. Busse u. Horst Ernestus begr. Werkes. Wiesbaden, 1999.

Polizeiliche Kriminalprävention der Länder und des Bundes, Hg. „Polizei und Moscheevereine". Stuttgart, o. J.

Preuß, Thomas. *Sprengstoffe und Sprengstoffanschläge.* Stuttgart [u. a.], 2012.

Programm Polizeiliche Kriminalprävention der Länder und des Bundes, Hg. *Missbrauch verhindern!* o. O., 2013.

Raabe, Paul. *Frühe Bücherjahre.* Zürich [u. a.], 2007.

Raeymaekers, Relinde. „Onveiligheid en Overlast in de Hoofdstedelijke Openbare Bibliotheek: Situering van de Problematiek en Voorstel tot een Preventiebeleid". Hg. Vlaamse Gemeenschapscommissie. Brüssel, 1999.

Randecker, Matthias. „RFID – Mediensicherung in Bibliotheken". *Büchereiperspektiven* 2 (2005): 12–13.

Rasche, Monika. „Hausverbot gegen Randalierer? ". *Buch und Bibliothek* 12 (2000): 732–737.

Ratcliff, F. W. "Changing times?" *Security and Crime Prevention in Libraries.* Hg. Michael Chaney und Alan F. MacDougall. Hants, 1992. 1–12.

Rattner, Josef. *Der schwierige Mitmensch.* Frankfurt a. M., 1979.

Ratzek, Wolfgang. „Heikle Situationen in Öffentlichen Bibliotheken". *Bibliothek* 2 (2001): 237–240.

Ratzek, Wolfgang. „Arten, Analyse und Dynamik von Konflikten". *Bibliothek* 3 (2002): 296–299.

Reich, Silvia. „Schwierigkeiten mit Jugendlichen in der Bibliothek". *Schwierigkeiten mit Kindern und Jugendlichen in der Bibliothek.* Hg. Kommission für Kinder- und Jugendbibliotheken des dbi. Tagungsbericht. Berlin, 1980. 7–12.

Rheinischer Gemeindeunfallversicherungsverband, Hg. Beurteilung von Belastungen und Gefährdungen in Archiven. Düsseldorf, 2007.

Ripley, Amanda. *Survive: Katastrophen, wer sie überlebt und warum.* Übs. Katy Albrecht. Frankfurt a. M., 2009.

Rosenberg, Marshall B. *Gewaltfreie Kommunikation.* 5., überarb. u. erw. Aufl. Übs. Ingrid Holler. Paderborn, 2004.

Rost, Gottfried. *Der Bibliothekar.* Leipzig, 1990.

Roth, Juliana. „Eigene Kultur". *Interkulturelle Kompetenz.* Hg. Christoph Köck und Juliana Roth. München, 2004. 11–20.

Rubin, Rhea Joyce. *Defusing the Angry Patron.* New York [u. a.], 2000.

Rupprecht, Reinhard. „Aktuelle Rechtsprechung zu den Voraussetzungen und Grenzen der Notwehr". *Forum Kriminalitätsprävention* 2 (2005): 32–33.

Rutenberg, Jürgen von und Matthias Stolz. „Wortreich gegen die Armut". *Die Zeit* 44 (26.10.2006): 80 f.

Sack, Adriano. *Manieren 2.0.* München, 2007.

Saint-Exupéry, Antoine de. *Der kleine Prinz.* 41. Aufl. Düsseldorf, 1986.

Salter, Charles A. und Jeffrey L. Salter. "Mentally Ill Patrons". *Patron Behavior in Libraries.* Hg. Beth McNeil und Denise J. Johnson. Chicago [u. a.]: American Library Association, 1996. 18–43.

Schäfer, Annette. *Wir sind, was wir haben: Die tiefere Bedeutung der Dinge für unser Leben.* Frankfurt a. M., 2012.

Scharmann, Ute. „Gebührendiskussion zwecklos". *BuB* 59 (2007): 162–163.

Schiemann, Anja. „Verbrechen aus Bücherlust: Bücherdiebstahl der Bibliomanen" *Neue Juristische Wochenschrift* 10 (2007): 639–648.

Schmalzl, Hans Peter. „Das Problem des ‚plötzlichen' Angriffs auf Polizeibeamte". *Polizei und Wissenschaft* 3 (2005): 16.

Schmalzl, Hans Peter. „Psychisch Kranke". *Eigensicherung.* Hg. Clemens Lorei und Jürgen Sohnemann. Frankfurt a. M., 2012. 109–130.

Schmidt, Rainer. *Immer richtig miteinander reden: Transaktionsanalyse in Beruf und Alltag.* Paderborn, 2002.

Schneider, Carolin. „Bibliothekarische Angebote für Obdachlose". *Zugang für alle: Soziale Bibliotheksarbeit in Deutschland.* Hg. Ben Kaden und Maxi Kindling. Berlin, 2007. 72–92.

Schnekenburger, Franz. *Rechtsstellung und Aufgaben des Privaten Sicherheitsgewerbes.* Köln [u. a.], 1999.

Schönemann, Isalind. „Kritik als Chance". *BuB* 58 (2006): 796–799.

Schrep, Bruno. „Sexualität: ‚Es ist einfach Schicksal'". *Spiegel* 40 (2006); 54–58.

Schümann, Helmut. „Der Jugend eine Gasse". *Tagesspiegel* vom 31.3.2007: 25.

Schürmann, Marc, Hg. *200 Tricks für ein besseres Leben.* München, 2009.

Schulz von Thun, Friedemann. *Miteinander reden 1: Störungen und Klärungen.* 38. Aufl. Reinbek, 2003.

Schulz von Thun, Friedemann. *Klarkommen mit sich selbst und anderen: Kommunikation und soziale Kompetenz.* Reinbek, 2004.

Schwind, Hans-Dieter [u. a.]. *Alle gaffen ... keiner hilft.* Heidelberg, 1998.

Schwind, Hans-Dieter. *Kriminologie.* 19., neubearb. u. erw. Aufl. Heidelberg, 2009.

Seidel, Wolfgang und Bernd Stauss. *Beschwerdemanagement*. 4., vollst. überarb. Aufl. München, 2007.
Senatsverwaltung für Bildung, Wissenschaft und Forschung des Landes Berlin und Unfallkasse Berlin, Hg. Notfallpläne für Berliner Schulen. Berlin, 2011.
Shuman, Bruce A. "Down and Out in the Reading Room: The Homeless in the Public Library". *Patron Behavior in Libraries*. Hg. Beth McNeil und Denise J. Johnson. Chicago [u. a.]: American Library Association, 1996. 3–17.
Shuman, Bruce A. *Library Security and Safety Handbook*. Chicago [u. a.]: American Library Association, 1999.
Singer, Kurt. *Zivilcourage wagen: Wie man lernt, sich einzumischen*. 3. Aufl. München, 2003.
Stäcker, Thomas. „Altbestandsrevision an der Herzog August Bibliothek". *Bibliothek: Forschung und Praxis* 31 (2007): 68–76.
Steinert, Tilman. *Aggression bei psychisch Kranken*. Stuttgart, 1995.
Steinke, Lorenz. *Bedienungsanleitung für den Shitstorm*. Wiesbaden, 2014.
Steinke, Lorenz. *Kommunizieren in der Krise*. Wiesbaden, 2014.
Sterzenbach, Gregor. „Techniken des interkulturellen Umgangs". *Interkulturelle Kompetenz*. Hg. Christoph Köck und Juliana Roth. München, 2004. 49–60.
Stevens, Sarah und Nikola Ziehe. „Erfolgreiche Interaktion mit Digitalen Natives im Social Commerce". (Forschungsberichte des Fachbereichs Wirtschaft der Fachhochschule Düsseldorf 22). Düsseldorf, 2012.
Stolt, Frank D. *Bombendrohung, Bombenwarnung*. Berlin, 2009.
Streng, Franz. *Das „broken windows"-Paradigma: Kriminologische Aspekte zu einem neuen Präventionsansatz*. Erlanger Universitätsreden 57, 3. Folge. Erlangen, 1999.
Süper, Thomas. „Die Bibliothek und ihre Kundschaft". *Buch und Bibliothek* 12 (2000): 746–748.
Technische Regeln für Arbeitsstätten: Maßnahmen gegen Brände (ASR A2.2). 2012.
Thiess, Richard. *Ladendiebstahl erkennen, verhindern, verfolgen*. Marburg, 2011.
Tiedge, Christiana. „Schwierige Benutzer – schwieriges Thema". *Buch und Bibliothek* 12 (2000): 724–726.
Trapski, Peter. „Präventionskonzept auf der Grundlage von Strategien der Selbstverteidigung". *Vernetzte Opferhilfe*. Hg. Karin Clemens und Christian Lüdke. Bergisch Gladbach, 2004. 168–182.
Unfallkasse Nordrhein-Westfalen, Hg. „Gewaltprävention: ein Thema für öffentliche Verwaltungen?!" Düsseldorf, 2009.
Ungerer, Dietrich. „Gefährdung der Eigensicherung – präventive Maßnahmen". *Die polizeiliche Eigensicherung*. Hg. Kuratorium der Polizei-Führungsakademie. Dresden, 2001. 38–49.
Ury, William. *Nein sagen und trotzdem erfolgreich verhandeln*. Übs. Nicole Hölsken. Frankfurt a. M., 2009.
Uslucan, Haci-Halil. „Gewalt und Gewaltprävention bei Jugendlichen mit Migrationshintergrund". *Theorie und Praxis gesellschaftlichen Zusammenhalts*. Hg. Bundesministerium des Innern. Berlin, 2008. 153–175.
Venturella, Karen M. „Die Obdachlosen und die öffentliche Bibliothek". *People without Places: Die Bibliothek als Fluchtpunkt*. Hg. Bernd Möller. Hannover, 1999. 29–37.
Vester, Thaya. *Zielscheibe Schiedsrichter: Zum Sicherheitsgefühl und zur Opferwerdung von Unparteiischen im Amateurfußball*. Baden-Baden, 2013.
Vetter, Brigitte. *Pervers, oder? Sexualpräferenzstörungen*. Bern, 2009.
Vogel, Miriam. „,Auch mal angeschnauzt werden': Inklusion". *bpb magazin* 3 (2013).

Voß, Stephan. „Du Opfer …!" *Kriminalitätsopfer*. Hg. Landeskommission Berlin gegen Gewalt. Berliner Forum Gewaltprävention 12. Berlin, 2003. 56–59.
Weber, Ingrid. „Stalking". *Weißer Ring* 1/2006: 18–19.
Weckel, Erik. „Zivilcourage". *Entschieden! Zivilcourage jetzt*. Marburg, 2013. 22–39.
Wegner, Britta. *Mediensicherung in Bibliotheken*. Berlin, 2004.
WEISSER RING, Hg. *Handbuch der Vereinsarbeit*. Mainz, 2006.
Welling, Heinz. *Das Handbuch für den Praxiserfolg*. 3., überarb. Aufl. Stuttgart, 2005.
Wenchel, Karl. *Psychische Belastungen am Arbeitsplatz: Ursachen, Auswirkungen, Handlungsmöglichkeiten*. Berlin, 2001.
Wex, Marianne. *„Weibliche" und „männliche" Körpersprache als Folge patriarchalischer Machtverhältnisse*. 2. Aufl. Frankfurt a. M., 1980.
Willemsen, Roger. „Vorwort". *Zorn*. Axl Klein. Saarbrücken, 2013. 6–12.
Willis, Mark R. *Dealing with Difficult People in the Library*. Chicago: American Library Association, 1999.
Windinger, Helmut. „Sicherheit in Bibliotheken". *Büchereiperspektiven* 2 (2005): 2–4.
Windmann, Antje. „Systemfehler". *Spiegel* 44 (2014): 118–120.
Winter, Richard. *Jungen brauchen klare Ansagen*. Weinheim, 2014.
Wolf, Axel. „Wann hat ein Mensch Charakter?" *Psychologie heute compact* 34 (2013): 25.
Wüllenweber, Werner. „Unterschicht: Das wahre Elend". *Stern* 52 (2004).
Zahn-Kast, Annette. *Jedes Kind kann Regeln lernen*. 4. Aufl. Ratingen, 1998.
Ziermann, Michael. „Jugendgruppengewalt aus Sicht der ‚Operativen Gruppe Jugendgewalt der Direktion 5' (Kreuzberg/Neukölln)". *Kriminalität, Gewalt und Gewalterfahrungen von Jugendlichen nichtdeutscher Herkunft in Berlin*. Hg. Landeskommission Berlin gegen Gewalt. Berliner Forum Gewaltprävention 3. Berlin, 2000. 63–65.

Sachregister

Abstand 27, 50, 86, 122
Aktives Zuhören 31
Akzeleration 51
alkoholisierter Nutzer 111
Alkoholkonsum 63
älterer Nutzer 57
Amok 99
Amokalarmsignal 101
Anspucken 98
Anstarren 103
Architektur 166
Argumentieren 29, 68
Arroganz 36
Atmung 24
Ätz-Graffiti 80
Augenhöhe 26
Ausrede 33
Ausschneiden von Bildmaterial 76

Bauchgefühl 124
Beamtenbeleidigung 97
Bedrohung 98
behinderter Nutzer 37
Beleidigung 12, 22, 94, 122
Benutzungsordnung 74, 86, 174
Beschwerde 15, 71, 165
Betriebsschluss 115, 116
Bewaffnung 126
Bewegungsmelder 115
Bibliotheksverfolger (sog.) 103
Biss 56
blaues Licht 64
Blickkontakt 122
Bombenfund (vermeintlicher) 92
Brand 125, 143, 145, 147
Brandschutzhelfer 155
Broken-Windows-Paradigma 79
Buchsicherungsanlage 88, 169

Cannabis 65
Coolness (Jugendlicher) 49
Corporate Behavior 118

Danken 74

Datenschutz 34, 75, 169
Depression 20
Diebstahl 81
Diebstahl (durch Mitarbeiter) 81
Diebstahlermittlung 90
Diebstahl (versuchter) 86
Dilemma 8
Diskriminierung 61
Dokumentation der Vorfälle 117
Drogen 63, 68
Duzen 21, 47

Einbruch 91
Eltern 54, 55, 75, 162
Eltern-Ich 23
E-Mail 15
Entschleunigung 19, 29
Entschuldigung 16, 97
Ersthelfer 40, 144, 147, 155, 156
Erziehung 60
Essen 23, 63, 76
Evakuierung 135, 149
Evakuierung (Amok) 101
Evakuierungsübung 157
Exhibitionist 107

Facebook 158, 159, 160, 165
Fachbegriff 30
Faulkner-Brownsche-Gesetze 166
Feuerlöscher 128
Feuerwehr 139, 140
Flirt 103
Flucht 123, 124
Fürsorgepflicht 131

Garderobenpflicht 85, 172
Gebühr 19, 32, 33, 161
Gefährderansprache 137
Gewalt am Arbeitsplatz 11
Gewaltbereitschaft (Anzeichen) 119
Gewaltneigung 119
Gewaltschutzgesetz 105
Gewohnheitsrecht 46
Glass Etching 80

Sachregister

Graffiti 78

Handy 73
Happy-Slapping (sog.) 75
Haschisch 65
Hausfriedensbruch 112, 114
häusliche Gewalt 124
Hausmeister 28, 112
Hausrecht 46, 112, 114, 136, 174
Hausverbot 51, 90, 91, 105, 107, 111, 138
Hausverweis 22, 43, 69, 111
Hitler-Gruß (sog.) 51
hochgelegte Füße 77
Humor 96
Hygieneempfinden 42

Ich-Botschaft 36
Image 7
Inklusion 38
Innenarchitektur 166
interkulturelle Kommunikation 58
Ironie 25
islamischer Nutzer 60

Jugendgruppe 46, 75
jugendlicher Nutzer 45
Junkie 64

Kassenautomat 33
Kind 53, 84, 107, 108, 110, 162
Kinderpornografie (sog.) 109
Kindesmisshandlung 110
Kindesvernachlässigung 110
Kind (Hausfriedensbruch) 55
Kind (Notfallbetreuung) 56
Kind (Notwehr) 55
Kollege 18, 25
kollegiale Hilfe 115
Kontaktkultur 62
Körpersprache 26
Körperverletzung 98
Körperverletzung (versuchte) 121
künstliche DNA 91

Lächeln 14, 27
Lachen 34
Lärm 47, 55, 129

Lärmampel 48
Lautsprecherdurchsage 135
Lernschwierigkeit 38
Lesesaal (Platzreservierung) 171
Library & Archival Security 7
Loyalität 16
Lügen 33

Mahnung 33
Marihuana 65
Mein Kampf (Adolf Hitler) 130
Menschenkenntnis 117
Messer 119
Messie-Syndrom (sog.) 44
Migrationshintergrund 58
Mobiltelefon 72

Namensschild 112
Neinsagen 29
Non-Helping-Bystander-Effekt 120
Notfall 135
Notfallkonzept 147
Nothilfe 121
Nötigung 98
Notruf 133, 138
Notrufknopf 168
Notwehr 121
Null-Toleranz 12

obdachloser Nutzer 40, 92
obszöner Anruf 106
Ohrstöpselautomat 171

Pädophilie 109
Panik 125
Pausenscheibe 171
Pfefferspray 126
Polizei 134, 137
Pornografie 106
Provokation 94, 95, 97
psychisch auffälliger Nutzer 65, 119
psychologische Betreuung 130

Ramadan 60
Rangelei 49
Raubüberfall 102
rechtsextremer Nutzer 51

Sachregister

Regel 25, 30, 47
Respekt 52
Rettungsdienst 141, 144
RFID 89
Rollstuhl 38

Sachbeschädigung 63, 75
Sachbeschädigung (Zeitung) 85
Schizophrenie 68
Schlafen 40
schlechte Nachricht 29
Schließfach 85, 172
Schwerhörigkeit 57
Selbstgespräch 20
Selbstverteidigung 123, 130
sexuelle Belästigung 106
sexuelle Gewalt 108
sexueller Missbrauch (sog.) 108
Shitstorm 157
Sicherheitsdienst 136
Sicherungsstreifen 89
Snuff-Video 75
Stalking 104, 112
Stimme 25
Strafanzeige 113
Streitigkeiten zwischen Nutzern 132
Stromausfall 135, 154
suchtkranker Nutzer 64

Taschenalarm 129
Taschenkontrolle 86
Telefonat (Beschwerde) 19

Tit for Tat 126
Toilette 125
Toilettennutzung 64
Transponder 89
Traumatisierung 131
Trinken 63, 76
Twitter 158

übel riechender Nutzer 42
übel riechendes Medium 44
übermäßig mitteilsamer Nutzer 70
Überwachungskamera 169
Unfallanzeige 97, 131
Unterschicht (sog.) 35
Urinieren 77

Vandalismus 75, 92
Verbot 167
Vormerkregal 172
Vorwurf 24
Voyeur 106

Waffenrecht 119
Wartezeit 171
Wasserschaden 147

Zensurfreiheit 162
Zeuge 92, 99, 102, 113
Zeugenaussage 92
Zivilcourage 120
Zorn 18, 27, 29
Zornphasen 17

Über die Autorinnen und Autoren

Martin Eichhorn (geb. 1969) studierte Linguistik, Bibliothekswissenschaft, Philosophie und Semiotik. Er absolvierte ein Referendariat an der *Zentral- und Landesbibliothek Berlin*. Eine halbjährige Hospitation im Stab des Berliner Polizeipräsidenten hat zudem seinen Horizont erweitert. Seit 2006 ist er als freiberuflicher Seminaranbieter im gesamten deutschsprachigen Raum unterwegs. Er hat viele tausend Seminarteilnehmerinnen und -teilnehmer aus den unterschiedlichsten Berufsgruppen zum Thema Konflikt- und Gewaltprävention schulen dürfen. Eichhorn ist zertifizierter Trainer (TU Berlin) und zertifizierte Fachkraft für Kriminalprävention. Die vorliegende Auflage des Leitfadens ist sein insgesamt sechstes Buch. Besuchen Sie ihn auf: www.martin-eichhorn.berlin

Niels Peters (geb. 1980) studierte Bibliothekswesen an der *FH Köln* und Wirtschaftsrecht an der *Universität des Saarlandes*. Nach der Tätigkeit in einer Hamburger Kanzlei arbeitet er nun in der Bibliothek des *Bundesamtes für Seeschifffahrt und Hydrographie*, Hamburg. Seit knapp 20 Jahren engagiert er sich in der Freiwilligen Feuerwehr, aktuell in leitender Funktion bei der von Hamburg-Winterhude. Jährlich fährt Peters etwa 300 Einsätze.

Milena Pfafferott (geb. 1980) studierte Physik an der *Ernst-Moritz-Arndt-Universität Greifswald*. Die Masterarbeit „Entwicklung eines Notfall- und Evakuierungskonzepts am Beispiel der UB Ilmenau" schloss ihr wissenschaftliches Volontariat ebendort ab. Seit 2010 ist sie als Fachreferentin für Ingenieurwissenschaften, als Sicherheitsbeauftragte und Beauftragte für die interne Fort- und Weiterbildung an der *UB Ilmenau* tätig. Parallel führt sie Fortbildungsveranstaltungen zu den Themenkomplexen Arbeits- und Brandschutz, Sicherheit sowie Notfallplanung in Bibliotheken durch. Seit vielen Jahren ist sie aktives Mitglied der Freiwilligen Feuerwehr Ilmenau, die jedes Jahr bis zu 200 Einsätze zu leisten hat.

Anna-Julia Simons (geb. 1991) studierte Vermittlungswissenschaften an der *Europa-Universität Flensburg*. Seit 2014 befindet sie sich im Master-Studiengang „Prävention und Gesundheitsförderung".

Oke Simons (geb. 1969) ist Diplom-Bibliothekar. Er studierte an der *FH Hamburg*. Zunächst war er in der *FH Flensburg*, dann in der *Stadtbücherei Rendsburg*, schließlich in der *Büchereizentrale Schleswig-Holstein* (Lektorat) beschäftigt. Seit 2011 arbeitet er hier als Leiter der Leihverkehrs- und Ergänzungsbibliothek.

www.ingramcontent.com/pod-product-compliance
Lightning Source LLC
LaVergne TN
LVHW021119080426
835510LV00012B/1752